国家社科基金
GUOJIA SHEKE JIJIN HOUQI ZIZHU XIANGMU
后期资助项目

后马克思主义的现代性反思及其对建构和谐社会的启示

Post-Marxist Reflection on Modernity and its Revelation to the Construction of Harmonious Society

王 平著

学习出版社

图书在版编目（CIP）数据

后马克思主义的现代性反思及其对建构和谐社会的启示/王平著. -北京：学习出版社，2014.4

（国家社科基金后期资助项目）

ISBN 978-7-5147-0444-0

Ⅰ.①后… Ⅱ.①王… Ⅲ.①新马克思主义-研究 Ⅳ.①B089

中国版本图书馆CIP数据核字（2014）第042511号

后马克思主义的现代性反思及其对建构和谐社会的启示
HOUMAKESIZHUYI DE XIANDAIXING FANSI JIQI DUI
JIANGOU HEXIE SHEHUI DE QISHI
王 平 著

特约编辑：杨庆文
责任编辑：李 岩
技术编辑：贾 茹
封面设计：杨 洪

出版发行：学习出版社
北京市崇文门外大街11号新成文化大厦B座11层（100062）
010-66063020 010-66061634 010-66061646
网 址：http：//www.xuexiph.cn
经 销：新华书店
印 刷：北京市密东印刷有限公司

开 本：710毫米×1000毫米 1/16
印 张：12.75
字 数：216千字
版次印次：2014年4月第1版 2014年4月第1次印刷

书 号：ISBN 978-7-5147-0444-0
定 价：25.00元

国家社科基金后期资助项目

出版说明

后期资助项目是国家社科基金设立的一类重要项目，旨在鼓励广大社科研究者潜心治学，支持基础研究多出优秀成果。它是经过严格评审，从接近完成的科研成果中遴选立项的。为扩大后期资助项目的影响，更好地推动学术发展，促进成果转化，全国哲学社会科学规划办公室按照“统一设计、统一标识、统一版式、形成系列”的总体要求，组织出版国家社科基金后期资助项目成果。

全国哲学社会科学规划办公室

前　言

自从丹尼尔·贝尔提出“后工业社会”这一概念以来，人们谈“后”成风，各色各样的“后”理论如“后结构主义”、“后现代主义”、“后女权主义”、“后现象学主义”从此纷纷“你方唱罢我登场”，甚是热闹。在令人眼花缭乱的“后”理论当中，近年来又冒出了所谓的“后马克思主义”。尽管国内学者对这一“后”理论还相当陌生，但在西方学界，“后马克思主义”却吸引了很多一流学者的眼球，人们围绕着这一话题早已展开了长期的探讨、对话和争论。不管人们对“后马克思主义”是承认还是拒绝，后马克思主义已经成为一种影响很大的思潮确是不争的事实。20 世纪 80 年代左右，在后现代主义等思潮的影响下，国外马克思主义阵营中有一批学者逐渐用后现代主义、解构主义、后结构主义的视角来解读马克思主义，从而形成了当今在西方学界非常活跃的“后马克思主义”思潮。在后马克思主义对经典马克思主义的范畴和概念进行全面拆解的态势下，马克思主义当中最核心的社会主义思想也遭到了后马克思主义的质疑和否弃。借用后现代主义等思潮的许多手法，结合当代资本主义的新变化、新问题，针对西方世界日益壮大的“新社会运动”现象，后马克思主义在实现社会主义的方式、途径、目标等等问题上，都提出了与经典马克思主义截然不同的策略和方案。

由于各方面的原因，我们对于后马克思主义的了解才刚刚开始，因此对后马克思主义的认识还相当模糊。在这样的背景下面，人们对后马克思主义的判定难免简单化：一部分学者对于后马克思主义这一新思潮有过度捧高的嫌疑，认为后马克思主义代表了马克思主义未来发展的新方向，对于后马克思主义所隐含的负面效应避而不谈；而另外一部分学者对于后马克思主义充满着先天的偏见，认定后马克思主义是对马克思主义的颠覆，从而对后马克思主义有刻意诋毁的倾向，全然不顾后马克思主义的积极因素。在对后马克思主义进行研究的过程当中，这两种态度都是我们所应当避免的。为了不至于在后马克思主义的研究上失真，我们的后马克思主义研究要把握几个原则：第一，要从后马克思主义的出台语境来研究后马克思主义，对于后马克思主义的问题域不能进行“脱域化”的理解；第二，必须进入后马克思主义的话语系统内容进行内在理路的探悉，而不能仅仅做一种外围的批判；第三，对于后马克思主义的理论观点应当有一种存疑的态度，尤其对它们解读马克思主义的立场和结论，我们的审视应当更加审慎，不能对于后马克思主义的所有观点进行盲目附和，应当从我们的实际来甄别后马克思主义。

尽管国内有学者根据对“后马克思主义”一词的词源学考察，而把后马克思主义的出现追溯到20世纪50年代，但我们并不认同这样的结论。我们坚持认为，后马克思主义是20世纪70年代开始出现、80年代中后期和90年代开始广泛讨论的一种思潮。它是鉴于全球社会主义运动的失势、苏联和东欧社会主义事业的偏差、资本主义发展的新趋势、世界民族解放运动和斗争的多样化等等而出现的一种反思社会主义和马克思主义的思潮。其最早的直接触发因素是20世纪60年代世界各地风起云涌的学生运动。后马克思主义思潮的兴起固然有社会历史背景的触发，比如现实社会主义的挫折和衰落使得人们开始质疑科学社会主义的普适性，进而引发了对马克思主义理论甚至马克思本人思想的批判、否定和超越，但它更多的是后现代主义、后结构主义等理论的一种衍生物。虽然后马克思主义的思想形形色色，但后现代主义依然是其背后的支撑因子。后马克思主义的逻辑起点基于对马克思主义现代性特征的预设。借鉴后现代主义的批判手法，后马克思主义认为马克思主义具有本质主义、功能主义、普遍主义、基础主义、自然主义、总体主义、极权主义、阶级主义、中心主义、经济主义、形而上学、宏大叙事、还原论、一元论、决定论、二元论、目的论、先验论、机械论、实体论、实在论、封闭性、凝固性等等现代性特征，这种现代性特征使得马克思主义无法解答现实问题，从而它的社会主义策略也无力去指导现实的社会运动，因此，提出一种新的替代性的实现社会主义的方案显得势在必行。

很显然，在方法论上，后马克思主义借用了后现代主义、后结构主义的大量手法，它们对马克思主义的批判都是依循后现代主义、后结构主义的批评理路。因此，离开后结构主义、后现代主义语境来界定和看待后马克思主义，这是不切实际的，这样研究出来的后马克思主义必然触及不到后马克思主义的真正旨趣。

正因为后马克思主义与后结构主义、解构主义、后现代主义有着不可分割的联系，所以，现代性问题必然是后马克思主义无法回避的一个核心问题。鉴于此，本课题立足于后马克思主义出台的现实情境，从后马克思主义的内在逻辑理路出发，以现代性的问题为切入点，通过剖析后马克思主义与西方马克思主义、后现代主义、后结构主义、解构主义、生态运动、女性主义、话语理论、草根运动、激进民主、后左翼等等思潮的亲缘关系及差别，力图对后马克思主义的出台语境、历史渊源、理论谱系、逻辑理路、方法手法、内在困境、性质归属、政治立场、现实启示有一个全面把握，从正反两面看待后马克思主义思潮对马克思主义和社会主义建设的影响，以期对于更好地推动中国特色社会主义及和谐社会的建设能够起到理论与现实双重借鉴或启发意义。

目　录

Contents

第一章　何谓后马克思主义

何谓后马克思主义？这是一个很难回答的问题，或许连问这么一个问题都显得不太合适。因为，尽管从后马克思主义作为一个正式的话题进入人们的谈论域到现在，后马克思主义的历史也将近三四十年，人们对后马克思主义的谈论也非常热烈，但在后马克思主义究竟为何物这一问题上，人们却莫衷一是，只是统一认定：后马克思主义是一个异彩纷呈、并非统一的学派。此种情形就像人们对后现代主义的评判一样，尽管大家都在谈论后现代主义，但究竟什么是后现代主义，人们很难给出一个固定的答案。

后马克思主义产生于何时？它有哪些代表人物？它有哪些显著的理论学说和特征？它对于马克思主义持一种怎样的态度？它产生了怎样的学术效应？诸如此类的问题，不仅是国内学者还是国外学者，都是仁者见仁、智者见智，意见纷呈。

第一节　国内外学者的若干意见

一、维基百科的意见

根据维基百科简单而笼统的说法，后马克思主义存在两种相关的、但不同的用法：一是指东欧，尤其是指苏联解体后前苏联共和国的社会经济状况；二是指一些哲学家和社会学家的理论外推，这些理论假设立足于马克思的著作和某些他们认为是恰当的马克思主义，试图超越正统马克思主义。哲学上，后马克思主义反对溯源主义和本质主义（比如后马克思主义认为国家不是为某类特定阶级服务的工具）。

后马克思主义的产生时间可以追溯到20世纪60年代末期，它的发展受到当时几股潮流的影响或几个重要事件的影响。苏联共产主义模式的缺点变得越来越明显，这与以下几个事件同步发生，一是1968年国际性的学生起义，二是毛泽东主义理论的兴起，三是因电视的出现而导致的对越南战争的报道。关于革命、大众文化和共产主义等等问题上的历史宏大叙事显得很不合理。为了一种政治及哲学理论的需要，必须要重新确立理论根基。

在这轮新的理论建构的过程中，符号学和话语理论充当了重要角色。当罗兰·巴特借助于符号学（符号科学，《神话学》）而开始他对大众文化的持续批判时，许多马克思主义哲学家把他们的社会批判建立在语言学、符号学和话语理论的基础上。以巴特的著作为基础，鲍德里亚的《符号政治经济学批判》批判了当代的马克思主义，因为后者忽略了它们哲学话语的符号价值。

广义的后马克思主义者包括，阿兰·巴迪乌（Alain Badiou）、艾蒂安·巴里巴（Etienne Balibar）、吉勒斯·德勒兹（Gilles Deleuze）、菲利克斯·瓜塔里（Felix Guattari）、保罗·赫斯特（Paul Hirst）、巴里·辛德斯（Barry Hindess）、弗里德里克·詹姆逊（Fredric Jameson）、克里希思·格鲁普（Krisis Groupe）、恩内斯特·拉克劳（Ernesto Laclau）、凯瑟琳·麦金龙（Catharine MacKinnon）、纳塔查·米拉乔（Natacha Millache）、蔷塔尔·墨菲（Chantal Mouffe）、安东尼·内格里（Antonio Negri）、穆伊什·普斯通（Moishe Postone）、雅克·朗西埃（Jacques Rancière）、赫尔穆特·雷切尔特（Helmut Reichelt）、斯拉沃克·齐泽克（Slavoj Žižek）。

二、《后马克思主义理论：导论》的意见

《后马克思主义理论：导论》认为，后马克思主义的创始人最早可以追溯到阿尔都塞和福柯。它指出，阿尔都塞对马克思主义的人道主义和总体主义等观点的削弱，以及福柯通过研究苏联古拉格集中营而对苏联共产党以及马克思主义局限性的揭露，从此而开创了后马克思主义的先河。得益于阿尔都塞和福柯天才式的理论贡献，使得后马克思主义在哲学、经济学、历史、女性主义、文学和文化等领域都有了各自的版本，朱迪·巴特勒（Judith Butler、John Frow）、理查德·沃尔夫（Richard Wolf）、恩内斯特·拉克劳（Ernesto Laclau）、托尼·本尼特（Tony Bennett）、爱丽丝·沃克（Alice Walker）、托尼·莫里森（Toni Morrison）等人都是后马克思主义的代表性人物。尽管后马克思主义并没有形成一个统一的运动或学派，但他们都重申和援用阿尔都塞和福柯的理论；而且与强调阶级斗争的优先性及被压迫群体共同的人类本性的传统的马克思

主义不一样，后马克思主义者们都力图揭示社会生活在性别的、人种的、阶级的以及种族上的区分及其渐进维度。①

三、《法国语境中的后马克思主义》的意见

后马克思主义由于以下几个原因而引起人们的注意。一是他们的人数众多以及共有的认同感表明在社会批判理论中正在发生一种转向。与以前的马克思主义在对事物的现状分析持折中的立场不一样，后马克思主义批评家认为马克思在敏感度和想象力上是失败的，他对于解放、创造性和政治实践缺乏投入，原因就在于马克思是一个书斋式的资本主义者。第二，必须用科学、理论及语言的新模式来审查马克思主义的文本。文化人类学被援用来颠覆马克思关于历史的归纳。第三，不是旧的工人阶级，而是新的社会运动，如反战运动、民权运动、女性运动、核裁军运动、生态运动等等，被看作是抵抗的有力来源，尽管人们在关于革命的行动者这一概念上还存在激烈争论。第四，传统的自由价值，如自由言论、公共辩论、一种生机勃勃的市民社会，都长期被遮蔽了，原因在于人们的关注点过于集中在经济上。②

法国的后马克思主义代表人物有：科内利乌斯·卡斯托里亚迪斯（Cornelius Castoriadis）、鲍德里亚（Jean Baudrillard）、利奥塔（Jean-Francois Lyotard）。

四、其他国外学者的意见

国内学者曾枝盛教授对于国外学者关于后马克思主义的定义域进行过集中概括。德国的弗莱舍尔：马克思主义分成三块：早期马克思主义或原始马克思主义；一战二战时期的马克思主义；二战后多元化的后马克思主义，二战后发生多元演变的马克思主义都可叫作后马克思主义。美国的诺曼·莱文：后马克思主义涉及的是“斯大林主义灭亡”之后马克思主义思想的继续发展，是苏东剧变后在“后工业社会”中重新被定义的马克思主义，是马克思主义发展的另一阶段，后马克思主义在后工业世界中的任务是对劳动的意义已经革命化的背景中的民主分析。美国的詹姆逊：19 世纪末马克思、恩格斯逝世后出现的修正主义。后马克思

① Philip Goldstein. Post – Marxist Theory. State University of New York Press, 2005, p2 – p5.

② Patrick Murray& Jeanne A. Schuler. Post – Marxism in a French Context. History of European Ideas, Vol. 8, No. 3, pp. 321 – 334, 1998.

主义分为两代：第一代是以伯恩斯坦为代表的修正主义；第二代是20世纪70年代以后以复杂形式出现的第一代“后马克思主义”的特征，代表人物有巴里·辛德斯、保罗·希斯特、拉克劳、墨菲。英国的麦克莱伦：后马克思主义是一种试图将马克思主义的社会主义同后现代主义思潮结合起来的思潮。①

另外，还有学者们指出，贝尔、吉登斯等人的后工业社会理论，拉克劳和墨菲的社会主义新战略，告别无产阶级的高兹，凯瑟林·吉布森和朱莉·格雷汉姆的女性主义经济学，用马克思主义概念超越马克思的英国经济学家保罗·赫斯特，法国调节学派，科尔布里奇的后马克思主义人文地理学，等等，无不可以看作是后马克思主义思潮的衍生物。这一思潮在当下已经向政治学、社会学、经济学等各个领域渗透，比如政治学领域有穆泽利斯所谓的后马克思主义政治学，经济学领域有鲍勒斯所谓的后马克思主义经济学，等等。

五、国内学者的若干意见

可见，尽管后马克思主义是一种非常强大的社会思潮，但国外学者对这一思潮的思想渊源、表现形式、发展谱系、主要观点、思想立场、本质特征等等问题的认识还存在很大分歧，认识还比较模糊。比如何谓后马克思主义的问题，学者们的意见就不统一。从中可以看出，国外后马克思主义的研究方兴未艾，对后马克思主义的研究还有很大的拓展空间。国内学者对后马克思主义思潮的研究开始于20世纪90年代末期，张一兵、曾枝盛、付文忠、孔明安、唐正东、周凡等人对后马克思主义思潮有一定关注，但彼此的研究还停留在对后马克思主义性质的界定和争论上，比如张一兵否定后马克思主义属于马克思主义的阵营，认为它是反马克思主义的，而曾枝盛则认为应当客观看待后马克思主义的立场，他认为后马克思主义并不都是反马克思主义的思潮，可以分为左、中、右三翼。所以，国内后马克思主义的研究从总体上来讲是滞后的，除了对狭义后马克思主义的代表人物拉克劳和墨菲的后马克思主义思想有一定研究之外，人们不仅对后马克思主义的原著稀有译介，而且对后马克思主义思潮的整体外观、后马克思主义代表人物的个案思想、后马克思主义在各个学科领域的延伸、后马克思主义的内在矛盾等等的认识几乎空白。

---

①　赵剑华、张一兵主编：《国外马克思主义的基本问题》，社会科学文献出版社2006年版，第194页。

关于后马克思主义的形成时期，国内很多学者追溯得很远。他们的追溯大都是通过考究“后马克思主义”这个词的最早提出而来确定后马克思主义的产生年代。这样的考察其实都没有太大意思。有后马克思主义这个词，未必就有后马克思主义这种思潮。这是两码事。不能把这两者等同起来。但我们很多学者却认为这是一回事，这样的考究未免是历史主义心理作祟的结果。我们始终认为，后马克思主义思潮的触发与20世纪60年代的学生运动有关，与人们对苏联的沙文主义的反感有关，因此，后马克思主义思潮只能是20世纪六七十年代左右的产物，而无须也不必追溯得太远。追溯得太远除了使后马克思主义的名单表变得更长之外，对于有效地探讨后马克思主义思潮没有任何裨益，反而会遮蔽对这一思潮的深入探讨。

第二节　本课题关于后马克思主义的界定

一、后马克思主义的含义

在后马克思主义内涵的界定上，人们的意见也非常不统一，有人认为后马克思主义是马克思主义发展的新阶段，有人认为后马克思主义是一种反马克思主义的思潮，有人认为后马克思主义是后现代主义的一个变种，不一而足。尽管存在许许多多的意见，但有一点是肯定的，后马克思主义总是与“后（Post）主义”有着不可分割的联系。因此，我们要知道什么是后马克思主义，首先就要弄清楚，后马克思主义的“后”究竟是怎么一回事。

首先，从时间的维度来解读的话，后马克思主义的“后”具有“某某之后”的意思。在这个意义上，“后”意味着一种拐点，一种转向，从而表明后马克思主义与传统的马克思主义有着某种差异，尽管延续了马克思主义的话题，但这些话题被引向了一种截然有别的方向。这种后马克思主义虽然认为后马克思主义与马克思主义存在着差异，但他们还是承认与马克思主义的连续性。因而，这是一种温和的后马克思主义。这种后马克思主义既承认马克思主义的某些缺陷，又承认马克思主义的重要性，而他们所做的工作是为了在新的时代更新和推进马克思主义的论域。这种后马克思主义的代表人物有弗里德里克·詹姆逊、尼科斯·穆泽利斯、安东尼·内格里、迈克·哈特等人。

其次，从立场姿态上来讲，“后”又有“超越”或“终结”的意思。也就是说，大部分后马克思主义要么想超越马克思主义，要么认为在现时代马克思主义可以终结了。这种姿态表明，后马克思主义与马克思主义之间有一种明显的断裂，否认两者之间存在某种延续性。尽管这些人当中也强调马克思主义的重要性，但他们所做的工作是要完全拆解马克思主义的所有范式。这也就宣告了，这是一种激进的后马克思主义，这种后马克思主义想置换、代替马克思主义的地位。这种后马克思主义的代表人物有拉克劳、墨菲等人。

第三，从学术传统的角度来讲，“后”是“后工业主义”、“后现代主义”、“后结构主义”等等思潮的代名词。因而，后马克思主义就可以解读成“后工业主义的马克思主义”、“后现代主义的马克思主义”、“后结构主义的马克思主义”等等。这也就是说，后马克思主义在思想上汲取了后结构主义、后现代主义等思潮的很多观点，试图将马克思主义与各种后主义做一种综合，或者用后主义来解读马克思主义和当代资本主义，当然，还有一些人用后主义来反马克思主义。

总之，后马克思主义内部是互相不一致的，在对待马克思主义问题上，有人维护马克思主义的地位，有人则反对或拒斥马克思主义，有人对马克思主义保持一种既爱又恨的暧昧态度，不一而足，这恰好构成了后马克思主义色彩的丰富性。对于形形色色的后马克思主义立场，学者道格拉斯·凯尔纳等人有过自己的判断，他指出，詹姆逊属于用后现代主义、后结构主义来丰富马克思主义的人，他说：“杰姆逊坚持认为马克思主义优于所有的挑战者，并试图汲取后结构主义和后现代理论最好的洞见来更新当代马克思主义理论。”①“作为结合马克思主义与后现代观点的首次尝试，杰姆逊的后现代马克思主义将后现代主义置于资本主义的发展过程这一背景之中，试图通过研究后现代观点来重新思考当前时代中的马克思主义理论和政治。”② 而与詹姆逊对马克思主义的态度截然相反，拉克劳和墨菲则全面反对马克思主义，“恩内斯妥·拉克劳（Ernesto Laclau）与尚塔尔·墨菲（Chantal Mouffe）沿着激进的多元民主路线，将后结构主义理论应用于对马克思主义的批判和对政治理论与实践的反思。”③“80 年代期间，宣告马克思主义已陷入危机的呼声日渐甚嚣尘上，

① 道格拉斯·凯尔纳等：《后现代理论》，中央编译出版社 2004 年版，第 237 页。

② 道格拉斯·凯尔纳等：《后现代理论》，中央编译出版社 2004 年版，第 239 页。

③ 道格拉斯·凯尔纳等：《后现代理论》，中央编译出版社 2004 年版，第 251 页。

拉克劳与墨菲也加入了其中。马克思主义话语被宣布为很少或干脆无助于说明社会，甚至或许成了改造社会的一种障碍。”① 因而超越和抛弃马克思主义自然成为拉克劳与墨菲的必然归宿。

除此之外，还有一些后马克思主义对于马克思主义模棱两可的态度，他们刻意与马克思主义保持一定距离，又对马克思主义持一种难以割舍的乡愁。学者理查德·史密斯等人就认为鲍德利亚是这种后马克思主义的代表人物②。这种态度从“后马克思主义”的书写方式中可见一斑。“后马克思主义”通常书写成“post - marxism”。在“后”与“马克思主义”之间存在一个连字符。这一连字符的意义是双关的，它既表明“闪开”和“距离”，又表明“靠拢”和“接续”，这恰恰凸显出了后马克思主义对马克思主义的矛盾交错心理。

二、后马克思主义的形成年代

既然后马克思主义与后结构主义、后现代主义纠结在一起而不可分割，既然后马克思主义是出于对马克思主义分析的不满，而转向援用后结构主义、后现代主义的理论，因此，我们可以断言，先有后结构主义、后现代主义，才有后马克思主义，而不能相反。或者说得更宽泛一点，后马克思主义的形成年代顶多只能与后结构主义、后现代主义的形成年代同步。

然而，就是这么一个显而易见的问题，学者们硬是把它弄得非常复杂，有人说第一位后马克思主义者是马克思本人，因为马克思曾经亲口否认自己是马克思主义者；有人说是卢卡奇，有人说是葛兰西，甚至还有人认为是黑格尔，等等。诸如此类的指认除了显示指认者炫耀机智之外，它们什么都无法说明，反而阻碍了人们看清后马克思主义的实质。这些人所做的后马克思主义发生学的考察如果不是别有用心的话，起码也是有所用心。

如果后结构主义、后现代主义是20世纪60年代产物的话，那些后马克思主义也应当是这一时期左右的产物，确切来讲，应当是20世纪60年代世界各地爆发的学生运动之后的产物。后马克思主义的许多代表人物很多都曾经参与过那场学生运动，都或多或少与西方的左翼运动有过交

① 道格拉斯·凯尔纳等：《后现代理论》，中央编译出版社2004年版，第253页。

② Richard G Smith& Marcus A Doel. Baudrillard unwound：the duplicity of post-Marxism and deconstruction. Environment and Planning D：Society and Space 2001，volume 19，pages 137 – 159.

道，这些人从20世纪60年代学生运动和左翼运动的经验教训出发，进而展开了对正统马克思主义的反思，而在这些反思中，阿尔都塞的反总体主义、利奥塔的反宏大叙事、拉康的象征理论、福柯的权力话语理论、德里达的延异理论等等后结构主义理论和后现代主义理论对后马克思主义者产生了直接影响。后马克思主义者如拉克劳从来不忌讳谈论后结构主义和后现代主义对自己的重大影响。

三、后马克思主义的代表人物

尽管后马克思主义并没有形成一个统一的流派，但后马克思主义作为一种强大的社会思潮已经渗透在西方的各个领域，在政治学、社会学、心理学、经济学等等领域都出现了后马克思主义的代表人物和代表著作。因此，后马克思主义的队伍是非常庞大的，要系统把握每一个人的思想，还不是一件容易的事情。而且，究竟谁是谁不是后马克思主义者，学者们由于自身研究视角的不同，因而对他们也有不同的取舍。

从我们的立场来判断，既然后马克思主义同时涉及后现代主义、后结构主义和马克思主义的话题，那么，凡是涉及到用后现代主义或后结构主义的视角来审视马克思主义的人都可归于后马克思主义者。不过，对于这些人，我们可以区分为广义的后马克思主义者和狭义的后马克思主义者。

广义的后马克思主义者包括，阿兰·巴迪乌（Alain Badiou）、艾蒂安·巴里巴（Etienne Balibar）、吉勒斯·德勒兹（Gilles Deleuze）、菲利克斯·瓜塔里（Felix Guattari）、保罗·赫斯特（Paul Hirst）、巴里·辛德斯（Barry Hindess）、弗里德里克·詹姆逊（Fredric Jameson）、克里希思·格鲁普（Krisis Groupe）、恩内斯特·拉克劳（Ernesto Laclau）、凯瑟琳·麦金龙（Catharine MacKinnon）、蔷塔尔·墨菲（Chantal Mouffe）、安东尼·内格里（Antonio Negri）、迈克·哈特（Michael Hardt）、安东尼·吉登斯（Anthony Giddens）、特里·伊格尔顿（Terry Eagleton）、穆伊什·普斯通（Moishe Postone）、雅克·朗西埃（Jacques Rancière）、赫尔穆特·雷切尔特（Helmut Reichelt）、斯拉沃克·齐泽克（Slavoj Žižek）、大卫·哈维（David Harvey）、雅克·比岱（Jacques Bidet）、朱迪·巴特勒（Judith Butler）、约翰·弗洛（John Frow），理查德·沃尔夫（Richard Wolf）、托尼·本尼特（Tony Bennett）、爱丽丝·沃克（Alice Walker），托尼·莫里森（Toni Morrison）、科内利乌斯·卡斯托里亚迪斯（Cornelius Castoriadis）、鲍德里亚（Jean Baudrillard）、利奥塔（Jean - Francois Lyotard）。甚至汉

娜·阿伦特、哈贝马斯、德里达等人都可以说是广义上的后马克思主义者。

狭义的后马克思主义者最具盛名的当属拉克劳和墨菲，其次女性主义中有朱迪·巴特勒，经济学中有萨缪尔·鲍尔斯，社会学中有尼科斯·穆泽利斯，历史学中有穆伊什·普斯通，人类学中有托尼·本尼特，等等。之所以将这些人划归于狭义的后马克思主义，是因为他们的关注或批判的用心主要集中在马克思主义身上，或者说他们的理论触发点都是基于吸收、反思或修正马克思主义。而为什么把福柯、德里达等人排除在狭义后马克思主义之外，也是出于上述考虑。

第二章 后马克思主义出台的语境

第一节 后马克思主义出台的现实语境

后马克思主义为什么会在20世纪70年代之后异军突起并不断发展壮大，这是有很强烈的现实背景的。苏联和东欧社会主义事业的夭折、世界各地新社会运动的崛起、资本主义发展的新形势、各国左翼运动的失利等等因素，都是促成后马克思主义登上历史舞台的重要现实原因。

一、世界社会主义运动的曲折与失误

自苏联建立起第一个社会主义国家起，由于苏联执政党的沙文主义和极权主义做法，使得社会主义事业蒙上了一层厚重的阴影。人们对社会主义的质疑和批判之声不绝如缕，这种声音在西方学者当中尤其强烈。

20世纪50年代，赫鲁晓夫对斯大林的批判不仅在社会主义阵营内部激起了很大反响，而且在西方国家也造成了巨大冲击波。西方的社会主义追随者，比如西方左翼就因这场批判而发生了分化，一部分人依然坚持教条的马克思主义，另一部分人则随即展开了对马克思主义的反思。这是第一波马克思主义的危机，这一波危机可视为后马克思主义的先兆，它为后马克思主义的未来兴起积蓄了某种势力。

之后，苏联的沙文主义步伐并没有止步，而是愈演愈烈，更加激起了人们对社会主义的失望和彷徨，“从布达佩斯到布拉格和波兰政变；从喀布尔到越南和柬埔寨共产主义胜利的余波，使得人们对社会主义的构想以及实现它的道路越来越产生了疑问。”①

20世纪80年代以来，苏联和东欧社会主义运动遭受了巨大挫折，这

① 恩斯特·拉克劳、查特尔·墨菲：《领导权与社会主义的策略》，黑龙江人民出版社2003年版，第1页。

对于西方马克思主义学者的触动很大，苏东剧变促使很多人开始深入反思社会主义国家遭受挫折背后的深层原因。在这种反思中，有些人将苏联等共产党国家存在沙文主义、极权主义的原因归结于马克思主义理论的缺陷，进而对马克思主义理论甚至马克思本人的思想产生了怀疑，很多人并因此而走上了反社会主义、反马克思主义的道路，其中有些人就成为了后来的后马克思主义者。

二、新社会运动的情景触发

20 世纪 60 年代以来，西方资本主义国家以及一些第三世界国家都爆发了范围广泛的群众运动，而且群众运动的名目非常繁多，有学生起义、女权主义运动、生态运动、黑人民权运动、同性恋运动、反战运动等，斗争的形式也非常多样，如占领课堂、袭击警察、街头静坐、实施爆炸、抵制兵役、断路、暗杀、吸毒、性滥交，等等。这些运动或斗争形式，就是当代资本主义社会中的所谓“新社会运动”。在后马克思主义看来，所有这些斗争现象在马克思主义的设想中都是不可思议的，或者说被马克思主义排除在自己的社会主义斗争策略之外。因为马克思主义主张，在资本主义社会，随着剥削的加重，社会最终分裂成两大敌对的阶级，资产阶级和无产阶级，这两大阶级的矛盾是无法调和的，必然会发生对抗。因此，马克思主义认为，无产阶级是推翻资本主义社会的主体力量，阶级斗争是无产阶级的主要斗争形式。言下之意就是，马克思主义不认为无产阶级之外的其他群体有资格充当推翻资产阶级的历史使命，也不认为阶级斗争之外的其他斗争形式会有重要的历史效果。

后马克思主义对于马克思主义的这些主张，是根本不认同的。他们认为马克思主义的这些想法是对社会复杂性的简化处理，它忽视了真实的社会现实，看不到工人阶级之外群体的真实利益和真实想法，更看不到这些群体抗争所具有的重要意义。因此，后马克思主义基于 20 世纪 60 年代所出现的上述新社会运动现象，对马克思主义进行了尖锐批判。对于后马克思主义从新社会运动的角度对马克思主义的质疑，道格拉斯·凯尔纳等学者曾经指出：“拉克劳与墨菲认为，战后新的商品化、科层化和同质化的过程使社会关系日益政治化，并且取消了旧有的社团形式和社团的亲密关系。这些过程起源于资本主义关系向个人生活领域和社会生活领域的延伸，起源于凯恩斯的福利国家的出现以及大众文化和媒体的骤增。它们产生了新的抵制与对抗形式，表现为许许多多的新的社会运动（包括女权主义、同性恋自由、和平与生态团体等）。这些运动表明了社会领域及其对抗形式的复杂性，并指出了存在着不能被还原为阶级立场和生产主义逻辑的新的政治认同。为了开创对激进政治的重新思考，拉克劳与墨菲毅然抛弃了马克思主义的主要教义。”①

道格拉斯·凯尔纳的概括是非常准确的，许多后马克思主义确实是从新社会运动所呈现的新现象中找到批判马克思主义的把柄的。

三、资本主义发展的新趋势

后马克思主义者之所以要提出后马克思主义理论来补充或取代马克思主义对当代社会的分析，是因为大多数后马克思主义者都认为，资本主义经过100多年的发展，已经不再是马克思所描述的资本主义，也就是说，马克思对资本主义的分析已经不能够再有效地解读当代资本主义的现状，因而必须要有新的理论出现。

著名后马克思主义者詹姆逊就认为，资本主义是经过三个发展阶段的：第一阶段是马克思时代的民族资本主义阶段或古典资本主义阶段；第二阶段是列宁时代的垄断资本主义或帝国主义阶段；当今，资本主义已经进入了第三个阶段，即“晚期资本主义”阶段。晚期资本主义社会就是以大众传媒为文化媒介的社会，在这样的社会，人们感受和遭遇外在世界的方式是视觉而非语言，时尚、视觉艺术、图像、传媒形象等等支配着人们的生活，大众化成了主流的价值观念。既然资本主义发生了结构性变化，那么，马克思主义的范式也必须随之做出相应的调整，因此詹姆逊说：“后马克思主义是在资本主义遭受一个结构性变革这样确定的时刻出现的。很明显，‘后马克思主义’这个术语对于各种宣称马克思主义消亡的言论来说，是很适合的，尽管马克思主义曾经当作思想模式、社会主义类型和历史运动的范型。”②

鲍德里亚也认为，当代资本主义社会已经进入了消费社会。在消费社会里，人们的需要和欲望都被大众传媒所引导、刺激和强化，大众传媒所虚构的消费观念和消费逻辑渗透在社会的各个角落，在如此强大的消费逻辑面前，人们失去了真正的判断，所有的决断都建立在广告、时尚、媒体宣传的特意谋划与设置上，“我们处在‘消费’控制着整个生活的境地。”③ 商标、图像、标志、符码等等成了人与人之间相区别的符号，

---

① 道格拉斯·凯尔纳等：《后现代理论》中央编译出版社2004年版，第254页。

② 转引自曾枝盛：《詹姆逊的后马克思主义身份问题》，《南京大学学报》2006年第2期。

③ 鲍德里亚：《消费社会》，南京大学出版社2001年版，第6页。

主体消失了，或者说主体是被消费逻辑所建构的，真正的人不在了，惟有物的逻辑在横行，因此鲍德里亚写道："正如狼孩因为跟狼生活在一起而变成了狼一样，我们自己也慢慢地变成了官能性的人了。我们生活在物的时代：我是说，我们根据它们的节奏和不断替代的现实而生活着。"①消费主导一切的现象是马克思始料未及的，因为马克思的重点关注在生产领域，因此，在消费主义至上的资本主义社会面前，马克思的理论只会陷入"失语"的窘境，从而从马克思主义走向后马克思主义也就势所必然了。

尽管不同的思想家对于现代社会的特征有着不同的表述，但他们大多数都认同现代社会已经与传统社会有着明显的断裂，现代社会进入"后"时代已是不争的事实。斯蒂芬·贝斯特等人把这种断裂称之为"后现代转向"。他们指出："过去几十年在理论、艺术和科学方面出现了一种后现代转向。它在某些方面是一种主要范式的改变，有些人认为是从现代世界到后现代世界的划时代转型——一些主要的后现代理论家认为当代社会，以其新的技术、新的文化范型与经验形式、引人注目的经济审核和政治转型，构成了与以前生活方式的彻底决裂而终结了现时代。在文化领域有对现代主义的否定，在艺术方面后现代主义迅速发展，它遍及从建筑到电影到新的多媒体制作每一艺术领域。此外，不同形式的后现代理论在学院话语领域也无所不在，它向众多领域的知识成规包括科学发起挑战，并改造之。"② 后马克思主义就是在这样的后现代转向话语背景中出现的。在后现代理论无所不在的氛围当中，后马克思主义的出现不足为奇，它对马克思主义的攻击因而也是必然之举。

四、世界左翼运动的失利

后马克思主义的代表人物中有很多人曾经是马克思主义的信仰者或思想家，他们对于资本主义社会曾经持批判态度，对于社会主义和共产主义事业有着一定的追求。这些人在西方资本主义社会就是所谓的左翼人士。这些人在20世纪60年代的时候大多是激进社会运动中的活跃分子，并在后来成了第一批后现代理论家。因此，斯蒂芬·贝斯特等学者指出："大多数主要的后现代理论家——福柯、利奥塔、鲍德里亚、德勒兹、加塔利、杰姆逊、拉康、哈维及其他一些人——都参与乃至被20世

① 鲍德里亚：《消费社会》，南京大学出版社2001年版，第2页。

② 斯蒂芬·贝斯特等：《后现代转向》，南京大学出版社2002年版，序言第1页。

纪60年代的骚动深深影响，这些断裂的经验有助于对历史断裂和失序的话语采取开放和接受的态度。”①

20世纪70年代以来，随着西方学生运动的失利，世界社会主义运动的受挫，新自由主义和新保守主义的逐渐得势，西方左翼运动不断陷入窘境，其在西方国家的影响力和话语权日渐微弱。2001年7月拉克劳为《霸权与社会主义战略》所写的第二版序言中提到，“在最近的十年中，我们一直目睹的是新自由主义的胜利，而不是社会主义计划的重新铸造，新自由主义的领导权已经变得那样普遍深入，以至于对左翼的同一性产生了深刻影响，甚至被证明的是，今天左翼的计划比我们80年代初写作本书时陷入了更深的危机之中。”②

面对左翼运动的一再失势，西方一些左翼思想家随即发生了分化，有些人并不甘心于左翼运动的低迷状况，他们想通过自己的努力，试图恢复左翼运动曾经有过的辉煌，他们依然在黯淡的前景中坚持着左翼事业的斗争；一部分人则开始怀疑和否定马克思主义的合理性以及社会主义事业的正当性，甚至有人开始走上了背离马克思主义和社会主义的道路，这些人大多数就是后来的后马克思主义者。

最重要的后马克思主义代表人物拉克劳就经历了从左翼到脱离左翼从而与马克思主义分离的过程，对于自己的这一经历，拉克劳在一次访谈中毫不忌讳地说：“我起初走向马克思主义、社会主义，都发生在20世纪60年代的阿根廷的学生运动中和政治斗争中。那时，正是古巴革命刚发生后的时候，激进的学生运动遍及拉美，我也参加了运动。我是布宜诺斯艾利斯大学中心理事会的学生代表，哲学学生会的中心负责人。后来，我参加了阿根廷国内的各种左翼运动。特别是，我是社会主义政党——全国左翼的领导阶层的一员，这个政党在20世纪60年代的阿根廷很活跃。”③ 20世纪60年代末，世界各地的左翼运动陷入低谷，阿根廷也不例外，拉克劳于1969年来到了欧洲，根据他自己对左翼运动的经验判断，从此展开了对马克思主义的反思和批判，成了一位彻头彻尾的后马克思主义者。拉克劳由对左翼运动失利的反省走上后马克思主义的不归路的心路历程在他最负盛名的著作《霸权与社会主义战略》中表露无疑。

---

① 斯蒂芬·贝斯特等：《后现代转向》，南京大学出版社2002年版，第3页。

② 恩斯特·拉克劳、查特尔·墨菲：《领导权与社会主义的策略》，黑龙江人民出版社2003年版，第10页。

③ 周凡等编译：《后马克思主义》，中央编译出版社2007年版，第177页。

在《霸权与社会主义战略》的《导论》中，拉克劳这样写道："左翼思想今天处在一个十字路口。过去的那些明白无误的真理，如分析和政治计算的经典形式、冲突势力的本性、左翼斗争与目标的真实意义等，都因历史突变所导致的一场雪崩而受到严重挑战——"。[①]

第二节　后马克思主义现代性反思的思想语境

后马克思主义的出现并不是横空出世之物，除了我们所提到的现实背景之外，在理论渊源上，后马克思主义也是有其依凭的。如果把拉克劳与墨菲的后马克思主义当作后马克思主义的正统的话，我们可以清楚地从拉克劳和墨菲自己的论述中探明后马克思主义的理论来源。让我们从一次访谈中来走进后马克思主义的思想核心。在美国著名学者保罗·鲍曼对拉克劳的一次访谈中，曾经有如下的谈话：

鲍曼："后马克思主义"通常被理解为受惠于葛兰西。但是，我总是觉得它的理论回响更像是在应和德里达、拉康和福柯的洞见。德里达在《马克思的幽灵》中提到《霸权与社会主义战略》一书时，说它"以一种'解构'的风格对霸权概念进行了新颖的发挥"，而齐泽克断言："如此说来，拉克劳与莫非是再造了拉康的作为不可能的实在观念，他们使它成为分析社会与意识形态的有用工具。"你的著作也与福柯有密切的关系。既然如此，你何以把后马克思主义与葛兰西之间的关系作为后马克思主义的特征？如果没有德里达，拉康或福柯，会产生出后马克思主义吗？或者反过来说，只根据这些思想家的著作而没有葛兰西，后马克思主义还会产生吗？

拉克劳：就"后马克思主义"而论，答案非常简单：不。如果没有葛兰西，我们的整个思想规划将是不可能的。这并不是说它不能以别样的方式得到阐发，只不过，要是那样的话，它就不再是"后马克思主义的"。你一定得想到：我们的根基在马克思主义那里，正是我们对马克思主义的脱出，我们才开始建立与后结构主义和后维特根斯坦传统的对话。对于我们所喜爱的那种特别类型的马克思主义来说，葛兰西的中介是至关重要的。《霸权与社会主义战略》所建构的所有基本范畴都起于对马克

① Laclau and Mouffe. Hegemony and Socialist Socialist Strategy. Verso：2001，p. 1.

思主义历史的解构，而重新阐发葛兰西的范畴一直是我作品的主旋律。

后结构主义传统有助于极大地丰富我们的理论宝库。从这一点来看，主要的影响是德里达和拉康。在一定程度上，福柯也有帮助，不过，我总是与他的方法保持一定距离，因为，他在《知识考古学》中十分清楚地表示，对于他来说，“话语”只是众多对象中的一种，对于他的这一观点，我们在《霸权与社会主义战略》中进行了批判。[①]

从以上谈话中，我们对于后马克思主义的理论来源有了一个大致的把握：一是西方的结构主义、后结构主义以及后现代主义思想对后马克思主义的影响非常大，也就是说，西方重要的结构主义者、后结构主义者、解构主义者以及后现代主义者如索绪尔、列维－斯特劳斯、阿尔都塞、拉康、巴特、福柯、德里达，甚至德勒兹等人的思想是后马克思主义者最重要的精神来源。这种精神来源是拉克劳等人亲口承认的，而且，拉克劳在很多讲课的场合，总是会反复地提及和讲述上述思想家的理论[②]，由此可见，如果要追溯后马克思主义的理论渊源的话，结构主义和后结构主义是不可忽略的最重要的思想来源。二是西方马克思主义者葛兰西等人对后马克思主义思想的形成具有举足轻重的作用，后马克思主义的关键概念和范畴都是直接启用葛兰西的。在葛兰西主义与后结构主义等各种主义之间，拉克劳作了一个非常完美的结合，正如他自己所说的，如果没有葛兰西，就不可能有后马克思主义，但如果没有后结构主义，也不可能产生后马克思主义。如果说，后马克思主义是各种后主义与马克思主义的结合的话，还不如说是后主义与葛兰西主义的结合，严格来讲，后马克思主义是用后主义的各种理论来解读葛兰西的范畴，所以，当德里达说，后马克思主义“以一种‘解构’的风格对霸权概念进行了新颖的发挥”时，德里达的眼光是犀利的，他一下子就看穿了后马克思主义的精神实质。

当然，除了上面列举的人物曾经对后马克思主义有过重要影响之外，像哈贝马斯、齐泽克、罗蒂等人也从反面的角度对拉克劳等人的思想有过冲击，因为拉克劳坦言自己并不完全认同哈贝马斯的思想，而且他与齐泽克、罗蒂等人有过理论上的交锋。一个人的思想往往是在争论和碰撞中逐渐形成和成熟的，从这样的角度来讲，我们也不应当忽视这些人

① 周凡等编译：《后马克思主义》，中央编译出版社2007年版，第149—150页。

② 2008年9月至2009年1月，拉克劳在美国西北大学做访问教授，就向学生开了两门课程，一是关于结构主义和后结构主义的，二是关于德勒兹的，这很好地印证了我们的这种判断。

的影响。另外像维特根斯坦、海德格尔、库恩等人对后马克思主义也有一定的影响。

一、后马克思主义当中的结构主义因素

如果不深入到后马克思主义问题的内部，如果不与拉克劳等后马克思主义者有过深入的交往，单从后马克思主义的表面文字，人们很难看出后马克思主义与结构主义还有什么瓜葛。通常人们会认可后马克思主义与后现代主义、后结构主义等等的关系，但要说后马克思主义与结构主义有联系，人们一般是会在心里打个问号。在这个问题上，还是保罗·鲍曼看得透彻，他曾经敏锐地向拉克劳问道："在最近提交的一篇论文时，你把这样的说明置于文首：'你喜欢从索绪尔谈起'，显然，作为开始分析的方式，它清楚地表明了你的起始位置——如果你自己的著作的可理解性取决于对索绪尔的认知，这一'事实'或关系距离思考（或接近）霸权的'逻辑'有多远?"[①] 而拉克劳的回答是："在我理论思考的开端提及索绪尔具有非常大的启迪价值，而且，当我力图通过与结构主义和后结构主义传统的对话阐发我的后葛兰西主义观点时，这种语言的偏爱被大大加强了。"[②]

显然，结构主义与后马克思主义有着密切的联系。要说葛兰西主义是后马克思主义思想开端的话，还不如说结构主义是后马克思主义思想的开端，后马克思主义从索绪尔、斯特劳斯、拉康、巴特等结构主义思想家那里吸收了很多的思想资源。

（一）索绪尔的话语理论。现代哲学的语言学转向除了与分析哲学家如维特根斯坦等人的努力有关之外，菲尔德南·索绪尔的贡献同样不可抹杀，他的许多理论，如语言（language）和言语（speech）的区分，所指（signified）与能指（signifier）的区分等等影响了后世的人们，今天我们谈论的很多话语都是索绪尔所提供的。如果要来探讨索绪尔对后马克思主义的影响的话，有两个东西不可忽视：

（1）索绪尔在对语言和言语的区分中所隐含的话语本体论的思想影响了后马克思主义的话语理论。尽管后马克思主义对索绪尔的话语理论总是不免指责之辞，但在很多场合，后马克思主义总是要套用索绪尔的理论。索绪尔在自己的语言学中区分了言语和语言，而后马克思主义在

---

① 周凡等编译：《后马克思主义》，中央编译出版社 2007 年版，第 153—154 页。

② 周凡等编译：《后马克思主义》，中央编译出版社 2007 年版，第 154 页。

对社会关系的分析时区分了领导权关系和阶级关系，为了说明领导权和阶级的关系，拉克劳就套用了索绪尔的言语和语言的区分，拉克劳这样写道：“正是社会代表的同一性是由他们在第一叙事中的结构立场所决定的。因此两种叙事之间存在着不平等的关系：领导权关系增补阶级关系。用索绪尔所说的差别来看，我们只能说，领导权的关系永远是言语（parole）事实，而阶级关系是语言（language）事实。”①

（2）索绪尔在对所指与能指的区分中提出的“音链”思想、在对句段关系和联想关系的区分中所提出的“语链”思想，在对语言的分析中所提出的语言是由有差异的符号按照不同原则所形成的对等系统等等思想，同样是后马克思主义“接合”（articulation）理论、对等逻辑（equivalential logic）的最初启发。后马克思主义在打造自己的领导权概念时，提出了“接合”的概念，接合是通过关节点的中介作用把各种行动者（Agent）要素铰合（hinges）在一起而形成联合的领导权，这样的领导权是按照对等链（equivalential chain）的逻辑而形成的，即各行动者要素之间是平等的，同时又是有差异的。后马克思主义的这些思想与索绪尔的语言思想中所提出的“音链”、“语链”思想不谋而合。

（二）斯特劳斯的差异思想。在结构主义的诸多思想家中，斯特劳斯是被后马克思主义最少谈及的人，因此在探讨结构主义对后马克思主义影响的时候，人们会忽略斯特劳斯的地位，这是顺理成章的事情。但事情并没有这么简单，只要再往深里去探讨，人们就越发会见到后马克思主义身上斯特劳斯的影子。

通常人们对斯特劳斯的误解很深，有人认为斯特劳斯对结构的强调使其难以摆脱还原论的怀疑，因此，总是会把斯特劳斯当作一位还原论者来看待。其实，这是我们对斯特劳斯的误判。不可否认，斯特劳斯的结构主义思想有还原论的倾向，但这不是斯特劳斯的主要东西，我们不可刻意夸大这种倾向，而应当看到斯特劳斯的主要贡献。

斯特劳斯是一位自觉反对西方中心主义的重要思想家，他出于对西方文明中心论的不满而转向了对原始文明的研究。在西方文明和原始文明之间，斯特劳斯认为，并没有高低贵贱之分。他主张在承认差异的基础上，应当尊重文明的多样性，保持对不同文明的认同，反对某种文明尤其是西方文明对其他文明的支配和侵蚀。从斯特劳斯的所作所为中可

① 恩斯特·拉克劳、查特尔·墨菲：《领导权与社会主义的策略》，黑龙江人民出版社2003年版，第53页。

以强烈地感受到他对多元性、差异性、多样性和异质性的强调，极力反对中心主义和单一主体论。尽管斯特劳斯主张认同，但是这种认同也是承认差异前提下的认同，用黑格尔的话来讲就是“有差别的同一”。从这些角度来讲，后马克思主义受斯特劳斯的影响是不可忽视的，因为后马克思主义也反对单一主体的优先性和中心性，认为不同的主体在推动社会发展的过程中都具有同等的重要性；而且，后马克思主义所主张的等同逻辑也是在承认差异下的等同。凡此种种，与结构主义都有异曲同工之处。

（三）阿尔都塞的反决定论思想。如果要问结构主义思想家中谁对后马克思主义的影响最大？阿尔都塞肯定会忝列榜首，因为不仅拉克劳反复提及阿尔都塞对其思想的启发，而且另一个后马克思主义者墨菲就是阿尔都塞的学生。

阿尔都塞是结构主义马克思主义的代表人物，他之所以要提出结构主义的马克思主义，是出于对存在主义马克思主义的反对。阿尔都塞认为，存在主义马克思主义把马克思主义解读成一种人道主义，这是对马克思主义的一种误读，是对马克思主义科学性的玷污。在阿尔都塞看来，马克思主义根本就不是一种人道主义，甚至是一种反人道主义。存在主义的马克思主义在把马克思主义看成一种人道主义的时候，将客观的社会关系简化为人的关系的时候，一种因果决定论或还原论的思想始终贯穿其中，而这是阿尔都塞之所以对其严重不满的地方。

阿尔都塞严厉反对还原论思想，尤其是反对经济还原论或经济决定论思想，认为不能从经济基础出发来解释上层建筑，同时也不能用经济地位来解释人的权力地位，主张用多元论的立场来解释社会现象，这些思想对后马克思主义的启发很大，难怪拉克劳会说：“我认为阿尔都塞的工作有两面性。一方面，有超越决定论的想法，这集中在关于马克思的书中，事实上，某种程度上允许了去结束经典的简化论，因为作为根本矛盾的阶级矛盾不再抵达。因此，这种超越矛盾决定的理念完全允许我们开始转向到非简化论的方向。”① 拉克劳在这里的概括非常准确和精到，后马克思主义确实是沿着阿尔都塞所开创的非还原论路向颠覆了马克思主义的许多概念。从这个意义上来讲，没有阿尔都塞就不可能有后马克思主义，在某种意义上，后马克思主义是阿尔都塞主义的进一步激进化，是放大的阿尔都塞主义。因此，拉克劳在回顾自己的学术生涯转变时曾

① 周凡等编译：《后马克思主义》，中央编译出版社2007年版，第178页。

经说道："我与人本主义的马克思主义的冲突使我能够阐发出我自己的理论观点与方法——它一开始受到阿尔都塞的强烈影响。"① 拉克劳的许多概念如召询（interpellation）等等都是在阿尔都塞非决定论的意义上来进行理解的。②

二、后马克思主义当中的后结构主义因素

尽管后马克思主义受结构主义的影响很大，但从总体上来讲，后马克思主义对于结构主义显然不满。为什么后马克思主义对结构主义会有不满，原因很多，但归纳起来不外乎以下几个方面：

（一）后马克思主义认为结构主义在语言问题上的不彻底性会走向实体主义、主体主义。在拉克劳看来，尽管结构主义者始终强调语言的重要性，尽管语言学理论看起来非常精致，但只要结构主义把语言当作形式而不是实质，把语言当作语言符号，把主体当作话语之外的存在，那么这样的语言观必然会使结构主义陷入诸多自相矛盾的境地。为了化解这些矛盾，结构主义者最后只好诉诸于实体、主体的观念，从而使得结构主义仍然难以摆脱实体主义、主体主义的窘境。这种窘境在结构主义者索绪尔那里表现得尤为突出，"语言学的形式主义的不断精致化却使人很快理解到：索绪尔的理论建立在种种歧义的基础上——这些歧义只是被基本原则所掩盖，但是，原则本身和它的基本假定是相互矛盾的。且以能指与所指的区分为例：如果语言是形式而不是实质，如果在能指序列和所指序列之间存在完整的同型关系，那么在二者之间如何可能建立差异呢？索绪尔只能诉诸于实体的观念：某一情形下是语音实体；而在另一情形下是概念实体。至于语言和言语之间的区分（即作为集体"宝库"的语言与每一个言说者个体对其使用之间的区分），只有假设主体外在于语言系统，这种区分才是可以维持的。因此，这一体系内的基本对立中的每一个都需要从外部界定，如此一来，就把语言学的形式主义禁锢在新的局限之内。"③

而拉克劳认为语言就是一切，一切都是话语，因此，结构主义在语言问题上的不彻底立场必然会遭到后马克思主义的批评。

（二）后马克思主义指出，结构主义认为能指序列和所指序列之间存

---

① 周凡等编译：《后马克思主义》，中央编译出版社 2007 年版，第 167 页。

② Nicos P. Mouzelis. Post - marxist alternatives. Lodon：1999，Appendix.

③ 周凡等编译：《后马克思主义》，中央编译出版社 2007 年版，第 78 页。

在同型关系，这是同一性哲学的表现。尽管结构主义当初建立语言学时主张差异原则是语言学设立的两个基本原则之一，但在实际过程中，他们并没有很好地把握这一原则，而是坚持认为，能指序列和所指序列之间存在同构的关系、或者是稳定的关系。在后马克思主义看来，这是同一性哲学在语言问题上的表现。而后马克思主义认为，能指和所指之间并不存在固定的关系。

（三）后马克思主义认为，结构主义所主张的语言对象的先在性或自明性，具有在场形而上学的意味。在场形而上学主张，对象或客体的存在是客观的、先在的、自明的，不以人的存在为转移，或者说，在人之先，就已经有了对象的存在。对象的存在是个先天的事实，不容有任何的怀疑，这是在场形而上学的显明特征。尽管结构主义有把一切研究对象归结为语言的倾向，但后马克思主义认为，结构主义在语言问题上仍然脱离不了旧哲学的残遗，这集中表现在它对语言对象问题的处理上。因为，在结构主义看来，语言对象不是通过话语建构起来，而是先于话语建构而存在的客观对象，这种立场显然是在场形而上学在语言学中的再现。

（四）后马克思主义认为，结构主义坚守符号的固定性、词义的单一性和符号系统的封闭性等等说法，具有本质主义的阴影。结构主义不仅认为语言对象是先在的，而且也认为构成语言的符号是固定的、语词的意义也是单一的、符号系统是封闭的，这些主张，在后马克思主义看来，都是结构主义所固有的本质主义立场作祟的结果。针对结构主义的这种本质主义特征，拉克劳批评道："在索绪尔的分析中把语言看成是没有绝对词项的差异系统，在此系统中，词项的意义纯粹是关系性的并且只被它与所有其他项的对立所决定，因此中心概念是价值。但是这告诉我们：呈现给我们的是封闭系统可能性的条件：只有在其中才可能以那样的方式固定每一个要素的意义，当语言学模式被引入到一般人文科学领域时，正是由于这个系统性作用的控制，结构主义才变成了新形式的本质主义：一种对构成了任何可能变化的内在规律的根本结构的需求。"①

总之，在后马克思主义看来，结构主义者由于或多或少存在以上理论上的现代性特征，使得他们总是不知不觉地陷入各种各样的现代性困境，比如阿尔都塞，因为太强调结构的首要性，从而陷入了另一种形式

① 恩斯特·拉克劳、查特尔·墨菲：《领导权与社会主义的策略》，黑龙江人民出版社2003年版，第125页。

的决定论，即结构决定论，而这些都是后马克思主义所要反对和破除的东西，因此，结构主义遭到后马克思主义的批评也就是情理之中的事情了。

后马克思主义因反对结构主义的各种弊端而走向对后结构主义的关注，因此，拉康、巴特、福柯、德里达等人的思想成为后马克思主义关注的焦点。

（一）拉康的精神分析理论。虽然拉克劳曾经这样说过："尽管我本人自主得出的结论将我带到与拉康的主体性概念相距不远的位置，但我并不是从拉康的理论分析开始的。"① 也许拉克劳的理论确实不是从拉康那里开始，但拉康的许多理论，如作为话语的精神分析理论、自我理论、象征理论等等都对拉克劳等人的后马克思主义有重要的影响，这些影响归纳起来有以下一些：

（1）拉康的在精神分析中所阐述的象征理论对后马克思主义的话语理论有一定启发。拉康的精神分析理论更强调弗洛伊德中期的理论，因为此时弗洛伊德关于梦、失语等现象的精神分析有一种话语化的倾向，而拉康在此基础上，进一步将精神分析与话语分析勾连起来，认为通过对孩童与精神病人的语言进行分析，可以揭示出他们的语言背后的无意识结构，从而找到真实的心理动机和病根。出于这样的目的，拉康将人的心理状态划分为想象界、象征界、实在界三个发展阶段，在对不同阶段的关系进行考察的过程中，拉康始终强调话语分析，并把想象界、象征界、实在界的意义与语言的意义对应起来，这些对应为后马克思主义提供了很多理论上的启示，难怪拉克劳会说："在我们的工作中，它是我们称之为'话语'的东西，它同拉康理论中称之为'象征'的东西高度吻合。"②

（2）拉康在精神分析中所强调的"突出点"理论是后马克思主义"关节点"概念的来源。后马克思主义在打造自己的"领导权"（hegemony）理论时，总是强调关节点的重要性，认为领导权的构造是通过诸多"关节点"而铰合起来的。这样一种理论的启发，拉克劳明确指出是受拉康的启发而提出来的，在《领导权与社会主义的策略》中拉克劳说："我们把被赋予特权的局部固定性的话语点称为关节点。[拉康一直通过他的

① 周凡等编译：《后马克思主义》，中央编译出版社2007年版，第158—159页。

② 巴特勒、拉克劳、齐泽克：《偶然性、霸权和普遍性》，江苏人民出版社2004年版，第74页。

缝迹间的突出点（points de caption）这个概念——固定表意链意义的被赋予特权的能指——强调这些局部的固定。这个表意链生产力的限度建立起使得预言成为可能的出发点——不能产生任何固定意义的话语是关于精神病的话语。]"①

（二）巴特的符号学理论。拉克劳在著作中很少谈到巴特，但这并不说明巴特对拉克劳的影响就很少，相反，在拉克劳的思想深处，始终盘踞着巴特思想的阴影，这表现在以下几个方面：

（1）拉克劳在自己的论著中经常谈到"空洞的能指"（empty signifier）这一概念。这一概念显然不是拉克劳生造的，而明显是受了巴特"零度写作"概念的启发而提出来的。巴特在《写作的零度》中提出了"零度"概念，零度是没有特定所指的能指。尽管这一能指没有特定的所指，这一能指看起来是空洞的和形式的，但同时又是完满的和富有意义的，所有的完满和意义就来源于能指的空洞，正因为它是空洞的，所以它能够有无限的可能，这就是空洞能指的魅力所在，这就好比中国人所讲的最高境界"无"，"无"并不是一无所有，而是应有尽有，是一切有的来源、一切意义的所在、一切可能性的集散地。拉克劳的"空洞的能指"是在深入体会巴特"零度"概念魅力基础上的进一步凝练。

（2）巴特神话学中所隐含的政治意识形态指向，对后马克思主义也有一定的影响。巴特从对写作的零度状态的考察转向对神话的考察，在这种转变中，巴特认为，任何话语系统、符码、符号背后，始终隐含着意识形态等等扭曲的、压制人的东西。巴特对神话的分析就是保留神话背后这些阴暗的东西。从这个角度来讲，巴特的神话学根本不是纯粹的、与世事无涉的死学问，而是对传统或现实的意识形态统治的颠覆，它始终透出巴特对现实政治的关注。巴特的这种立场与后马克思主义对政治优先性的强调、对各种新社会运动的意识形态颠覆性力量的重视一脉相承。

（3）巴特所主张的符号系统是开放的而不是封闭的、所指和能指并不存在固定的关系，文本的意义由读者决定而非由作者决定、对"个体"身体等概念的强调等等理论都是对传统哲学的颠覆。这些思想都或多或少影响了后马克思主义。

（三）福柯的权力话语理论。福柯对于现代思想来讲是一个不可跨越

① 恩斯特·拉克劳、查特尔·墨菲：《领导权与社会主义的策略》，黑龙江人民出版社2003年版，第124—125页。

的蓄水池，现代思想家不管对福柯持怎样的态度，但在精神上总是无法绕过福柯的影响。后马克思主义在这个问题上同样如此，尽管它表示与福柯的思想有距离，但精神上始终以福柯的思想为依归。

福柯对后马克思主义的影响可以说是全方位的，但最主要的影响恐怕还是福柯在对知识和权力的关系分析中所透露出来的思想。

福柯是一位天才式的思想家，这位思想家对后代最重要的贡献莫过于他在对监狱、疯癫、性等等分析中所揭示出来的无所不在的文明的压制。在福柯看来，社会就是一个大监狱，人们时时刻刻都处在一种监视、控制、规训的状态，无论是他的知识考古学还是他的系谱学，都是要揭示现代社会的压制性。

福柯认为，疯人院的形成、现代监狱制度的兴起、性观念的转变等等，都与近代知识观逐渐占主导地位有关，近代知识话语建构了现代社会，而将前现代的一切东西都打入冷宫，或宣布前现代的东西都是非法的、非理性的。从这个角度来讲，知识不仅仅是一种真理，更是一种权力，知识和权力之间有一种共谋。貌似追求真理的知识其实为权力所左右，而知识又为权力的巩固提供了智力支撑。

福柯通过自己的智力努力，揭示了权力和压迫的无所不在性，但这种揭示同时也意味着反抗、对抗的无所不在性，因为哪里有压迫哪里就有反抗，这是确定无疑的事情。在这一点，福柯对后马克思主义有较深刻的影响，后马克思主义对各种“新社会运动”力量的首肯，对对抗性不可根除的信念等等，都是福柯影响的现实体现。

当然，福柯对话语理论的强调所具有的意义还不止这些，它同时还意味着对近代主体性哲学的消解，因为在福柯看来，不是主体构造了话语，而是话语建构了主体，这也就是福柯的“人之死”宣告的题中应有之义。福柯这种对主体性哲学消解的努力同样对后马克思主义有着深远的影响，后马克思主义对阶级主体的否定、对工人阶级概念的解构，都是福柯的思想在后马克思主义领域的继续。

（四）德里达的解构主义。在众多对后马克思主义有着重大影响的思想家中，德里达是为数不多的与后马克思主义有过直接交锋的人物，如果说其他思想家对后马克思主义的影响是间接的话，那么可以说，德里达对后马克思的影响却是直接的、当下的。

对于德里达这样一个伟大的思想家，后马克思主义对之始终保持着一份肃然起敬，尽管德里达对于后马克思主义有过批评，尽管有人认为后马克思主义与德里达之间有龃龉，但后马克思主义却并不认为自己的思想与德里达有什么冲突，而是认为两者的思想是一致的。因此，针对德里达对后马克思主义的批评，拉克劳总是这样申辩道："我认为德里达所宣称的东西完全不是针对我的话（即你引用的关于强制与说服的话）提出质疑。德里达关于男权制（fratriarchy）所说的话指的是一个与强制/说服所提出的问题截然不同的问题。至于你对德里达的其他引用，我以为他是指向一个对我的分析加以补充的维度。"①

后马克思主义在思想上唯德里达马首是瞻，决不是偶然的，而确实像后马克思主义所宣称的那样，两者在思想取向上存在一致性。

用解构主义来定义德里达的思想恐怕并不为过，因为德里达确实是以解构的姿态出现在西方思想史的舞台上。而如果说后马克思主义对德里达思想有什么继承的话，也在于德里达的这种解构主义立场。

德里达解构主义的目的是要解构从古希腊以来的逻各斯中心主义或者说在场形而上学，这种逻各斯中心主义是西方各种现代性思维如基础主义、主体主义、二元论等等存在的最根本的思想根源。在德里达看来，这种逻各斯中心主义最集中体现在西方文明对声音的褒扬及对文字的贬斥这一现象当中，即所谓的语音中心主义当中。因此，要解构逻各斯中心主义，德里达认为必须从颠覆语音中心主义开始，而他的《声音与现象》的主要目的就是对语音优先性的消解、对文字重要性的强调。但是，这并不意味着德里达从语音中心主义走向了另一种中心主义即文字中心主义，这不符合德里达解构主义的精神，解构就是要反对一切中心。德里达对文字的强调其实是要继续彰显解构的真义。因为在德里达看来，文字的字符是流动的、文本的意义是开放的，他用"延异"（différance）一词来概括文本的特征。延异一词较鲜明地体现了德里达的解构主义精髓，因为延异是对差异、区分、多样、流动的强调。这意味着，在场形而上学所固守的同一性、确定性、单一性、主体性、本质性、普遍性等等东西在德里达的延异面前都烟消云散了。这就是解构主义的魅力。

如果说后马克思主义对福柯等其他后结构主义者还稍有微词的话，那么对于德里达，后马克思主义则没有任何不恭之处，并且将德里达解构主义的精神在马克思主义研究领域发挥到极致。德里达是对传统西方文明的全面解构，后马克思主义是对马克思主义的全面解构，并且从后马克思主义的解构手法上来看，无不透露着德里达解构主义的气息。可见，后马克思主义对德里达的认同并不是无由头的，因为后马克思主义

---

① 周凡等编译：《后马克思主义》，中央编译出版社2007年版，第153页。

在某种程度上来讲是另一种形式的德里达主义。

三、后马克思主义当中的后现代主义因素

尽管后结构主义在某种程度上打破了结构主义在语言问题上的本质主义、主体主义等现代性的东西，但后马克思主义者对于一些后结构主义者比如福柯还是颇有微词。因为后马克思主义认为，虽然福柯强调了话语的重要性，但没有把话语进行彻底化。也就是说，在后马克思主义看来，福柯只是把话语当作众多对象当中的一种，而不是把所有的对象都看作是话语的建构物。这是后马克思主义对福柯等后结构主义不满的地方，因为后马克思主义拒绝话语和非话语的区分，认为一切都是话语的构造，就像拉克劳所说的那样："我们的分析拒绝话语和非话语实践之间的差别，而肯定了（1）每个对象被构造为话语对象，只要对象不是在每一个出现的话语条件之外给定的；（2）通常被叫作语言与社会实践行为方面之间的任何差别，或者是错误的差别，或者应该在意义的社会生产中发现它是一话语总体形式被结构化的区别。"[①] 福柯要么在话语和非话语之间进行区分，要么把话语实践只限制在临床医学的范围，这种对待话语的不彻底性引起了后马克思主义的不满，或许是因为这种不满，使得后马克思主义对后现代主义理论流连忘返。

拉克劳曾说："后现代性这一主题肇始于美学，而后日渐扩展，以至于成为我们文化、哲学和政治经验的新视域。特别在后一领域（在此我仅将我的分析限定在这一领域内），后现代性借助于两种日渐趋同的运思方式获得了发展——"[②] 由此可见，拉克劳对于后现代主义在政治领域中的拓展有着较为密切的关注和认可，后马克思主义与后现代主义的关联并不是我们空穴来风的牵强附会。

那么，后马克思主义究竟对于后现代主义有着怎样的看法，或者说它从后现代主义那里吸收了什么东西，这些有待我们仔细的考察才能做出明确的结论。

通常人们总是认为后现代主义是对现代性的全面质疑、批判和颠覆，假如认同了后现代性的话，那么意味着对现代性的全盘拒斥。但后马克思主义在后现代主义与现代性的关系问题上，却并不持如此简单的看法，

---

① 恩斯特·拉克劳、查特尔·墨菲：《领导权与社会主义的策略》，黑龙江人民出版社2003年版，第116—117页。

② 周凡等编译：《后马克思主义》，中央编译出版社2007年版，第74页。

而是有着更为复杂的情绪。后马克思主义并不一味地认同后现代主义的所有东西，也不是一味地抵制现代性。在后马克思主义看来，后现代性固然意味着对“基础”、“本质”等等现代性东西的消解，但后现代主义对于现代性的东西又有某种保留，“如果说存在某一意义上的后现代性——即在各种不同的表现形式中建立某种‘家族类似’的前理论的关联的集合体，那么这种意义上的后现代性仅仅意味着诸如‘基础’、‘全新’、‘同一性’、‘前卫’这样的范畴的瓦解与销蚀过程。‘后现代状况’要质疑的东西，与其说是各种社会文化认同的抉择及不公平对待，还不如说是建构这些认同的逻辑原则及地位。因此，廓清现代性的局限比淡淡划定界线更为复杂，也更待进一步展开的事项。后现代性不可能是对现代性的简单拒绝；它包括对现代性主题及其范畴作出各种各样的调整，也需要现代性语言游戏的扩散增殖。”①

后马克思主义认为，如果要把后现代性与现代性完全割裂开来，要以一种新的话语终结或抛弃现代性的叙事，这是不可能的，仅仅是一种无谓的宣称而已，不仅如此，“甚至更为糟糕的是，为了用有效‘制造终结’来取代仅仅是被宣称的或被假设的‘终结’（这种‘终结’简直可以看作是唯意志主义的透明画）而不加鉴别地把‘终结’这一范畴引进话语，因为这无异于把刚刚抛弃的东西又偷偷地拿了回来。这种偷运可能以两种方式进行。首先，在某一事物终结的限度内，根本不同的事物出现了，在此情形下，就不可能避免‘新’的范畴和革新性的前卫观念，而这恰恰是后现代性话语意欲放弃的东西。另一方面，要求废弃元叙事（而不考虑其他叙事所发生的东西）就是在追求的目标上达到一种颇为节制的思想收益。同一性逻辑依然完全在场，只不过是从总体性领域完好无损地转移到了多种多样的原子化的叙事领域而已。”②

因此，与其说后马克思主义是对现代性的批判，不如说是对现代性的某些观念的调整，这是后马克思主义在对待现代性问题上与后现代主义不相一致的地方，尽管后马克思主义与后现代主义有某种思想上的关联。正因为后马克思主义对于现代性有着特殊的解读，因此它对后现代主义也有着不同的理解。

（一）后现代主义是对现代性所具有的绝对主义特征的削弱，而不是对现代性内容的否定。正如拉克劳所说：“后现代性并不意味着启蒙运动

① 周凡等编译：《后马克思主义》，中央编译出版社2007年版，第75页。

② 周凡等编译：《后马克思主义》，中央编译出版社2007年版，第75页。

所开启的种种现代性价值的改变，而是对它们绝对主义品格的特别弱化。"[①] 拉克劳认为，绝对主义是现代性的重要特征，这种特征形成的思想前提是"直接性"思维，即认为存在"自在之物"的思维。他认为，20世纪的三个主要思想派别，分析哲学、现象学和结构主义都有绝对主义的特征，而这有与三种思潮的直接性思维有关，"20世纪的思想史乃是建立在直接性的三种幻相（指涉物、现象和符号）的基础之上，三种幻相导致了三种思想传统：分析哲学、现象学和结构主义。"[②]

自从笛卡尔提出"我思故我在"的命题以为哲学确立一个稳固的阿基米德点以来，哲学在绝对主义的道路上越陷越深，认为存在一个确定不移的哲学基点这一信念在几乎所有的近代和现代思想家身上都有体现，只不过每一个思想家对这一哲学基点究竟是什么各持己见。尽管现代哲学，如分析哲学、现象学和结构主义对近代哲学存在某种程度上的反拨，但在拉克劳看来，当这几派哲学都只执着于认定存在某种诸如语言、现象、结构等等最终的东西的时候，它们都具有不彻底性，都是现代性思维的继续延伸。

（二）后现代主义是立足于多变的语境背景来重新界定现代性的内容，并将一种模糊性话语植入现代性。"如果说某某东西具有现代话语的特色，无非就是这样：它声称从思想上支配社会的基础，并自命为总体的历史观念设定了一个理性主义的背景，并且，它把后者作为全球范围人类解放规划的思想根据。照此看来，它们是一种关于本质的话语、是一种关于完全在场的同一性的话语，这种话语以这种或那种方式把自身建立在透明社会这一神话的基础上。相反，当这种完全在场的同一性被不可理解的外在因素——这种外在因素把不透明性这一维度和实用主义引进了现代性话语一味妄称的范畴之直接性和透明性——所威胁，后现代性就开始了。"[③] 因此，与现代性对确定性、同一性、直接性、本质性、精确性、透明性等等的强调不一样，后现代性重视的是模糊性、偶然性、复杂性、差异性、不确定性。

（三）后马克思主义对后现代主义的阐述以及对现代性的批判始终落实到对马克思主义的批判上来。"我试图从马克思主义传统与后现代性的关系角度来追溯后现代性的起源，因为，在我看来，马克思主义既把现

① 周凡等编译：《后马克思主义》，中央编译出版社2007年版，第77页。
② 周凡等编译：《后马克思主义》，中央编译出版社2007年版，第77页。
③ 周凡等编译：《后马克思主义》，中央编译出版社2007年版，第81页。

代性解放叙事推向了极点，同时又构成了现代性解放叙事最初呈现的诸多危机中的一种。从后马克思主义或后现代的马克思主义得以浮出历史地表的缘起而论，古典马克思主义的诸范畴所陷入的有关新语境是促成其形成的因由。”① 后马克思主义借用后现代主义的思想不是其最终目的，其最终目的是援用后现代主义的某些观点来有效地批判马克思主义。后现代主义在现代性与后现代性之间划界，并用后现代性的立场来反对现代性，同样，后马克思主义也要在传统马克思主义与后现代主义的马克思主义之间划界，并把传统马克思主义划归为现代性的阵营，从而使得其自己用后现代主义的手法来批判马克思主义提供了理论依据。

总之，后马克思主义并不完全认同后现代主义，而是与后现代主义保持一定距离。它对后现代主义既有批评，但同时又吸收了后现代主义对确定性、精确性、统一性等等进行解构的批判精神，以及后现代主义注重语境分析的立场。这些后现代主义因素时时隐现在后马克思主义的具体阐述之中。

① 周凡等编译：《后马克思主义》，中央编译出版社 2007 年版，第 82 页。

第三章 拉克劳、墨菲的“解构主义的后马克思主义”及其现代性批判路径

谈到后马克思主义，人们总是把它与两个人的名字联系在一起，即英国的思想家欧内斯托·拉克劳及蕾塔尔·墨菲。诚然，“后马克思主义”这一概念绝对不是拉克劳和墨菲最早提出来的，但这无损于他们成为后马克思主义思潮的始作俑者，因为后马克思主义作为一种思潮登上历史舞台确实与拉克劳与墨菲有关。两人于1985年合写的著作《领导权与社会主义战略》只在一处提到了“后马克思主义”这一概念，但书中所透露出的思想正式宣告了后马克思主义思潮的诞生。不管后来的思想家对于拉克劳和墨菲的后马克思主义思想存在多大的异议，但依然是在两人所开创的后马克思主义方向上继续前行。故此，要讲后马克思主义，首先要提到的是拉克劳和墨菲的后马克思主义思想。由于拉克劳和墨菲的后马克思主义思想主要集中在《领导权与社会主义战略》一书中，所以，我们对拉克劳和墨菲后马克思主义思想的概括也主要围绕这本书的内容而展开。

如果我们要对拉克劳和墨菲的后马克思主义立场做一个概括的话，或许用“解构主义的后马克思主义”这个词会恰当些，当然，我们是在表面的意义上使用解构主义一词的，即把解构主义理解成对传统的简单批判、拒绝、颠覆和抛弃，因为拉克劳和墨菲的后马克思主义确实是在这样的意义上来对待马克思主义的。通观《领导权与社会主义战略》一书，任何一个稍微有常识的人都可以看出，这本书与其说是对马克思主义的继承，不如说是对马克思和马克思主义的全面批判，它拉开了对马克思主义进行全面围剿的序幕，这正如拉克劳和墨菲所说的那样：“为了从当代的问题出发重新阅读马克思主义的理论，必然包含对其理论核心

范畴的解构。这就是我们所说的'后马克思主义'"。①

由此可见，拉克劳和墨菲对于后马克思主义的初衷说得再清楚不过了。什么是拉克劳和墨菲的后马克思主义？说得简单一点，就是对马克思主义核心范畴的解构，因此，用"解构主义的后马克思主义"来概括拉克劳和墨菲的后马克思主义立场，一点也不为过。拉克劳和墨菲不仅要解构的是正统马克思主义的理论，而且也要解构西方马克思主义的理论，说到底，就是要解构拉克劳和墨菲之前的所有马克思主义。也就是说，在拉克劳和墨菲看来，历史上所有的马克思主义都存在这样或那样的问题，这些马克思主义都是应该被超越的，而只有他们自己的后马克思主义才是马克思主义思想发展的顶峰，从这个意义上来讲，拉克劳和墨菲颇有点黑格尔式的狂妄自负。

第一节　马克思主义解释范式的失效

拉克劳和墨菲为什么要对马克思主义进行解构，用他们自己的话来说就是，"当代资本主义现实与马克思主义理论范畴能够合法包容的东西之间存在日渐扩大的裂痕"，"马克思主义的理论化已经陷入僵局"。② 带着这样的观念，拉克劳和墨菲对历史上几乎所有的后马克思主义者都进行了批判，列宁、卢森堡、卢卡奇、葛兰西、阿尔都塞等人无一能够幸免。

在马克思主义的思想体系当中，关于社会主义的设想是其整个理论体系的核心，但在后马克思主义看来，马克思主义的社会主义思想却是最成问题的，"现在正处于危机之中的是整个社会主义的概念，它停留在作为大写革命角色的无产阶级本体论中心之上，作为从一种社会类型到另一种社会类型转变的基本因素，依赖于会导致要素空洞化的完美整体和同质化集体意志的幻想前景。当代社会的复杂性和多样化特征不可改变地消解了那种政治虚构的最后基础。充满普遍主体和围绕单数形式概念化的虚构一直把社会假定为能够在某种阶级立场上被理智掌握和重构的概念结构，即假定通过缔造性政治实践可以确立的合理化和透明秩序。

① 恩斯特·拉克劳、查特尔·墨菲：《领导权与社会主义的策略》，黑龙江人民出版社2003年版，第二版序言第3—4页。

② 恩斯特·拉克劳、查特尔·墨菲：《领导权与社会主义的策略》，黑龙江人民出版社2003年版，第二版序言第2页。

今天，左翼正在目睹雅各宾派幻想最终瓦解的一幕。”①

马克思主义的社会主义是一种科学社会主义，它是对空想社会主义的取代，但在后马克思主义的眼中，马克思主义的社会主义同样是一种幻想。之所以是一种幻想，是因为马克思主义的社会主义设想建立在一些陈旧概念或话语的基础上，而这些概念或话语与现实是格格不入的，或者说是远离现实的。在拉克劳和墨菲看来，像马克思主义的一些概念，如“阶级”、经济基础和上层建筑、生产力和生产关系、消除了阶级对抗的共产主义社会等等背后都浸染着现代性的因子，都是本体论、必然性、单一性、主体性等现代性思维在社会主义问题上的具体反映。这些现代性特征导致了马克思主义的社会主义思想必然是一种脱离实际的幻想。

尽管像卢卡奇、葛兰西、阿尔都塞等西方马克思主义者对正统的马克思主义的现代性作了某种程度上的修正，对新的历史趋向进行了补充性的描述，但在拉克劳和墨菲看来，这些西方马克思主义者并没有脱离现代性的窠臼，卢卡奇是如此，“卢卡奇对于理论和政治结合起来有不可否认的判断力，但是那没有超出整个第三国际的陈旧话语领域。”② 葛兰西、阿尔都塞同样是如此，他们在社会主义的问题上都陷入阶级还原论等现代性的陷阱。

如果说，连最激进的西方马克思主义对于马克思主义的概念还是有所保留的话，那么后马克思主义对待马克思主义则是另一番态度，正如拉克劳和墨菲所说：“我们对待马克思主义传统的方法是完全不同的，也许可以用胡塞尔的‘沉积’和‘再激活’之间的差别这种形式来表示。被沉积的理论范畴遮蔽了它们原初的创造活动，而再激活因素使它们的行动再显现出来。对我们来说，与胡塞尔不同，再激活应该显示综合的原初偶然性。马克思主义的范畴试图建立这样的综合。与‘阶级’、三个层面（经济、政治和意识形态）或者作为被沉积下来的盲目崇拜对象的生产力与生产关系之间的矛盾关系这些方面无关，我们要复活使它们的话语运作得以可能的前提条件，并且自问那个关于它们在当代资本主义之中的偶然性和断裂的问题。结果是马克思的理论化领域更加不明确和多样化了，而不是马克思列宁主义描述的那种马克思主义的历史所具有

---

① 恩斯特·拉克劳、查特尔·墨菲：《领导权与社会主义的策略》，黑龙江人民出版社2003年版，第2页。

② 恩斯特·拉克劳、查特尔·墨菲：《领导权与社会主义的策略》，黑龙江人民出版社2003年版，第二版序言第3页。

的整体化怪癖。”① 拉克劳和墨菲说要“再激活”马克思主义，其实这种再激活是打了引号的，它其实是要对马克思主义的一些核心概念如“阶级”、“经济基础与上层建筑”、“生产力与生产关系”等概念进行拆解，说到底，就是要对马克思主义的整个话语系统进行颠覆，而进行颠覆的理论依据则是将马克思主义归为现代性的传统，因而对马克思的概念进行终结也就顺理成章了，因此，拉克劳和墨菲说：“在打了折扣的马克思主义理论正确性的资格和范围内，我们正在终结深深内在于理论中的一些东西，即凭借一元论的范畴寻求获取本质或深层历史意义。答案只能是肯定的，只要我们拒绝优先化的普遍阶级本体论立场基础上的任何认识论特权，就可能真正讨论马克思主义范畴的现实有效性程度。在这一点上我们明确地指出，现在我们正处在后马克思主义领域，不再可能去主张马克思主义阐述的主体性和阶级概念，也不可能继续那种关于资本主义发展历史过程的幻象，当然也不能再继续没有对抗的共产主义透明社会这个概念，如果本书的认识主题是*后*马克思主义（*post* - Marxist）的，它显然也是后*马克思主义*（post - *Marxist*）的。在马克思主义之内，正是通过某种直觉和话语形式的发展，以及禁止和消除其他的话语形式，我们才构造了按照我们的观点看可能是激进、自由和多元的民主斗争形式有用工具的领导权概念。”②

总之，在拉克劳和墨菲看来，马克思主义的所有话语和概念都是失效的，它不仅无助于现代民主斗争，反而阻碍了民主斗争的推进，因而用一套新式的话语系统来取代马克思主义的话语系统也就势所必然了。“领导权”概念的提出和倡导就是这种新式话语系统建构的最鲜明表现。

第二节　领导权：拉克劳与墨菲的后马克思主义的拱顶石

在将马克思主义的所有范畴和概念抛诸脑后之际，拉克劳和墨菲同时提出了自己的一整套新的概念，在这套新的概念系统中，“领导权”

---

① 恩斯特·拉克劳、查特尔·墨菲：《领导权与社会主义的策略》，黑龙江人民出版社2003年版，第二版序言第3页。

② 恩斯特·拉克劳、查特尔·墨菲：《领导权与社会主义的策略》，黑龙江人民出版社2003年版，第二版序言第4—5页。

(hegemony) 概念是一个最核心的概念，可以说是拉克劳和墨菲的后马克思主义得以建立的基石。要理解拉克劳和墨菲的后马克思主义思想，首先要了解的是他们所提出的“领导权”概念，可以说，“领导权”概念是贯穿拉克劳和墨菲思想的一条红线，在拉克劳和墨菲的话语体系中具有举足轻重的地位。关于“领导权”概念的这一地位，拉克劳和墨菲说得很明确：“我们进行分析的线索一直是领导权概念的变化，这一概念被视为马克思主义政治理论化的话语层面和关节点。我们的主要结论是在‘领导权’概念背后隐藏着比增补马克思主义理论基本范畴的政治关系类型更多的东西，事实上它提出了与那些范畴相反性质的社会逻辑。面对那种把社会历史当成理智上可以把握的、围绕概念化规律可以解释的总体这一经典马克思主义理性主义，领导权的逻辑从一开始就扮演了补充和偶然作用的角色，要求在本质和形态学有效性不受任何怀疑的进化典型中引进事态的不平衡（本书的中心任务之一是确定这一特殊的偶然性逻辑）。”①

从这段话可以看出，对“领导权”概念的理解确实是切进拉克劳和墨菲后马克思主义思想核心的最佳入口。拉克劳和墨菲也确实是想用“领导权”的概念来对抗马克思主义在社会主义问题上的所有概念。难怪拉克劳与墨菲会在《领导权与社会主义战略》中将领导权与社会主义的问题直接对接起来。

然而，拉克劳和墨菲为什么要提出“领导权”的概念以用作他们的社会主义战略或激进民主政治的重要工具，为什么他们会对马克思主义的所有概念严重不满，为什么总是想企图用新的话语系统来取代马克思主义的话语系统？原因是多方面的，但以下几点原因是确凿无疑的：

（一）拉克劳和墨菲认为马克思主义是一种同一性政治，这种政治因其对必然性、总体性的强调，而忽视了对偶然事件的关注，因而使得马克思主义在现实政治面前显得非常僵化，不能对突发的事实和危机做出反应，并调整相应的斗争策略。而领导权概念对同一性政治的破除，是将偶然性逻辑引入政治斗争的重大尝试，“领导权的概念并没有界定新型关系的详细特性，它不过是要填充历史必然性中被打开的裂缝。‘领导权’将暗示缺席的总体，并暗示重组或重新连接的不同尝试，这些尝试在克服本源缺席中使斗争有可能赋予意义，使历史力量被赋予充分积极

① 恩斯特·拉克劳、查特尔·墨菲：《领导权与社会主义的策略》，黑龙江人民出版社2003年版，导论第3页。

性。这一概念出现于其中的语境会有断层（在地质学意义上）、有不得不被弥补的裂缝和必须被克服的偶然性，‘领导权’不会是对同一性的宏伟阐释，而是对危机的反应。”① 领导权倾向于关注政治斗争中的偶然现象、边缘力量、突发事件这样一些微观事实，因而它能够因地制宜地对发生的危机做出有效的应对策略，从而在现实政治斗争中显得更加有效。

（二）领导权的重铸是对西方左翼运动走向中立政治的反拨，是对强调对抗性的激进民主政治的维护。在世界共产主义失势的情形下，西方左翼人士逐渐背离了自己原先的政治立场，逐渐投靠右翼势力，不再强调政治中的对抗性，转而主张温和政治、中间政治，将政治变成没有硝烟的、一团和气的纯粹领域。因此拉克劳和墨菲指出：“在最近十年里，我们一直目睹的是新自由主义的胜利，而不是社会主义计划的重新铸造，新自由主义的领导权已经变得那样普遍深入，以至于对左翼的同一性产生了深刻影响，甚至被证明的是，今天左翼的计划比我们 80 年代初写作此书时陷入了更深的危机之中。在‘现代化’的借口下，越来越多的社会民主党已经放弃了他们的左翼同一性，委婉地把他们自己重新定义为‘中间—左翼’。他们声称，左翼和右派的概念已经过时了，现在所需要的是‘激进中间派’的政治。‘第三条道路’的根本宗旨在于：随着共产主义的失败，社会经济与信息社会、全球化联系起来，对抗消失了，没有边界的政治将成为可能，‘双赢的政治’将使社会之中的每个人都满意。这意味着，政治不再围绕着社会划分被结构化，而且政治问题已经变成了纯粹技术性的了。”②

政治成了中立性的纯粹技术操作的场域，不再是权力关系之间的对抗，不再是不同的力量围绕领导权而进行的斗争，这在拉克劳和墨菲看来，并不是一件好事，而是真正政治的消失，以及自由民主精神的终结。因此，拉克劳和墨菲要反其道而行之，“对我们来说，目标是建立新的领导权，这需要创造新的政治边界，而不是使它们消失。当然，左翼最终接受了自由民主制度和多元主义的重要性是件好事，但是，问题在于，这伴随着错误的信条：以为它意味着放弃任何改变现存领导权秩序的努力。因此，才有舆论的神圣化、左翼与右派之间边界的混乱以及走向中

---

① 恩斯特·拉克劳、查特尔·墨菲：《领导权与社会主义的策略》，黑龙江人民出版社 2003 年版，第 1 页。

② 恩斯特·拉克劳、查特尔·墨菲：《领导权与社会主义的策略》，黑龙江人民出版社 2003 年版，第二版序言第 10 页。

间派。但是，这是从东欧共产主义崩溃中得出的错误结论。”① 拉克劳和墨菲的领导权概念恰恰是要终结左翼这种没有立场的、主张消除对抗的中立政治，对他们来讲，政治的前提是差异和对抗，“如果不确定新的对手，就不可能有激进政治，这就是说，需要接受对抗的不可根除性”。②

（三）对领导权的强调同时也是出于与右翼势力争夺文化话语权斗争的需要。左翼之所以投靠右翼势力，一是在反叛共产主义的敌我政治时所走向的另一个极端，二来也是右翼势力尤其是新自由主义意识形态不断渗透的结果，全球化观念的深入人心就是这种意识形态渗透最成功的例子，左翼就是在这种潜移默化的渗透中自动向右翼势力缴械的。当前有许多的左翼人士要求放弃意识形态的斗争，放弃与右翼争夺文化权的斗争，主张回到阶级斗争，这些主张在拉克劳和墨菲看来是不切实际的。左翼在文化和政治领域的斗争不是显得过多，而是显得极其不够，这是导致右翼势力的地盘不断扩张的根本原因。鉴于此，拉克劳和墨菲指出，左翼目前要做的重要工作不是放弃文化斗争而回到阶级斗争，而是要继续加强文化斗争。而拉克劳和墨菲的领导权斗争则是这种文化斗争的努力。拉克劳和墨菲提醒到，一旦左翼放弃领导权斗争，那么想改变右翼势力占据意识形态统治地位的局面就不可能，“只要左翼放弃领导权斗争并坚持占据核心领域，这种局势就很少有希望能被扭转。”③ 正是意识到左翼在政治斗争中的迷误，因此拉克劳和墨菲强调：“处在危险中的是新领导权的大厦，因此我们的座右铭是：‘回到领导权斗争中去’。”④

正因为领导权问题在政治斗争中具有至关重要性，因此，对领导权概念谱系的追溯自然成了拉克劳和墨菲的思考重心。

当然，领导权的概念并不是拉克劳和墨菲的首创，而是他们在综合、提炼、改造前人思想的基础上提出来的一个新概念。在拉克劳和墨菲之前，领导权概念的发展大致经历过三个阶段。

第一阶段：领导权的萌芽阶段。领导权的概念最早是由 20 世纪初俄

---

① 恩斯特·拉克劳、查特尔·墨菲：《领导权与社会主义的策略》，黑龙江人民出版社 2003 年版，第二版序言第 11 页。

② 恩斯特·拉克劳、查特尔·墨菲：《领导权与社会主义的策略》，黑龙江人民出版社 2003 年版，第二版序言第 12 页。

③ 恩斯特·拉克劳、查特尔·墨菲：《领导权与社会主义的策略》，黑龙江人民出版社 2003 年版，第二版序言第 15 页。

④ 恩斯特·拉克劳、查特尔·墨菲：《领导权与社会主义的策略》，黑龙江人民出版社 2003 年版，第二版序言第 15 页。

国的社会民主主义者如普列汉诺夫等人提出来的，“在与‘经济学家’关于‘自发性’问题的争论中，普列汉诺夫、阿克西尔罗德、列宁以及其他人引入了‘霸权’一词”。[①] 他们提出领导权的概念的目的是为了在落后的俄国如何才能通过一种有效的手段增强社会民主党的凝聚力，使得社会民主党成为领导俄国革命的中坚力量。普列汉诺夫等人认为，19 世纪末的俄国已经到了发生革命的时候了，但俄国资产阶级的软弱使得它们无力承担起革命的任务，这就为无产阶级走上革命领导者的舞台创造了有利的条件。尽管普列汉诺夫也强调了无产阶级及其政党在领导权中的作用，但从根本上来讲，他们认为能够领导俄国革命的只能是少数精英分子，“在提倡无产阶级对农民的霸权和党对无产阶级的霸权时，普列汉诺夫阵营本质上是肯定在落后的文化状况中精英领导权的必然性的”。[②]

第二阶段：领导权的扩展阶段。俄国社会民主主义者所提出的领导权概念后来为列宁所借鉴，成了他用来思考帝国主义问题的核心概念。列宁认为，布尔什维克党要如何取得社会主义革命的成功，必须要能够有效地联合其他社会力量，走联合阵线的道路。联合的革命主体概念在第二国际的一些代表人物如考茨基看来，是不可能的，因为按照他们的经济决定论想法，资本主义的内在矛盾必然导致大多数社会阶级的无产阶级贫困化，几乎所有的阶级都沦为无产阶级，因而也谈不上阶级联合的问题。从中可以看出，第二国际很大程度上是用经济决定论的立场来解释社会主义的出现，认为不可抗拒的历史必然性规律会保证社会主义的实现，而无需强调无产阶级在社会主义革命中的能动性，更莫谈其他阶级的历史作用了。列宁显然对第二国际这一教条式的马克思主义立场非常不满，他认为，帝国主义链条上最薄弱环节的俄国同样有爆发社会主义革命的可能性，“列宁主义代表着经济主义模式瓦解并朝向以政治优先性为中心的新马克思主义观念前进的一个关键点。列宁不再把革命性的断裂构想为单一矛盾之展开的必然的、预定的点，而是构想为特殊的关键性转折点，它由各阶级间力量的关系中的位移所支配。这种观念的背景是把世界资本主义体系理解为一个帝国主义链条，这一链条的最薄

① 李惠斌等主编：《西方马克思主义前沿报告》，华东师范大学出版社 2007 年版，第 73 页。

② 李惠斌等主编：《西方马克思主义前沿报告》，华东师范大学出版社 2007 年版，第 73 页。

弱环节（在此环节中革命性的断裂是可能的）并不必然地与那种在其中生产力与生产关系之间的矛盾达到了它的最高点的环节正相重合。在这种情形之下，为经济主义的观念所预见的该阶段的普遍必然性大受质疑。帝国主义链条的世界范围的维度实际上意味着在它之内的危机引发了各阶级力量关系的转换，从阶段论的观点看，在此种转换中，国家的经济与政治结构仍然没有成熟到可以发动革命。经济发展水平与危机的革命性解决之间的逻辑联系就这样被打破了。”①

也就是说，列宁是在阶级联盟的意义上来理解和设想领导权概念的，也即“有着明确利益的阶级主体将团结在工人阶级的政治领导之下以对付共同的敌人”，② 这与普列汉诺夫等人对领导权的理解有一定的差异。虽然说列宁的阶级联盟中依然强调工人阶级的核心地位、共产党的先锋作用，但领导权的辐射范围相对而言是比较广泛的，它将与无产阶级有着共同利益和目标的阶级包摄进来，而普列汉诺夫等人是将无产阶级之外的其他所有阶级都排除在领导权的范围之外的。

虽然列宁在领导权的理解上与普列汉诺夫的精英主义理念相左右，但列宁的领导权也是有局限的，它依然在领导权中突出无产阶级的优越性，因此有学者指出：“尽管‘霸权’一词在列宁对‘落后主义’（tail－endism）的频繁抨击中被向前推进，但是它的含义仍然只是无产阶级先锋队的政治领导权。无产阶级先锋队的使命是在群众的真正利益上指导群众，并使他们摆脱改良主义的道路。更准确地说，这意味着使庞大的农民阶级忠诚于微不足道的无产阶级革命纲领。”③ 也就是说，尽管列宁是从阶级联盟的角度来看待领导权，虽然他也强调其他阶级在领导权中的作用，但列宁的阶级联盟中的各阶级并不是对等的，无产阶级及其政党始终是领导权的核心。

第三阶段：领导权概念的提升阶段。如果说普列汉诺夫、列宁等人对领导权的阐述还并没有成为系统，而且他们的领导权概念还或多或少具有这样或那样的局限性的话，那么，葛兰西则将领导权概念的阐述提升到一个非常显要的地位，以至于领导权成为贯穿葛兰西思想的核心，因此有人说“霸权概念是葛兰西《狱中札记》的统一主线，也是其全部

---

① 周凡等编译：《后马克思主义》，中央编译出版社2007年版，第54—55页。

② 周凡等编译：《后马克思主义》，中央编译出版社2007年版，第56页。

③ 李惠斌等主编：《西方马克思主义前沿报告》，华东师范大学出版社2007年版，第73页。

政治经历的逻辑结论”①。

尽管葛兰西说他的领导权概念很大程度上来源于列宁的启发，但有学者指出，“在霸权概念上，葛兰西从列宁那里得到的并不像他自己声称的那么多”。② 葛兰西的霸权概念在很大程度上是葛兰西根据自己特殊的经历、意大利共产主义斗争的具体性和特殊性所提出来的一个重要概念，一方面，“它起源于对‘正统’马克思主义或实证主义马克思主义的反叛”③，是对意大利马克思主义者对马克思主义和列宁主义教条化的反拨，另一方面，它也是葛兰西所接受的克罗齐伦理—政治概念在现实生活中的应用，尽管葛兰西拼命地攻击克罗齐，“但是，有人怀疑葛兰西激烈批评克罗齐的潜在动机在于他自己从这位大师那里学到了很多东西。”④

葛兰西的领导权概念经历过不同的阶段变换，早年他是在列宁的阶级联盟的意义上来理解领导权的，但意大利共产主义的失败，使得他意识到西欧国家不顾自己的现实而照搬苏联社会主义革命的模式必然会遭受重创，正是残酷的现实使得葛兰西走上了一条独特的沉思领导权的路径。

如果说西欧无产阶级革命的失败在于西欧的马克思主义者对马克思主义和列宁主义机械理解和照搬的话，那么葛兰西则想跳出这种工统的马克思主义理解方式。与卢森堡等人不一样，葛兰西反对从经济决定论的角度来看待革命的爆发，将革命理解为危机的反应尤其是经济危机的反应，这是欧洲革命失败的真正理论根源，“因为这个原因，葛兰西反对卢森堡的下述命题：经济危机是革命成功的必要和充足的催化剂。葛兰西把这个命题称为一种‘铁的经济决定论’形式和‘历史神秘主义’。他承认，这个命题在1917年的俄罗斯的状况中可能有效，但那是特殊情况。由于沙皇政府缺少足以平息愤怒和饥饿的人们的那些文化堡垒，因此，即使没有经过长期准备的‘阵地战’或‘围攻战’，闪电般的‘运动战’也取得了成功。同样，在有时间建立新文化堡垒的基础之前，温和的克

① 李惠斌等主编：《西方马克思主义前沿报告》，华东师范大学出版社2007年版，第72页。

② 李惠斌等主编：《西方马克思主义前沿报告》，华东师范大学出版社2007年版，第73页。

③ 李惠斌等主编：《西方马克思主义前沿报告》，华东师范大学出版社2007年版，第73页。

④ 李惠斌等主编：《西方马克思主义前沿报告》，华东师范大学出版社2007年版，第75—76页。

伦斯基政权就垮台了。葛兰西把托洛茨基的‘永久革命’论归因于俄国的这些特殊条件，并且认为这个理论不再适用于欧洲。1948 年革命和 1871 年巴黎公社的失败已经表明‘运动战’在欧洲的终结。”①

在葛兰西看来，欧洲国家与俄罗斯有着大相径庭的国情，这注定了俄罗斯的经验不一定在欧洲灵验。在俄罗斯，国家的专制性压抑了市民社会的发育，国家的统治形式和运作机制大都依靠暴力和极权，因而对这样的暴力机关的推翻只能依靠暴力。而欧洲国家则是一种截然不同的情形，市民社会和国家并驾齐驱，在某些时候，市民社会的地位和作用甚至要远远大于国家。成熟的市民社会的存在使得国家和个人之间的冲突明显缓和，也就是说，市民社会是革命的缓冲剂，它的存在能够将激烈的社会矛盾进行化解，从而使得革命很难在欧洲发生。因此，试图将暴力革命引进欧洲社会以图进行社会变革，这是完全行不通的。

欧洲社会的日常运作依靠的是强大的市民社会，而市民社会并不是一个经济领域，相反，它是一个纯粹观念的领域，“市民社会由所有私人组织构成——学校、教会、俱乐部、杂志和政党，它们以分子的形式推动了社会和政治意识的形成。”在这个强大的观念领域，渗透着统治阶级的世界观，而统治阶级世界观的推行依靠的是他们的知识分子。如果知识分子成功地向被统治者推行了统治阶级的世界观，使得被统治者自觉接受了统治阶级的统治，那么，国家无须动用暴力，社会依然运转良好。因此，与其说西欧国家是通过国家来进行统治，不如说是通过市民社会来进行统治。所以，至关重要的是，革命者与其说是要抢夺暴力机关的控制权，不如说是要争夺文化或意识形态领域中的领导权。19 世纪末和 20 世纪初欧洲革命的实践表明，即使革命者暂时在政权的层面抢班夺权了，但革命最终会流于失败，因为，革命者依然没有办法在市民社会领域赢得民心，以往接受的世界观使得人们对于革命始终保持一种冷漠甚至抵制。正是欧洲社会的特殊性使得葛兰西看到了意识形态领域中领导权的重要性，也看到了知识分子的重要性。革命首先要有革命的意识，而群众要获得革命意识，首先要打破旧有的意识形态限制，所有这些工作，都有待知识分子的教育。“对于葛兰西来说，群众对革命者呼吁的漠然与冷漠所表达的是服从（subordination）的事实，不仅服从国家的暴力，而且服从统治阶级的世界观。要获得革命的意识，工人首先必须摆

① 李惠斌等主编：《西方马克思主义前沿报告》，华东师范大学出版社 2007 年版，第 79—80 页。

脱统治阶级文化组织强加给它们的意识形态束缚。”[①]

因此，葛兰西的领导权概念是对列宁领导权概念的一种转变，如果说列宁的领导权侧重的是政治领导权，那么葛兰西的领导权侧重的是文化领导权，正如美国学者纳迪娅·乌尔比诺蒂所正确指出的那样：“安东尼奥·葛兰西的霸权理论，从根本上来讲就是一种贯彻于整个文化工作的权力策略。”[②] 葛兰西时代的意大利一直处于分裂状态，尤其是意大利南方和北方存在着很大的矛盾甚至对立，在这样的一个国家，人心涣散，仅仅靠一场革命是无法完成国家的统一的，因此，意大利的统一不仅仅是一个武力能够解决的问题，在更深层次上它是一种文化问题或意识形态问题，必须在意大利民众中树立起共同的政治认同和文化认同，才有可能实现社会的和国家的变革。而在普通大众中树立文化认同感和共同的阶级意识，这恰恰是知识分子的工作，而以往的革命者却忽视这一更根本性的工作，所以，“葛兰西把形成意大利国家的霸权的失败理解为它的知识分子的失败，知识分子没有能够把武力的支配转变为政治和文化认同。无论是失败者还是胜利者都已经失败了。民主主义者的失败是因为他们的激进共和主义和人道主义。像马基雅维利一样，卡洛·卡塔尼奥（Carlo Cattaneo）（复兴运动最著名的民主联邦主义者）认为，社会的统一通过动员一支国家的军队就能够简单地实现。朱塞佩·马兹尼（Giuseppe Mazzini）已经认识到最大的错误是混淆了‘文化的统一与政治和领土的统一’，把意识形态的作用降低到只是一些‘格言警句’和‘空谈’。”[③] 正因为意大利的问题更多的是一种文化统一的问题，所以葛兰西对于革命、政变，甚至选举等等夺取权力的经典方式统统不感兴趣，而是专注于谈论有机知识分子的地位、公共舆论的重要性、上层建筑的独立性等等文化的问题，这些对于打造一个统一的意大利民族来讲是必不可少的同时也是首要的，“对于葛兰西，也像对于维柯一样，共识和文化是民族所依赖的坚实基础。没有这些基础，理论与实践就会脱节，社会就会一盘散沙，人们的行为就会因为行为失范而难以预测，闻所未闻之事就会与约定俗成之行分庭抗礼。然而，对于葛兰西来说，‘文化’和

---

① 李惠斌等主编：《西方马克思主义前沿报告》，华东师范大学出版社 2007 年版，第 77 页。

② 李惠斌等主编：《西方马克思主义前沿报告》，华东师范大学出版社 2007 年版，第 82 页。

③ 李惠斌等主编：《西方马克思主义前沿报告》，华东师范大学出版社 2007 年版，第 85 页。

‘共识’不单构成了对于无序状态的抗拒，也构成了被葛兰西视作统治阶级对整个社会所拥有的‘霸权’的一个主要因素，一个用以保护社会免受对手批评性解析的‘上层建筑’的因素。对于此一霸权，葛兰西不是嗤之以鼻，而是赞赏有加，因为霸权不仅是中产阶级的防御性武器，也可以作为榜样和模型为无产阶级所仿制，从而锻造出自己的进攻性武器。从文化霸权的观念中，葛兰西看到了道德政治氛围的巨大力量，这一氛围原本只服务于某一阶级的利益，但最终还是日益成为整个社会的共识。”①

总之，葛兰西的领导权概念是从文化领导权的角度来理解的，而有机知识分子则是文化领导权的主角。有机知识分子不是脱离群众的高高在上的学院派文人或御用文人，而是贴近百姓生活、有着强烈同情心和责任感、道德高尚的大众知识分子，这些知识分子应当对于最普通的民众生活有一种真切的感受，他们不是从外部将枯燥干瘪的脱离真实生活的所谓知识或真理灌输给民众，而是“必须激活人民的意志本能，帮助他们‘从混乱中摆脱出来’，并且成为他们自己自由解放的主体”。② 因为意大利是市民社会充分发育的社会，资产阶级的世界观和意识形态早已渗透在普通大众的观念之中，并且成为他们日常生活的一种常识，因此意大利的革命“不仅仅是一种为了生存的斗争或者为了经济进步的斗争，而是把它自身从它的‘巨大的’激情中解放出来的斗争”。③ 既然资产阶级的世界观盘踞着意大利人们的大脑，而且这种世界观根深蒂固，因此，指望通过一场类似俄国革命的游击战或闪电战是不可能解决意大利的根本问题的。葛兰西指出，在意大利，革命必须通过“阵地战”的方式来推进，也就是说，革命者必须在意识形态领域不断与资产阶级或封建阶级进行斗争，通过稳打稳扎地争夺话语权地盘而逐步赢得群众。这种斗争方式就决定了意大利的革命是一项长期而艰巨的任务，也决定了知识分子必须要做好打持久战的准备，同时也要求知识分子必须要在人格和道德上要高出其他阶级，否则革命也最终会落空，即使建立起另一种类型的社会，但是这样的社会并不会比之前的社会高明到哪里去。

---

① 李惠斌等主编：《西方马克思主义前沿报告》，华东师范大学出版社 2007 年版，第 91 页。

② 李惠斌等主编：《西方马克思主义前沿报告》，华东师范大学出版社 2007 年版，第 88 页。

③ 李惠斌等主编：《西方马克思主义前沿报告》，华东师范大学出版社 2007 年版，第 89 页。

葛兰西的领导权理论蕴含着丰富的内容，这对拉克劳等人的启示非常大，具体来讲，主要体现在以下几个方面：第一，葛兰西主要是从文化的角度来理解领导权，打破了领导权解释上的经济决定论路径，这一点为拉克劳所欣赏和继承。拉克劳从来不认为经济基础和阶级地位之间有必然联系，当然也并不认为领导权是由经济地位所决定的。拉克劳同样是从文化的维度来解读领导权。第二，葛兰西把个人的解放当作政治行动的先决条件，这与拉克劳主张激进、自由和多元的领导权概念有着内在的吻合。拉克劳的激进民主恰恰是把个人的自由和解放放在首位，反对以总体性的解放诉求掩盖个人的声音。因此拉克劳说：“葛兰西的观点也明确标志着在索列尔基础上的发展，因为他的领导权理论留下了民主的多元性这个遗产，而索列尔的神话注定要去再造阶级的统一。”[①] 第三，葛兰西的“阵地战”策略是对特定危机的反应，它是对历史决定论的否定，同时也是对偶然性的强调。这也是为拉克劳所推崇的，正如拉克劳所分析的那样：“阵地战以领导权的概念为先决条件，这一概念正如我们将看到的，它是不能与单线论、预定的发展以及考茨基的预先构成的主体概念相比较的。”[②] 第四，葛兰西的领导权中隐含着一种对对抗性（Antagonism）因素的强调，而在拉克劳看来，这一点对于民主社会来讲是最重要的因素，因为在拉克劳看来，每个行动者都是一个独立的要素，这些独立的要素之间存在对抗性，而这种对抗性恰恰是民主社会得以存在的必要前提。

止是在葛兰西的领导权概念的基础上，拉克劳和墨菲提出了自己的领导权思想，而他们之所以要提出自己的领导权概念，是因为他们认为葛兰西的领导权还存在很多的缺憾，这一缺憾就在于葛兰西的领导权理论中依然具有本质主义的残余，因为葛兰西的领导权依然想寻求一个统一的阶级，[③] 而这是拉克劳和墨菲的后马克思主义所不能容忍的，因此拉克劳和墨菲认为，葛兰西的“领导权的逻辑并没有显露出它对正统马克

---

① 恩斯特·拉克劳、查特尔·墨菲：《领导权与社会主义的策略》，黑龙江人民出版社2003年版，第78页。

② 恩斯特·拉克劳、查特尔·墨菲：《领导权与社会主义的策略》，黑龙江人民出版社2003年版，第22页。

③ 恩斯特·拉克劳、查特尔·墨菲：《领导权与社会主义的策略》，黑龙江人民出版社2003年版，第120页。

思主义的所有解构作用。”[①] 与葛兰西不一样，拉克劳和墨菲的工作就是要对正统的马克思主义进行全面的解构，这构成了贯穿《领导权与社会主义战略》一书的核心线索。

第三节　激进民主政治的致思向度

拉克劳和墨菲的思想工作如果要用一句话来概括的话，就是试图打造激进民主政治。而打造激进民主政治的过程也就是领导权构造的过程，也就是在社会要求（demands）多元化（或新社会运动）的背景下如何将大众政治身份（popular political identities）进行接合（articulation），以进行多元化的民主斗争。这是《领导权与社会主义战略》的主题，而且拉克劳在最近的采访中再次重申和确认了自己的这一思想主题。[②]

激进民主就是民主的激进化和彻底化，这种激进化和彻底化在社会主义进程中显得尤其必要。拉克劳和墨菲为什么要提出这样的政治目标？因为在他们看来，社会主义与民主是相互分离的，以往的社会主义革命都不是在民主革命的道路上进行，而是离民主越来越远，因此最终走向了极权主义。拉克劳和墨菲认为，必须对这样的状况进行改观，重新将社会主义纳入到民主斗争的轨道上来。他们认为，社会主义不是实现民主的前提，相反，社会主义是民主社会的一个环节，即使社会主义实现了，但并不意味着民主社会也同时实现了，社会主义不等于民主，民主是一个无止境的过程，它永远都不会结束。而如何来实现激进民主这一目标，拉克劳和墨菲又提出了领导权的构建这一途径。为了建构其自己的理想社会的大厦，拉克劳和墨菲首先对马克思主义所有的社会主义思想及其概念进行了消解。异化、无产阶级、阶级斗争、生产力与生产关系的矛盾、经济基础与上层建筑的矛盾、历史规律的客观存在性、消除了阶级对抗的共产主义社会等等思想和概念在拉克劳看来都是站不住脚的。对此，拉克劳曾经说过一大段话：“其中心定位于阶级斗争和分析资本主义经济矛盾的传统马克思主义话语已很难适应纷纭而现的各种新矛

---

① 恩斯特·拉克劳、查特尔·墨菲：《领导权与社会主义的策略》，黑龙江人民出版社2003年版，第96页。

② Ernesto Laclau &Ashleigh Campi. Interview with Ernesto Laclau, The Platypus Review, Volume 2, Feb. 2, 2008.

盾，如今正是这些新矛盾深刻地改变了社会主义政治斗争生发作用的场域。为了能够处置具有反资本主义性质而其同一性又不是围绕特有的‘阶级利益’建构起来的新政治主体（妇女，民族，种族，性偏好，反核及反体制运动等等），修正阶级斗争的观念在何种程度上已成为必要？在跨国公司的时代，当资本主义的再组织日益依赖于对传统上被看作‘基础结构’的东西的‘运动规律’产生影响的各种政治接合形式的时候，一个人如何还能够继续谈论基础和上层建筑之间的二分法呢？既然议会斗争和个人自由的组织构架的维持及延伸现在越来越明显地依赖于工人阶级运动和大众斗争的干预，如何可能继续将它们界定于‘资产阶级’之内呢？这类问题正是当今发达资本主义国家的社会主义斗士所面临的。陈旧的确定性，著名的‘历史担保’统统大成问题；政治的不确定性伴生着日益增加的理论困惑。这就是人们越来越多地听到所谓‘马克思主义危机’的原因所在。”①

在拉克劳和墨菲看来，马克思主义的危机根源在于马克思主义理论自身的现代性痼疾，马克思主义的还原论、功能主义、本质主义、普遍主义等顽疾导致了它在现实政治面前的失语，从而用一种新型的政治来替换马克思主义政治就势所必然了。这种替换具体表现在以下几个方面：

一、用话语政治替换本质主义政治

在对“政治”和“社会”的书写方式上，拉克劳和墨菲特意要独出机杼，将“政治”书写成“the political”而不写成“politics”，将“社会”书写成“the social”而不写成“society”。拉克和墨菲对政治和社会书写方式的改变就是要与传统马克思主义对“政治”和“社会”的理解方式拉开距离。在他们看来，马克思主义是在“society”的意义上来理解“社会”，在“politics”的意义上来理解政治，这是用一种本质主义②的态度来看待“社会”和“政治”，把社会和政治看作一种固定存在的东西、无须再去建构的东西，从而政治成了一种封闭的政治，而社会也成了一种封闭的社会。因此，在拉克劳和墨菲那里，书写不仅仅是一种纯粹的

① 周凡等编译：《后马克思主义》，中央编译出版社2007年版，第384页。

② 对此，道格拉斯·拉米斯、安娜·玛丽·史密斯等学者持一致看法。前者在《激进民主》中指出，拉克劳和墨菲试图将自己的民主理论从政治理论的“本质主义”神话中摆脱出来（刘元琪译：《激进民主》，北京，中国人民大学出版社2008年版，第35页）。后者同样指认了拉克劳和墨菲对马克思主义本质主义的批评（见 Anna Marie Smith. Laclau and Mouffe：the radical democratic imaginary. New York：Routledge，1998，p. 1）。

书写，而是表明了人们的某种立场。

拉克劳和墨菲认为，“社会”和“政治”并不是先天存在的自然物，人们的政治行动就在这样一个固定的空间中运作。相反，“社会”空间和“政治”空间是后天建构起来的。这就好比萨特“存在先于本质”的命题：存在者并不存在先天的本质，而是后天塑造的结果，存在者在世界中存在，与世界打交道，它的一切都是由它后天存在的历史所赋予的，只要它一息尚存，就谈不上有什么本质，而始终是一种敞开性的存在。在拉克劳和墨菲那里，“社会”和“政治”同样具有这样的意思，不是“社会”和“政治”的“本质先于存在”，而是相反。只不过拉克劳和墨菲将“社会”和“政治”的分析转向了话语分析而已。

在拉克劳和墨菲看来，马克思主义从来就认为“社会”和“政治”是客观存在的，这种本质主义的立场封闭了政治的可能性，“因为传统的马克思主义预设了‘普遍’主体的存在，并将社会概念化为一种‘理性的、显而易见的秩序’，因而它不能够充分地捕捉到新社会运动对差异的复杂协调”。[①]“社会”和“政治”不是一个封闭的空间，它们不可能被缝合（suture），而始终是开放性的，它们都是由行动者的行动及其话语所建构起来的场域，这一场域始终向未来无限开放，它在“本质上是不可还原的复杂和多元的”。[②] 也就是说，在拉克劳和墨菲那里，“社会”和“政治”是话语建构的产物，或者说，“社会”和“政治”就是话语（discourse）空间，“他们认为话语实践组成了所有的社会实践”，[③] 正如诺曼·格拉斯所指出的那样：拉克劳和墨菲用“话语理论的华丽外衣来检验一切”。[④] 显然，拉克劳和墨菲的话语理论在很大程度上与维特根斯坦的语言哲学尤其是他的“语言游戏”理论有着非常密切的理论渊源，分析哲学特别是“后分析哲学”为拉克劳和墨菲提供了不尽的思想灵感[⑤]。

① Anna Marie Smith. Laclau and Mouffe：the radical democratic imaginary. New York：Routledge，1998，p. 3.

② Anna Marie Smith. Laclau and Mouffe：the radical democratic imaginary. New York：Routledge，1998，p. 3.

③ Ase Hedemark. Speaking of the users：on user dicourses in the field of public libraries. Information Research，Vol. 10. No. 2，January 2005，p. 1.

④ Norman Geras. Discourses of extremity：radical ethics and post - Marxist extravagances. New York：Verso，1990，p. 56.

⑤ Anna Marie Smith. Laclau and Mouffe：the radical democratic imaginary. New York：Routledge，1998，p. 3.

与维特根斯坦相似，拉克劳和墨菲认为，一切对象（不管是社会对象还是自然对象）都是在一套社会关系中被构造起来的，都是社会关系的构形（configuration），某物之所以为某物，不是因为它的物理事实或组成它的物质要素，而是因为它的社会关系。原因在于，只有在一套社会关系中，一事物与它事物的区别才会体现出来，从而某物才能被指认为某物。因此，事物是被确认的，是被构建的，这套确认和构建事物的社会关系体系，就是拉克劳和墨菲所说的“话语”。为了说清楚“话语”一词的意思，拉克劳举了一个非常直观的例子，他说：“假如我在大街上踢一个球形物体，或假如我在一场足球赛中踢一个球，物理事实都是一样的，但它的意义却有别。只是在这样的情形中，这一物体才是一个足球，即它与其他物体建立了一套关系，并且这些关系不是由与物体有关的纯粹物质性所给予的，相反，它是社会建构的。这套系统关系就是我们所说的话语。”① 是一套社会关系也就是话语让一个球体成为足球，一切都是话语的建构物，离开话语而存在的东西是不可能的，没有什么自然存在的东西，因此拉克劳说，“即使我们假定社会与话语之间存在一个严格的等式，但对于自然界、物理学、生物学或天文学的事实，这些明显不能够被整合进有意义的为人类所建构的总体的东西，我们能够说些什么呢？答案是，自然事实同样是话语事实。它们之所以如此，原因很简单，自然观念并不是已经存在在那的东西，可以从事物的外表觉察它，其实它本身是缓慢而复杂的历史和社会建构的结果。称某物为一个自然对象就是一种构思这一对象的方式，这一方式依赖于一种分类系统。同样，这并不是要质疑这一事实：我们称石头存在的这一实体，在当下在场的意义上，独立于我的意志；然而，它是一块石头的事实依赖于一种对事物进行分类的方式，这种方式是历史的和偶然的。假如地球上没有人类，尽管我们叫作石头的物体也会存在，但它们不可能是‘石头’，因为不存在可以将它们分类并将它们与其他物体区分开来的矿物学或语言。”② 拉克劳的这段话颇有点贝克莱“物是观念的集合”的味道，目的无非想告诉我们一个道理：一切都是话语。

但我们要清楚的是，拉克劳和墨菲的话语不仅仅是言语，而是一套

① Ernesto Laclau&Chantal Mouffe. Post – Marxism Without Apologies. New Left Review，No. 166，p. 83.

② Ernesto Laclau&Chantal Mouffe. Post – Marxism Without Apologies. New Left Review，No. 166，p. 85.

社会关系，言语只是话语的一部分，因此拉克劳强调："一开始我们必须明确的是，就话语而言，我们并不是指言语与书写的结合，毋宁说，言语与书写本身是话语总体的内在成分。"①

既然一切都是话语的建构物，因此就没有什么东西落在话语领域之外，从而，从一个先于话语或前话语的东西出发来进行社会和政治分析是不合常理，也是没有意义的，所以拉克劳说："出于同样的原因，正是话语构建了社会行动者的主体地位，而非相反，社会行动者成了话语的源泉——使球形物体成为一个足球的相同规则体系使我成为一个运动员。物体的存在不依赖话语接合到这样的一个点，以至于我们可以制造纯粹的存在——也就是与任何意义都不相关的存在——这个点离开了所有的社会分析。这正是行为主义的做法，它是我们的方法的对立面。"② 而在拉克劳和墨菲看来，马克思主义恰恰犯了这样的错误，这种错误最集中体现在马克思主义的一系列社会主义思想上。

按照马克思主义的设想，人类社会必然经历五种社会发展形态，资本主义只是其中的一种形态。尽管资本主义社会在生产力的创造上超过了以往时代的总和，代表着资本主义的进步，但资本主义制度的性质决定了生产力与生产关系、经济基础与上层建筑的基本矛盾在资本主义制度内部不可能得到化解。资本主义的基本矛盾必然导致无产阶级的贫困化，这为资本主义的灭亡孕育了革命的主体。而无产阶级通过有着高度觉悟的无产阶级先锋队即共产党的领导通过革命的手段会建立起一个崭新的社会即共产主义社会。马克思主义的这些社会主义设想，在后马克思主义看来都是不切实际的，都是一种行为主义或自然主义的想法。

首先，马克思主义把共产主义的来临建立在一种客观的历史规律之上，即生产力与生产关系、经济基础与上层建筑的矛盾之上，这就陷入了一种"纯粹的存在（纯有）"的分析路径。认为存在一种不以人的意志为转移的客观历史规律，并用这样一种规律来担保共产主义的实现，这在拉克劳和墨菲看来是一种天方夜谭。它既忽略了社会和政治斗争的复杂性，用一种还原论和经济主义的思维来解释人类社会的发展，而且还忽视了新社会的产生是政治行动者不断努力建构的结果。

---

① Ernesto Laclau&Chantal Mouffe. Post - Marxism Without Apologies. New Left Review, No. 166, p. 82.

② Ernesto Laclau&Chantal Mouffe. Post - Marxism Without Apologies. New Left Review, No. 166, p. 84.

其次，马克思主义认为在资本主义社会必然会形成一个有着共同利益基础的无产阶级革命主体，这也是一种不切实际的想法，这同样是马克思主义的本质主义、主体主义思想作祟的结果。在拉克劳和墨菲看来，在资本主义社会，尤其是当代资本主义社会，人的需求（demand）是多元的，而且资本家也会有意去制造这种多元的需求，因此不可能存在单一、共同的利益，这也就决定了围绕着“共同利益”而形成一个固定阶级的不可能性。共同利益、无产阶级等等概念都是马克思主义一厢情愿的想法，它远远脱离了资本主义的实际。

再次，资本主义灭亡之后，随着而来的是共产主义社会，这是人类社会发展的最高阶段，这在拉克劳和墨菲看来同样是用一种“缝合”的观点来看待社会的发展。社会和政治的发展不存在一个最终事态，认为存在一个终点的想法是一种违背社会特性的确定性想法，因而无助于解释社会。

总而言之，马克思主义之所以认为存在历史规律、客观利益、无产阶级等等事实，是马克思主义用现代性思维来理解社会和政治的结果。这些观念在拉克劳和墨菲的话语理论的观照下没有一个可以站得住脚。在拉克劳和墨菲的视野当中，一切都是话语的产物，“事物只有在某种话语构形或维特根斯坦所说的‘语言游戏’之内才拥有存在（being）——换句话说，关于物体存在的‘真理’，无论真实与否，是在一种理论的和话语的语境中建构起来的，脱离一切语境的真理观念简直是胡扯。”①

因此，政治也无非是话语。从这样的立场出发，拉克劳和墨菲对政治进行了话语性的解读。

首先，政治空间是一个话语空间。不是说先存在某种政治，然后才有政治行动，政治就是政治行动，而政治行动是一种话语活动。政治空间是随着话语活动展开而不断拓展的，它是一个无限开放的过程。政治在某种程度上就是一种对话、商谈、交流，随着交流的深入，政治的意义也次第展开。拉克劳和墨菲对政治的理解有一点苏格拉底政治的味道，也有一点哈贝马斯商谈伦理学的意味，其实拉克劳和墨菲确实是与哈贝马斯有着共通之处，他们都是站在话语的层面上来理解政治的，而且这也是当代西方政治学的主要倾向。返回到古希腊政治，这是海德格尔、阿伦特、洛维特、施特劳斯等人的共同路向，拉克劳和墨菲不可能不受

① Ernesto Laclau&Chantal Mouffe. Post – Marxism Without Apologies. New Left Review, No. 166, p. 88.

这些人的影响。

其次，政治行动者同样是话语建构的产物。政治空间中的行动者都是原子式的个人，他们围绕着某种目标聚合在一起不是基于共同的阶级利益，而是一种偶然的聚合。这种聚合当然有一个目标，但这个目标是众多需求的松散结合。这些需求能够结合在一起，首先是因为话语的接合（articulation）原因，是话语的成功阐述使得不同的需求认为它们有着共同点，从而结合在一起。因此，是话语把原子式的个人集合在一起，使他们达成共识，并形成不同的政治群体。因为不存在先于话语而存在的所谓的共同利益，所以，马克思主义所设想的围绕共同利益而存在的阶级主体也就是一句空话，至于社会阶级最终会分化成两极的说法更是不靠谱的虚构。一句话，拉克劳和墨菲认为，在资本主义社会，斗争的主体是多元的，这些主体的形成绝对不是因为先天的利益，而是因为话语的召询（interpellation）。

再次，政治行动的领导权的归属取决于主体话语召询的力量。正因为政治是一种话语，话语建构政治主体，因此，在资本主义社会，哪一个主体能够充当政治行动的领导者，就在于这一主体能否用话语成功地召询其他主体在自己的阵营下面，从而领导权取决话语的成功召询。在拉克劳和墨菲看来，谁有资格担当政治行动的主角，绝对不是先天命运注定的，也不是由经济地位所决定的，更不是什么历史的选择。任何一类主体都有资格成为政治行动的领导者，在这个问题上不存在哪一类主体比另一类主体优越的“阶级优越性”的问题，所有主体都是对等的或等同的，历史不会特别青睐于哪个阶级。而且某类主体的领导者角色的地位也不是永恒的，而是暂时的，有点“皇帝轮流做，明年到我家”的味道，他们因某场运动而成为主角，随着运动的结束，他们的主导角色自然消失。而在马克思主义那里，恰恰犯了“阶级优越性”的错误，认为只有无产阶级及其先锋队才有资格充当社会变革的领导力量，忽视了其他主体的重要性。在拉克劳和墨菲看来，这是一种典型的独断论，用先在的历史使命、历史规律、阶级优越性等等因素来“钦点”某类主体为历史的主人，这不仅与话语精神是背道而驰的，而且与现实政治运动的需要也是格格不入的。

二、用文化政治替换革命政治

马克思主义对政治的理解始终贯穿了一种现实斗争精神，即马克思在《关于费尔巴哈的提纲》中所说的：以往的哲学家只是用不同的方式解释世界，而关键在于改造世界。[①] 在现实政治中，马克思从来就反对政治斗争只停留在文化斗争或意识形态斗争的层面。因为马克思深刻地体会到，文化和意识形态的抗争在强大的政治机器面前力量非常的渺小，就像堂吉诃德与风车的作战，它对于推翻不合理的旧制度几乎起不到什么作用，因此马克思说：批判的武器不能代替武器的批判，物质的力量只能用物质来摧毁。[②] 出于讨伐资本主义这一罪恶制度的目的，马克思主义的政治斗争直接指向现实，马克思主义就是一种火热的政治实践。马克思逝世之后，西方马克思主义者与马克思的精神渐行渐远，他们逐步把马克思主义变成一种脱离实践的单纯理论，并对现实的政治失去了兴趣，只热衷于在精神的领域中从事一种文化或意识形态的批判。后马克思主义者如拉克劳和墨菲就延续了这种情绪。尽管他们始终强调政治的优先性，认为政治不是经济基础的附属物，不属于上层建筑的范畴，而是有着独立性的领域，但是，仅仅宣称政治的独立性并不就意味着现实会因之而有所改变，拉克劳和墨菲的政治依然是停留在精神领域、从事精神斗争的文化政治而已。这种精神政治是马克思所批判过的前马克思主义思想家的做派，但拉克劳和墨菲却依然乐此不疲。他们毫不忌讳地说：当前西方左翼人士所要做的“不是抛弃‘文化的’斗争以回归‘真实的’政治”，[③] 而是要继续进行远远不够的文化斗争。

从现实政治撤退到精神领域的虚构是当前西方左翼人士的普遍做法，拉克劳和墨菲只不过是这一“策略大转移”中的一个具体例子而已。西方左翼的这种后退从直接原因来讲是1968年革命失败后的必然结果，像拉克劳和墨菲一样的左翼人士是带着对革命希望的破灭而投入了文化反思。20世纪60年代，西方学生运动风起云涌，社会革命箭在弦上、一触即发，人们都以为社会会发生大的变革，但结果所有人的预料都落空了，学生运动在集中的爆发、短暂的结束之后，一切都归于沉寂，好像什么都没有发生，资本主义的法则照旧运行。反而，当年的革命学生大多失去了方向，他们或沉迷、或堕落、或毁灭。拉克劳和墨菲正是从这场运动中获得了启示，他们认为，在资本主义社会，左翼人士更重要的工作

---

① David E. Ingersoll, Richard K. Matthews, Andrew Davsion. The Philosophic Roots of Modern Ideology, Prentice Hall, 2001, p. 113.

② 马克思：《〈黑格尔法哲学批判〉导言》，《马克思恩格斯选集》第1卷，人民出版社1995年版，第9页。

③ Ernesto Laclau&Chantal Mouffe. Hegemoy and and Socialist Strategy: Towards a Radical Democratic Politics. New York: Verso, 2001, Preface to the Second Edition, Pxviii.

或许不是通过暴力去改变资本主义社会，他们其实认为这是改变不了的，而只能在文化或意识形态领域做一点对资本主义的“批判”工作。因此，拉克劳和墨菲好像是提出了一种不同于马克思主义之外的“社会主义战略和策略”，但是这种战略和策略背后却隐含着深深的悲观主义，所以，这样一套不同的战略和策略只不过是形同虚设的说辞而已。当然，拉克劳和墨菲本人并不这样认为，他们认为文化斗争比现实斗争更重要。他们更是信心十足地以为，其他左翼在斗争中都迷失了方向，而只有他们才找到了正确的道路。

当然，对于大多数左翼来说，在全球化、信息一体化面前，他们认为政治已经成为中性的领域，资本主义和社会主义不存在对抗，右翼与左翼的区分已经没有必要，所有的派别都应当携起手来。所幸的是，拉克劳和墨菲与这些擦除政治边界的人始终保持着一段距离，因此他们对后者批评到：“在‘现代化’的借口下，越来越多的社会民主党丢弃了他们的左翼身份，委婉地把他们自己重新界定为‘中间—左翼’。他们声称，左翼和右翼的概念变得过时了，而所需要的是‘激进中间’的政治。”① 拉克劳和墨菲认为，其他左翼尽管也提倡激进政治，他们的说法也不无美妙，但这种放弃自己政治立场的做法其实是对政治的消解，它不是拉克劳和墨菲意义上的激进政治。拉克劳和墨菲说：“今天关于‘民主的民主化’有很多谈论。原则上，这样的一种观点并没有什么错，乍一看，它似乎与我们的‘激进和多元的民主’观点很合拍。然而，这里存在一个关键的区别，因为我们从来没有把我们所拥护民主激进化过程设想成在一个其结构不会受到影响的中立地带发生，而是把它看成是现存权力关系的深刻转变。对于我们来说，目标是建立新的领导权，这需要创造新的政治边界，而不是它们的消失。”② 东欧共产主义的失败并不意味着世界就走向了大同，也并不代表着资本主义是一种尽善尽美的制度，因此，尽管拉克劳和墨菲坚持文化斗争策略的首要性，但这种策略中毕竟保留了反资本主义的因素，这是难能可贵的地方。

拉克劳和墨菲的反资本主义的文化政治不仅仅是停留在对资本主义剥削、异化、不公等等现象的外在批判上，而是延续了西方马克思主义

① Ernesto Laclau&Chantal Mouffe. Hegemoy and and Socialist Strategy: Towards a Radical Democratic Politics. New York: Verso, 2001, Preface to the Second Edition, Pxiv.

② Ernesto Laclau&Chantal Mouffe. Hegemoy and and Socialist Strategy: Towards a Radical Democratic Politics. New York: Verso, 2001, Preface to the Second Edition, Pxv.

对资本主义的文化批判传统，深入到资本主义的文化机理、文明机理、制度机理等核心处，对其展开某种程度上的针砭。当然，这种针砭与先前的西方马克思主义者如霍克海默、阿多诺、马尔库塞、弗洛姆等人相比，要逊色得多、温和得多，也更少原创性的思想。这些文化批判如果要归纳起来的话，大致有以下几个方面：

（一）由通常对资本主义生产关系的批判转移到对资本主义生产力模式的批判。以往人们对资本主义的批判仅仅停留在生产关系上，认为资本主义的生产关系是不合理的、有问题的，但对资本主义的生产力模式、资本主义的经济模式、工业发展模式，我们通常认为这是中性的，甚至是完全合理的，因而是值得借鉴的。因此，传统的政治认为，经济领域中不存在政治和政治斗争。拉克劳认为这种对政治和政治斗争的理解是非常肤浅的。他主张，必须将经济领域纳入政治斗争的范围，同时，也必须将单纯地对资本主义生产关系的批判扩展到对资本主义生产力的批判。在拉克劳看来，生产力或资本主义的生产力再也不是一个中性的、中立的概念，或者套用哈贝马斯的话来说就是，生产力也是一种意识形态，它成了控制人类、恶化自然、破坏文明的东西，正如拉克劳所说那样：“今天越发清楚的是，在资本主义的合理性之下的生产力的发展恰恰导致了自然资源甚至是文明本身的破坏。”① 拉克劳认为，经济领域或生产力领域根本不是由利润最大化这一简单的逻辑所支配的同质性领域，它本身其实灌注了统治阶级的价值观，不是生产力支配统治阶级的合理性，恰恰相反，生产力屈从于统治阶级的合理性及其意识形态，因此，对生产力进行批判，就显得尤为必要。这种批判不仅是对以往资本主义生产关系批判的补充，更是增强反资本主义斗争力量的需要，难怪拉克劳说：“对资本主义合理性庇护下的工业发展模式的批判（它对于大多数新运动是共同的）由此就把这一极有价值的要素添加到一直是工人阶级的特权领域的对资本主义生产关系结构的批判之中，并且反资本主义的斗争能够仅仅因为这些新的斗争领域的加入而增强。”②

（二）从要求改善工资等传统斗争方式转向对资本主义权力体制的批判，即转向对工作组织方式以及与之相关的技术统治与官僚统治的批判。传统的斗争方式如罢工在拉克劳看来只是非常表层化的斗争，工人根本没有明白或找到自己受剥削的不平等根源，因而这样的斗争方式看似激

① 周凡等编译：《后马克思主义》，中央编译出版社2007年版，第64页。

② 周凡等编译：《后马克思主义》，中央编译出版社2007年版，第64页。

烈但却是非常温和和无效的，因为它根本不会触动资本主义的整个体制。拉克劳认为，必须将斗争的方式向深度推进，不能仅仅停留在只要求增加工资、缩短工作时间等等斗争方式的层面上，必须要将批判的触角深入到支撑传统剥削体制的更为根本的组织方式和权力模式上。人们只有在这样的层面上进行持续不断的斗争，才可以根本地改变社会的面貌。可喜的是，人们开始向这样的斗争方式迈进，所以拉克劳说："资本主义生产方式，不能归结为一个居于阶级矛盾之根基处的生产关系的特定结构。它也包括某一生产力发展的模式：工业主义。这导致了在每一社会层面都带来其影响与作用的技术统治及官僚统治过程的不断发展，正是在这里，新出现的大部分对抗作用的起源将被找到。比之于工人阶级为了现存社会体制的民主化而进行的传统方式的斗争，这些新的主体的斗争与要求看来要激进得多，因为他们对工业发展模式本身以及与之密切相关的价值总和，甚至每一种权力体制都提出了质疑。注意到这一点是重要的：这些斗争的新形式也在工人阶级中发现了自己的表达，并且一种新型的工人诞生了，它是零碎化的和非技术性工作的产物，因而与无产阶级的经典观念丝毫没有共同之处。这些新工人的要求通常以工会结构之外的非正式的罢工来表达，它超越了为工资和工作时间而进行的俗套的谈判，它直接攻击工作本身的组织化。"①

在拉克劳看来，资本主义的生产力模式与资本主义的权力模式是相互依存，资本主义的生产力模式即工业主义必然导致资本主义权力模式上的技术统治和官僚统治，而资本主义的权力模式必然会强化工业主义的扩张性。由此，既要批判资本主义的生产力模式，更要批判因之而产生的技术统治与官僚统治。技术统治和官僚政治不去除，资本主义生产方式不可能被改变，社会不可能走向进一步的民主化，激进民主的愿望只是一句空话。

（三）从对资本主义体制内的批判，转向对全球资本主义的批判，即转向对全球化的批判。全球化潮流是一股大潮流，在这股潮流面前，许多的西方马克思主义思想家对之歌之颂之，俨然认为全球化意味着世界大同。拉克劳在这个问题上的态度与很多思想家有别，他对于全球化始终保持一种警惕甚至批判的姿态。在拉克劳看来，全球化并不像人们通常说的那样，只是全球信息的共享、全球经济的合作，全球化并非普适的福音，而是资本主义推行其意识形态的工具，或者说，是新自由主义

① 周凡等编译：《后马克思主义》，中央编译出版社2007年版，第62页。

控制人们并推行其政治领导权的工具。全球化向世界各地的渗透其实就意味着资本主义意识形态的胜利，当所有民族国家自动纳入全球化的浪潮时，就表明资本主义世界观的一统天下，所以拉克劳说：“通常为‘没有选择余地这一教条’进行证明的理由是全球化，而且通常拒绝重新分配社会民主政策的理由是：各国政府所面对的严格财政限制是当今世界唯一的现实可能性，在这一世界中，全球市场不允许任何对新自由主义正统的背离。”① 拉克劳认为，全球化绝对不是一个美妙的神话，不是像许多人所说的是不可摆脱的历史必然性，而是新自由主义秩序的布展，它不仅导致资本主义制度对民族国家的侵蚀，而且全球一体化的最终后果是导致政治的彻底消失，因而拉克劳的后马克思主义主张自觉抵制这种世界全球化的势态，并强调自己“按照领导权方式进行思考就是要打破这些谬论”。②

三、用身份政治替换阶级政治

拉克劳和墨菲认为，传统政治学对政治的理解，尤其是马克思主义对政治的理解总是把政治看作是不同阶级争夺政权统治的场所，阶级是政治领域的主体，政治从而成了一种阶级政治。也就是说，在传统政治学看来，未有政治之先，先已存在各个阶级，因阶级的冲突才有政治。而阶级又是围绕不同的利益而形成的，言下之意就是，先有阶级之前，先已存在利益，因有不同的利益，才形成不同的阶级。利益、阶级先在性的路向一目了然。

在马克思主义关于政治的阶级解读中，拉克劳认为存在几个方面的维度：一是按照人们在生产关系中的经济地位或客观利益来定义不同的阶级，认为经济地位或客观利益与阶级地位是一体的，经济地位或客观利益决定不同群体的阶级归属；二是认为资本主义在社会结构的划分上最终会走向一个同质化的过程，即所有阶级最终都分化成资产阶级和无产阶级两个阵营；三是商品和资本的逻辑必然导致无产阶级的极端贫困化，而经济上极端贫困化的无产阶级必然滋生反抗意识，从而使得无产阶级天生是推翻资本主义制度最坚定和最强大的力量。

---

① Ernesto Laclau&Chantal Mouffe. Hegemoy and and Socialist Strategy：Towards a Radical Democratic Politics. New York：Verso，2001，Preface to the Second Edition，Pxvi.

② Ernesto Laclau&Chantal Mouffe. Hegemoy and and Socialist Strategy：Towards a Radical Democratic Politics. New York：Verso，2001，Preface to the Second Edition，Pxvi.

拉克劳认为，马克思主义的这几个主张都是有问题的，尤其是对照当今资本主义的发展态势，这几个观点的纰漏表现得尤其明显。因此拉克劳对这样的一些主张都进行了激烈批判：

（一）拉克劳认为，并不存在客观的利益，利益是社会建构的产物，同理，所谓的“阶级”也是建构的产物。因此拉克劳说：“我们的著作并不是要批判‘利益’观念，而是批判它们假定的客观性，也就是说，批判这样的观念：社会行动者拥有他们意识不到的利益。建构一种‘利益’是一个漫长的历史过程，它要通过复杂的意识形态的、话语的和制度的实践才能产生——‘利益’是社会的产物，它并非独立于利益承担者的行动者的意识而存在。相反，‘客观利益’的观念却假定，社会行动者不是利益建构过程的一部分，而仅仅是去识别利益——也就是说，那些作为来自天堂的礼物镌刻在它们的自然中——存在利益，但这些利益是不稳定的历史的产物，它们总是受消解与重新定义的过程的影响。”① 既然利益、经济地位并不是客观存在的，那么，马克思主义所认为的与客观利益、经济地位相称的阶级也不是客观存在的，因此，以人们在生产过程中的客观经济地位来作为划分阶级的标准就不可能行得通。也就是说，固定的阶级和阶级地位不可能存在，当马克思主义认为阶级是由客观经济利益和经济地位所决定的时候，它就自觉不自觉地把阶级的形成当作一个自然而然的过程。而在拉克劳看来，这是一种独断论的宣称。因此，拉克劳坚决反对使用“阶级”这个术语，而代之以行动者（Agent）。如果“阶级”是一种独断论的宣称的话，那么“行动者”概念则摆脱了独断论的阴影。因为“行动者”的形成并不是建立在先天的客观利益之上，它是社会和历史的建构产物，它的形成更多地是基于认同、身份（identity），没有认同感，不可能会天然形成某类行动者。也就是，个人要先具备身份认同感，才可以集合成某类行动者。而认同感的形成又与意识形态的打造、话语的协商等等密不可分。

（二）随着资本主义的发展，社会并没有朝着马克思主义所设想的无产阶级贫困化的道路运行，资本主义各阶级并没有经历同质化的过程，相反，群体之间的分化愈加明显，群体的异质化现象凸显。尤其是在全球化背景下，这一异质化现象增生的进程不断加快，因此拉克劳指出，“我认为可以思考作为一种势力（force）的全球化资本主义（globalized

① Ernesto Laclau&Chantal Mouffe. Post - Marxism Without Apologies. New Left Review, No. 166, p. 102.

capitalism)，它正在边缘化一些人但不一定是按照他们在生产过程中的地位。例如全球化资本主义制造了生态问题，因此有由于污染的后果而抵制在某些地方建工厂的人们；有由于国际资金所造成的不同经济部门之间的不平衡。因此你处于这样的一种社会当中，它通过全球化的进程制造越来越多的脱位（dislocations）。马克思主义的理论最终是一种关于在资本主义制度下社会结构不断同质化的理论。它说，作为资本主义发展的一种结果，中产阶级和小农阶级将会消失，历史斗争的结果将是一个同质化的工人阶级和资产阶级之间的一次简单的摊牌。但这绝不是已经发生的事情。已经发生的是社会结构中不断增长的异质性，但是这一异质性并没有引发社会斗争的扩散。引发的是资本主义社会中断裂点的增生，结果使得通过政治手段（经典马克思主义认为它是经济力量发展的自动结果）创造一种统一的这种需要不断涌现。因此看一看今天的反全球化运动和修正全球化运动（alter - globalization movement），你可以看到这方面的增生。在波尔图阿雷格里港的会议上，你可以看到各类特殊的团体：妇女赋权（women’s empowerment）、加利福利亚同性恋、反体制化团体等等，每一个都有它们特殊的组织和个别的问题。另一方面，有一种制造贯穿在所有这些不同团体中的主题的尝试，即制造某类全球性意识。就国际化来说，这是完全不一样的，它不再是19世纪或20世纪的正统国际，后者建基于通过工会和政党建立的工人的共同身份。现在，你有一个非常异质的社会基础，当然，也存在一些普遍化（universalization）的努力。”①

当今资本主义的发展没有导致最终的两个阶级阵营的大对决，激烈的革命由此不可能爆发，但资本主义却制造了越来越多的矛盾，这些矛盾使得抗议资本主义的力量不断增生、此起彼伏，这些矛盾是资本主义发展断裂的“内爆点”，它们正是政治得以展开的舞台，拉克劳认为后马克思主义就必须在这样的舞台上施展自己的能力。

（三）绝对的贫困和绝对的专制并不自然导致绝对的反抗，在很多情况下，绝对的贫困和压迫之下，只是更多的顺从与沉默，因此，马克思主义把无产阶级的极端贫困和压迫与无产阶级的绝对反抗对应起来，以及由此而赋予无产阶级这一群体以革命的优越性，并最终把这一切都归结为资本主义的商品逻辑和资本逻辑的结果，这是大有问题的。鉴于这

① Ernesto Laclau &Ashleigh Campi. Interview with Ernesto Laclau，The Platypus Review，Volume 2，Feb. 2，2008.

样的考虑，所以拉克劳以不无批评性的语气说：“我认为马克思在阐述商品生产的逻辑上比任何一个人都清晰，比如比古典政治经济学家斯密和李嘉图都好得多。另一方面，我们必须清楚地看到，由商品形式所制造的对抗（antagonism）到底存在在哪里？我同意商品形式，特别是由资本主义所表现的商品形式，是强大的对抗性潜力的源泉。但是对抗的契机在哪里？有两种可能性，我已经试图在我的著作中分析过。第一种可能性是，商品形式是对抗的源泉，或者是另一种可能性，即商品形式与外在于它的东西不调和。让我解释清楚我想要说的：在某种意义上，马克思的分析导致这样的观念，认为工人和资本主义之间的矛盾来源于资本的逻辑。假如它来源于资本的逻辑的话，你就必须把社会行动者化约为这一逻辑。例如，资本主义不被认为是有着特殊心理结构的资产家，而只是作为劳动力的购买者。而且工人也被化约成劳动力出卖者的范畴——假如对抗内在于经济形式：工人和无产阶级。但是问题又来了，假如你把那一关系化约为经济形式，那么就根本不存在对抗。为什么？因为你也许可以说，是的——有对抗存在是因为资本家从工人那里抽取剩余价值。但那丝毫不是对对抗的描述；那只是一种组织生产的技术手段。对抗只是当工人抵制资本家抽取剩余价值时才发生。但是只要你愿意，你可以逻辑上分析劳动力的出卖者这一范畴，而且你在任何一点上都看不到抵制概念是一个逻辑结果。因此，假如你引进某些外在于生产关系的东西，抵制就会出现。例如，假如你说，我不希望工资降到某种水平以下，因为工人不能维持生存、不能够把他的小孩送去读书，等等，诸如此类。但是在那样的场合，对抗不是内在于劳动力的买者—卖者关系中，而是存在于生存关系与生存关系之外工人被构建的方式之间。在那样的场合，两种后果随之而来：首先，抵制不是生产关系的自动结果，而且实际上，不同的环境和工资水平上的变化，工人都会以不同的方式做出反应。其次，并且这是最重要的一点，假如我们正在处理的是资本主义的生产关系，处理资本主义逻辑和它之外的某些东西，就像是从工人的视角来看那样——没有理由认为，对资本主义的抵制只是来自工人，因为正如我们在前面说过的那样，它［资本主义］会制造生态问题，会在经济领域之间制造不平衡，中心或外围，等等。在那样的意义上，你处理的是更异质性的对资本主义的对抗，那必须通过政治接合来制造，并且领导权理论就是关于这一制造的逻辑。”①

商品和资本的逻辑当然会制造剥削和压迫，但这并不意味着反抗剥削和压迫意识的自然产生，两者之间没有必然的逻辑联系。斗争意识是一个通过政治不断制造的过程，它来自政治的外在建构。既然绝对的贫穷并不意味着绝对的反抗，那么无产阶级的优越性也自然被剥除，任何一个群体都可能成为反抗资本主义的力量。

出于上述种种考虑，拉克劳认为马克思主义将政治建立在阶级的前提上是行不通的，面对资本主义的新情况，必须转变对政治斗争的重新理解。与马克思主义对阶级的强调相左，拉克劳和墨菲重视的是身份(identity)。如果马克思主义的政治学是阶级政治学的话，那么，拉克劳和墨菲的政治学是身份政治学。然而，身份政治学存在什么样的表征，它与传统的阶级政治学到底有着怎样的差异。概括起来，身份政治大致有着以下几个方面的特质：

（一）身份政治的出发点是行动者（Agent），而不是抽象的“主体”(Subject)。主体是一个现代性的概念，它是剥离了一切社会性、历史性的抽象的“主体性”（Subjectivity），这一主体除了“理性”、“知性”或者“感性”之外，什么都没有，是一具无血无肉、无情无欲，没有历史、当下和未来的空壳。拉克劳和墨菲很少用到“主体”这个概念，大概就是出于对它的抽象性的反感，毕竟“每一个人都从属于无数重叠的群体和多个交叉的身份”，② 单一的主体概念从而就不可能成立。因此，拉克劳和墨菲等后马克思主义者更愿意使用另外一个词，即“行动者”(Agent)。当然，翻译成“行动者”只是权宜之计，这在某种程度上或许不恰当。因为拉克劳和墨菲之所以选择 Agent 这个词，是想在与“主体”相对立的意义上使用它，而翻译成“行动者”并没有很好地体现出拉克劳和墨菲的深层含义。“主体”是将人从一种生存境遇、历史境遇、社会境遇中孤立出来做抽象考察，那么，拉克劳和墨菲的“行动者”则是要将这些东西重新赋予人，重新将人拉回到特殊的场景和具体的情境中去。所以，在拉克劳和墨菲那里，每一“行动者”都是丰富的、生动的、异质性的个体，他们有血有肉，生活在不同的场景当中，来自不同的社群，

① Ernesto Laclau &Ashleigh Campi. Interview with Ernesto Laclau, The Platypus Review, Volume 2, Feb. 2, 2008.

② David Trend. Radical democracy: identity, citizenship, and the state. Routledge: New York, 1996, p. 15.

承载着不同的历史，有着不同的诉求（demand）。这些个体之间不可能重叠，更不可能被化约为原子式的均质的东西，他们始终是差异性的存在。身份政治就是以这种差异性的存在为出发点。不管政治斗争出于什么样的目标考虑，但必须始终尊重个体的差异性，不能以集体、全体的名义淹没甚至抹杀个体性，否则，政治就失去了它本真的意思而走样了。拉克劳和墨菲的这种政治学思路不无意义，它更多是当代哲学所开启的存在主义等路向在政治学中的反映，无不充斥着海德格尔、福柯等人对个体关照的影子。

（二）身份政治认为从事政治斗争的力量是“身份”，而不是“阶级”。社会是由差异性的个体所组成的社会，这种差异性在任何时候都不可以兼并、融合。差异就是一种“身份”，这种身份是不可以替代的，也不可以替代别人。在资本主义社会，人们是以“身份”相区别，而不是以“阶级”相区别。“身份”是一种个性化的东西，是后天形成的东西，而“阶级”则不是。人们因为身份而有别，同时也因为身份而走到一起。随着资本主义的发展，人们的身份越来越多样化，因而一个人可以归属于不同的群体，也就是他兼具多重身份，从而他就有着多重诉求，这就意味着他可以在不同的阵线上作战。今天资本主义的各种运动，如生态运动、反核运动、和平运动、女权运动、民权运动、反全球化运动、性偏好运动、反体制化运动等等，并不是由清一色的、有着严格阶级归属的工人阶级或其他阶级发起的，其实都是由有着不同身份的人所发起的。而不同身份的人能够走在一起，又是因为他们有着对斗争目标的认同。他们是出于认同而聚合在一起。但这种认同不具有马克思主义的阶级利益所固有的恒在性、稳定性和同一性。它仅仅是一种外在的聚合。

身份政治就是要尽量包容不同的声音，但又必须从中打造出一种统一的目标。因为拉克劳意识到，一味强调个体之间的差异性诉求而不寻求统一的解放目标，是会出问题的。对此，拉克劳举例说：“我记得三十年前在旧金山，每一个人都说我们具备一个大型解放运动（如民粹运动等）的所有条件，因为我们有墨西哥裔美国人的诉求，有黑人的诉求，有棕色人种的诉求，但是到了最后，所有这些诉求与其他群体的诉求相冲撞，结果什么都没有发生。当时有许多的尝试，如杰西·杰克逊的彩虹联盟，想把这些诉求的多元性整合起来，但事情没这么简单；彩虹联盟并没有一个好归宿。”① 在当今资本主义社会，人们反对资本主义的呼声越来越多样化，但如何将这些不同的要求聚合成一个统一的目标是一件非常困难和复杂的事情，所以拉克劳指出：“因此我认为当代政治的困境在于如何从多样性中创造出一种统一。这就是今天我们所面对的政治挑战。”② 所以，在反对资本主义这个问题上，拉克劳和墨菲反对绝对的特殊主义、个人主义，而与哈贝马斯的普遍主义主张有相似之处。拉克劳认为，个体之间必须联合，必须走普遍化（universalization）的道路。但这种普遍化并不是用一种高高在上的东西来抹平差异，也不是为了一团和气或同一性捐弃个性，而哈贝马斯的协商民主（deliberative democracy）却有一点这样的味道，正是在这一点上，拉克劳和墨菲强调自己的激进民主和哈贝马斯的协商民主存在距离，“我们的观点与他们的观点之间存在着理论框架上的重大分歧点，而不同的理论框架形成了我们各自的概念。在我们的工作中扮演核心角色的对抗概念排除了最终调和任一类型的理性共识及充分包容性的‘我们’的任何可能性。对于我们来讲，一个非排他性的、理性辩论的公共领域是一种概念上的不可能性。”③

毋宁说，身份政治是差异性的聚合，在这种聚合中，对抗和分化始终存在，同时又有着共同的目标，但这种目标不是统一的整体，而是有内在紧张的中心能指。拉克劳认为，既有紧张，又有共同的所指，这是政治得以可能的前提，因此他说：“我认为一个民主体系的构造依靠两个维度，在某种程度上每个人是互相争执的，在某种程度上每个人又是互相恭维的。一方面，民主涉及断裂（rupture）点的延伸，通过这些断裂点，被压迫者能够表达自己。这是横向的维度，它是由吁求的横向扩张所赋予的：对等物的链条。另一方面，你还有纵向的一极，它是围绕着某个中心能指的这一链条的统一。现在这两种趋势不是被某类方或圆所集合在一起：虽然两者之间存在紧张，但两者对于构造民主政治都是必

① Ernesto Laclau &Ashleigh Campi. Interview with Ernesto Laclau, The Platypus Review, Volume 2, Feb. 2, 2008.

② Ernesto Laclau &Ashleigh Campi. Interview with Ernesto Laclau, The Platypus Review, Volume 2, Feb. 2, 2008.

③ Ernesto Laclau&Chantal Mouffe. Hegemoy and and Socialist Strategy: Towards a Radical Democratic Politics. New York: Verso, 2001, Preface to the Second Edition, Pxvii.

不可少的”。①

（三）身份政治注重的是话语接合（Articulation），而非铁板一块的必然性。身份政治中的每一种行动力量都是异质性的，如何将这种异质性的要素整合成一个统一的整体，拉克劳和墨菲提出了接合（Articulation）理论。接合这个词的意义非常微妙，按照英国后马克思主义者斯图亚特·霍尔的解读，大致有这么两层意思：（1）接合（Articulation）有着用话语清晰阐述和表达自己意愿的意思。因为接合（Articulation）的词根是 Articulate，而 Articulate 有发声（to utter）、说出来（to speak forth）、发音清晰（to be articulate）等含义、因此就带有具有用语言表达（languaging）、表述（expressing）等方面的含义。（2）接合（Articulation）同时具有将两个不同的部件连接起来的联动装置的效应。这来源于英语当中经常说到“铰链式”卡车。铰链式卡车是由各个构件组合而成的，这些构件并非整体一块，而是可以拆卸的。它们之所以组合在一起，是通过其中的联动装置连接起来的。没有联动装置，它们是零散的。② 综合这两层意思，我们可以清楚，接合其实是一种话语连接，它试图通过话语的形式把不同的要素统一在一个相同的目标之下。如果说铰链式卡车是通过质料性的联动装置来组合不同的构建，那么在拉克劳和墨菲的身份政治那里，这种联动装置被置换成了话语。不同社会力量是通过话语而接合在一起，但这种接合不是一种必然的联系，而是一种偶然的结合。只是各种社会力量是在特定的事态下，被某种话语的阐述所打动，并达成共识和理解，从而聚合在一起共同行动以达到一项社会目标。但要清楚的是，各要素之间仅仅是一种基于话语阐释、或意识形态理解的连接，彼此之间并没有必然、本质的归属，因此，这种连接也只能是偶然的、暂时的。目标达成后，各要素之间又要进行分解、重新组合，就像铰链式卡车完成某项使命之后，各个构件也要分开一样。因此，斯图亚特·霍尔指出，拉克劳接合理论的要旨是，“意识形态的组成成分的政治涵义并没有必然的归属，因此我们需要思考不同的实践之间（在意识形态和社会力量之间、在意识形态内不同成分之间以及组成一项社会运动的不同的社会团体之间）的偶然的、非必然的联结。他使用接合概念的目的

① Ernesto Laclau &Ashleigh Campi. Interview with Ernesto Laclau, The Platypus Review, Volume 2, Feb. 2, 2008.

② 李惠斌等主编：《西方马克思主义研究前沿报告》，华东师范大学出版社 2007 年版，第 219 页。

就在于同困扰马克思主义意识形态理论的必然性逻辑和还原论逻辑决裂。”①

接合通过话语的力量把不同的行动者集合在一起，这在很大程度上是通过一种召询（interpellation）的方式来实现的。“召询”既有召集的意思，也有询问的意思。“召询”是通过询问的方式让不同的行动者意识到自己行动的共同性，从而有可能召集在一起。正如斯图亚特·霍尔所分析的那样，“一种接合理论既是一种理解方式，即理解意识形态的组成成分何以在一定条件下通过一种话语聚合在一起；同时也是一种询问方式，即询问意识形态的组成成分何以在特定的事态下接合成或没有接合成某一政治主体。换言之，接合理论询问的是一种意识形态何以发现其主体，而非询问主体如何去思考那些必然地、不可避免地属于它自己的思想；接合理论使我们能够去思索：一种意识形态如何赋予人民以权力，使人民开始去理解或领悟他们自身的历史境遇，而不是把这些理解形式还原为他们的社会经济或阶级地位或社会位置。”②

总而言之，激进民主就是民主的激进化和彻底化，这种激进化和彻底化在社会主义进程中显得尤其必要。拉克劳和墨菲为什么要提出这样的政治目标？因为在他们看来，社会主义与民主是相互分离的，以往的社会主义革命都不是在民主革命的道路上进行，而是离民主越来越远，因此最终走向了极权主义。拉克劳和墨菲认为，必须对这样的状况进行改观，重新将社会主义纳入到民主斗争的轨道上来。他们认为，社会主义不是实现民主的前提，相反，社会主义是民主社会的一个环节，即使社会主义实现了，但并不意味着民主社会也同时实现了，社会主义不等于民主，民主是一个无止境的过程，它永远都不会结束。而如何来实现激进民主这一目标，拉克劳和墨菲首先对马克思主义所有的社会主义思想及其概念进行了消解。异化、无产阶级、阶级斗争、生产力与生产关系的矛盾、经济基础与上层建筑的矛盾、历史规律的客观存在性、消除了阶级对抗的共产主义社会等等思想和概念在拉克劳看来都是站不住脚的。对此，拉克劳曾经说过：“其中心定位于阶级斗争和分析资本主义经济矛盾的传统马克思主义话语已很难适应纷纭而现的各种新矛盾，如今

① 李惠斌等主编：《西方马克思主义研究前沿报告》，华东师范大学出版社2007年版，第220页。

② 李惠斌等主编：《西方马克思主义研究前沿报告》，华东师范大学出版社2007年版，第219—220页。

正是这些新矛盾深刻地改变了社会主义政治斗争生发作用的场域。为了能够处置具有反资本主义性质而其同一性又不是围绕特有的‘阶级利益’建构起来的新政治主体（妇女，民族，种族，性偏好反核及反体制运动等等），修正阶级斗争的观念在何种程度上已成为必要？在跨国公司的时代，当资本主义的再组织日益依赖于对传统上被看作‘基础结构’的东西的‘运动规律’产生影响的各种政治接合形式的时候，一个人如何还能够继续谈论基础和上层建筑之间的二分法呢？既然议会斗争和个人自由的组织构架的维持及延伸现在越来越明显地依赖于工人阶级运动和大众斗争的干预，如何可能继续将它们界定于‘资产阶级’之内呢？这类问题正是当今发达资本主义国家的社会主义斗士所面临的。陈旧的确定性，著名的‘历史担保’统统大成问题；政治的不确定性伴生着日益增加的理论困惑。这就是人们越来越多地听到所谓‘马克思主义危机’的原因所在。”①

在拉克劳和墨菲看来，马克思主义的危机根源在于马克思主义理论自身的现代性痼疾，马克思主义的还原论、功能主义、本质主义、普遍主义、经济主义、阶级主义等顽疾导致了它在现实政治面前的失语，从而用一种新型的政治即激进民主政治来替换马克思主义的政治就势所必然了。

拉克劳和墨菲的激进民主政治基于当今资本主义的变化提出了不同的实现社会主义的“新策略”，这些“新策略”因其概念的新颖性颇能吸引人们的眼球。但我们要清楚的是，辞藻的华丽和新颖并不就意味着现实的生命力，它或许只是如人们所说的“精神社会主义”。而且，拉克劳和墨菲认为自己的激进民主摆脱了现代性的困境，可是在其他后马克思主义者如安东尼·内格里和迈克·哈特等人看来未必如此，因为拉克劳和墨菲坚持认为，在政治或社会运动中，“必须存在组织这一运动的领导权力量或立场（比如像政党这样的东西，以便充当一种空指 empty signifier 的功能）”。② 对某种领导权中心力量的认可甚至倡导，这又何尝不是一种现代性路径呢？出于对拉克劳和墨菲后马克思主义激进民主思想的不满，安东尼·内格里和迈克·哈特则提出了更激进的“大众”（the multitude）概念，在“大众”理念的指导下，他们认为运动可以以水平面的、网络的形式来组织，而无须一

① 周凡等编译：《后马克思主义》，中央编译出版社 2007 年版，第 51 页。

② Correspondence with Michael Hardt, Feb. 21, 2011.

个自上而下的领导者或政党。“大众”思想是区别于拉克劳和墨菲“领导权”思想的另一种类型的后马克思主义激进民主，这进一步提示我们，在后马克思主义激进民主思想的研究上，应当始终重视后马克思主义的异质性特征。

第四章 后马克思主义的其他主要形态及其现代性批判路径

国内有学者将后马克思主义划分成四个主要派别：以法国哲学家雅克·德里达为代表的“解构主义的马克思主义”或“后结构主义的马克思主义”；以美国的弗里德里克·詹姆逊为代表的“文化批判的马克思主义”；以德国的哈贝马斯、法国的利科为代表的“后解释学的马克思主义”；以英国的拉克劳和墨菲为代表的“激进政治的后马克思主义”。[①]这样的划分方式固然有一定的新意，但鉴于德里达、哈贝马斯、利科等人从来就没有把自己归属于后马克思主义的阵营，也几乎没有涉及后马克思主义的话题，所以我们并不认为他们的思想可以构成后马克思主义的独立派别。

真正认可后马克思主义的这一称呼，并自动把自己归属于后马克思主义阵营，同时将后马克思主义的思想拓展至社会学、经济学、政治学等领域的思想家并不是很多，但将以下几个人的思想称之为后马克思主义，则是当之无愧。因此，要了解后马克思主义的主要形态，以下几个派别的思想是绝对不可绕过的。

第一节 哈特和内格里的后马克思主义及其现代性批判路径

在后马克思主义阵营中，美国政治哲学家迈克·哈特（Michael Hardt）以及意大利政治哲学家安东尼·内格里（Antonio Negri）是两位非常耀眼的人物。两人合著的三部曲《帝国》（Empire，2000）、《大众》

① 赵剑英、张一兵主编：《国外马克思主义的基本问题》，社会科学文献出版社2006年版，第196—197页。

（Multitude，2004）、《共有社会》（Commonwealth，2009），将马克思、杰斐逊、葛兰西、福柯、德勒兹、瓜塔里等重要思想家的理论洞见融合进自己的后现代思考或激进民主致思中，提出了独辟蹊径的社会主义策略或激进民主方案，在众多后马克思主义的激进民主思想中可谓独树一帜。当我们还总是习惯从恩内斯托·拉克劳及查特尔·墨菲狭义上的后马克思主义来理解激进民主思想时，哈特和内格里则向我们展示了后马克思主义激进民主的另一层向度，它对于当前全球权力结构的运作及其替代性选择有着独到分析，对于当前社会运动的组织形态和组织方式提出了全新的与拉克劳和墨菲截然不同的方案。鉴于我们对于哈特和内格里的激进民主思想还非常陌生，同时为了打破人们对后马克思主义激进民主思想做拉克劳和墨菲意义上的狭隘理解，因此，梳理和介绍哈特和内格里的激进民主思想及其内在理路，对于深入全面理解后马克思主义的现代性批判思想显得尤其必要。本章以哈特和内格里的《帝国》、《大众》和《共有社会》三部曲为主线，试图依次展示他们的激进民主思想的致思路径及其内在意蕴，试图展现哈特和内格里独具特色的现代性批判思想。

一、全球统治的新形式：帝国

《帝国》是哈特和内格里政治哲学著作三部曲的第一部，这部著作是在人们对全球化运动进行反思和修正的情形下出现的。在大多数人对全球化运动歌之颂之，以为全球化代表着历史发展的必然趋势的时候，哈特和内格里则认为，全球化现象预示着一种新的统治形式的逼近。正是哈特和内格里这种对时代问题诊断上的敏锐性，使得《帝国》一出来的时候就在进步知识分子当中引起了热议。

在《帝国》中，哈特和内格里指出，越南战争后，随着帝国主义形式及美国统治地位的变化，全球权力结构发生了转变。民族国家的主权逐步衰落，一种可以称作为“帝国”的新的主权形式诞生了。伴随着世界全球化过程，“帝国”势力畅行无阻，当代社会的控制形式已经转变成“帝国”形式。哈特和内格里认为，“帝国”不是传统意义上的帝国主义，用传统的、列宁意义上的帝国主义来解释今天的世界已经不再有效了。因为随着美国单边霸权地位的确立、跨国公司的迅猛扩张、世界银行等国际机构势力范围的增强，传统的帝国主义已经消失了，取而代之的是具有超级权力的“帝国”这一新的主权统治。

帝国与传统的帝国主义相比，存在以下几点区别：（1）传统的帝国主义存在特定的权力中心，而帝国的统治则不存在这样的权力中心，但是帝国的统治无处不在；（2）传统的帝国主义是在民族国家的基础上发展过来的，因而存在一定的疆域和界限，但帝国却不存在这样的疆域，它的统治是无边的；（3）在传统帝国主义的统治下，世界的空间划分是以民族国家为基础的条块分割，但在帝国的统治下，世界是流动的、差异的、混合的世界。[①] 如果说传统的统治形式包括帝国主义统治形式是有边界的，那么帝国的统治形式既无中心也无边界。依据德勒兹、瓜塔里等人的后结构主义理论，哈特和内格里将帝国看成是一个网络，这一网络具有这样几个特点：（1）帝国网络是去中心的、非同质的，其内部关系是非层级的；（2）帝国网络的节点是跨国公司、超国家机构、各种有影响的非国际组织、有势力的民族国家，帝国靠这些节点将自己的统治之网撒播开来；（3）帝国的疆域是流动的、无边的、不定型的、开放的，可以将不是其势力范围的一切东西挟裹进来。也就是说，假如帝国主义是现代性的，那么帝国则是后现代性的。[②] 后现代主义的所有特征都可以用来比附帝国的特征。

既然帝国的统治是网络统治，它的权力结构是一种网络结构，这就告诉我们，今天的帝国统治比先前的任何统治都更具渗透性和压迫性，因为帝国之网可以将所有一切都一网打尽，没有什么东西会成为帝国之网的漏网之鱼。哈特和内格里显然想要向世人揭示的是：看似文明昌盛、科技繁荣的今天，人类身上背负的枷锁却越来越重了。这让人想起卢梭的一句话："人是生而自由的，但却无往不在枷锁之中。"[③] 如果说帝国主义的统治是一种肉体统治的话，那么帝国统治则是一种深入人性层面的统治；如果说帝国主义统治是一种政治统治的话，那么帝国统治则是一种渗透到人的日常生活的社会生活统治。因此哈特和内格里说："帝国不仅管理着疆域和人口，而且创造了它赖以安身的世界；它不仅调整人类的相互交往，而且寻求直接统治人性。它的统治目标是整个社会生活。"[④]

令人悲哀的是，这种极具破坏性的帝国统治却始终罩上了一副温情脉脉的面纱，它在杀人于无形的同时却让人为之爱得神魂颠倒，对此，哈特和内格里指出："尽管帝国的实际不断沐浴在血中，但帝国的概念总

① Michael Hardt& Antonio Negri. Empire. Harvard University Press，2000，Pxii – xiii.

② Michael Hardt& Antonio Negri. Empire. Harvard University Press，2000，Pxvii.

③ 卢梭：《社会契约论》，商务印书馆，2002 年版，第 8 页。

④ Michael Hardt& Antonio Negri. Empire. Harvard University Press，2000，Pxv.

是专用于和平——一种在历史之外的永久而普遍的和平。”① 在帝国的统治下，人类根本没什么和平的曙光可言，如果硬要说有的话，那将是在所有人类灭绝之后。哈特和内格里的痛斥声振聋发聩，仿佛在回响着康德在《永久和平论》中提出“走向坟场的和平”的箴言。

哈特和内格里毫不忌讳地指出，这种帝国原型是美国的霸权统治。通常我们认为美国的霸权统治是一种帝国主义统治，但哈特和内格里则不这样看。美国的霸权统治貌似一种罗马帝国统治，其实远不是这样。美国的霸权统治只是帝国统治的象征，它表明帝国统治已经成为一种趋势。这种帝国统治以美国的“君主式政治”为先锋，以其他主要民族国家、跨国公司、国际机构等“全球贵族政治”为后援，以军事、政治、经济、文化统治为维，将帝国的弥天大网依次撒向全球。这也就意味着，控制、压迫、奴役、监督这张弥天大网撒在了每个人的头上。所以，哈特和内格里强调，在帝国的统治的态势下，“民主的可能性晦暗不明”，“民主的现代梦似乎确实丢失了”。②

二、反抗帝国的新力量：大众

帝国的势力如此庞大，那人类还有未来吗？我们芸芸众生又如何对抗这一新时代的利维坦呢？在这个问题上，哈特和内格里不像许多人那样悲观，反而充满着革命乐观主义精神。他们认为，既然全球化为帝国的出现制造了便利，那么全球化同样会孕育反帝国的因素。这就是事物的辩证法。全球化在制造压迫的同时也在制造反抗压迫的力量，反帝国的元素就在帝国内部生长起来。因此，哈特和内格里指出：“通往帝国的道路和全球化的进程为解放力量提供了新的可能性。当然，全球化不是单一的事情，我们指认的全球化的多元进程并非统一的或单义的。我们认为，我们的政治任务不是简单地去抵制这些进程，而是去重新组织它们，并再次引导它们到新的目标上去。支撑帝国的大众这些创造性力量同样能够自主地构造一个反帝国，一个替代性的全球流动和交换的政治组织。反抗和颠覆帝国的斗争，以及为建立一个真正替代物的斗争，将因此在帝国自身的领域内发生。”③

① Michael Hardt& Antonio Negri. Empire. Harvard University Press，2000，Pxv.

② Michael Hardt& Antonio Negri. Multitude：War And Democracy In The Age Of Empire. New York：The Penguin Press，2004，Pxi.

③ Michael Hardt& Antonio Negri. Empire. Harvard University Press，2000，Pxv.

哈特和内格里认为，在反对帝国统治上，存在很多途径。比如维持帝国统治的“全球贵族”就有可能是反抗帝国的力量。但哈特和内格里认为，不要指望这种反抗途径，因为“全球贵族”的反抗不是指向民主政治这一目标，相反，会倒向另一种形式的帝国统治。另外，还有人主张以地方主义、社群主义运动来反抗帝国。然而在哈特和内格里看来，这简直是痴人说梦，因为在强大的帝国机器面前，地方主义、社群主义运动无异于螳臂挡车。在后一点上，哈特和内格里与大多数后马克思主义的社会运动策略有着明显的区别，当后者始终强调以身份政治来反抗资本主义的时候，哈特和内格里则看到了身份政治的微弱。

既然所有的这些道路都走不通，那么，真正有效的途径在哪里？谁是反抗帝国统治的最有力力量？哈特和内格里提出了大众（Multitude）这一概念。大众是帝国内部自身锻造出来的能真正对帝国予以打击的革命性力量，哈特和内格里说大众是“从帝国中成长起来的鲜活的替代物”，① 这一力量也是实现激进民主社会的唯一有效载体。

由于帝国体制是一个网络结构，因此，对这一体制能够进行有效打击的反体制力量必须与这一体制有类同性构造，否则，难以把脉帝国结构的打击只能是无关痛痒的。而大众这一力量却有可能被打造成这样的结构，故此，大众显然可以担当反帝国的革命性力量。因为哈特和内格里看到：“大众因此同样可以被设想成是一个网络：一个所有差异可以在其中得到自由而平等地表达的开放的和扩张性的网络，一个提供遭遇的方式从而使得我们可以共同工作和生活的网络。”②

大众是未来社会的变革力量，但这一力量不是通常我们所理解的“人民”、“群众”及“工人阶级”等概念，因此，哈特和内格里指出，“我们必须在概念层面上把大众和其他社会主体如人民（the people）、群众（the masses）、工人阶级（the working class）区分开来”。③ 也就是说，在对大众的定义上，哈特和内格里同样借用了后现代主义的手法，他们始终用差异性、异质性、非同一性、多样性等特质去界定大众，从而找到了承担社会变革的新的主体力量。

---

① Michael Hardt& Antonio Negri. Multitude：War And Democracy In The Age Of Empire. New York：The Penguin Press，2004，Pxiii.

② Michael Hardt& Antonio Negri. Multitude：War And Democracy In The Age Of Empire. New York：The Penguin Press，2004，Pxiv.

③ Michael Hardt& Antonio Negri. Multitude：War And Democracy In The Age Of Empire. New York：The Penguin Press，2004，Pxiv.

首先，大众与人民概念有别。人民是一个强调同一性而抹平个体差异性的概念，而大众则是尊重个体差异的多样性集合。人民通常为了追求单一的身份而牺牲了不同个体的利益诉求，而大众则始终以个体差异性诉求为斗争的目标，避免将多元的诉求规整为单一的诉求。因此，哈特和内格里指出："'人民'历来是一个归一的概念。人群当然是以各种各样的差异为特征的，但人民把这种多样性归约成了一种统一性，并把人群变成了一种单一的身份：'人民'是一。相反，大众是多。大众由无数的内在差异组成，它不可能被归约成统一性或单一的身份——不同的文化、种族、族裔、性别和性取向；不同的劳动形式；不同的生活方式；不同的世界观；以及不同的欲望。大众是所有这些个体差异的多样性集合。"①

其次，大众也与群众概念有别。群众概念是人民概念相对的，它因不追求统一性而看起来与大众概念相近，但这仅仅是形似而已，它与大众精神相去甚远。群众充其量是庸众的结合，好比海德格尔笔下的"常人"，它们是没有个性的乌合之众，之所以能够聚在一起行动完全是因为盲目的、随大流的从众心理所致，至于为什么要聚在一起行动，连它们自己都弄不明白。而大众则不是这样，大众内部的个体既有各自的独立性，而这些独立的个体又能够汇成具有明确目的的革命洪流。对于大众和群众的区别，哈特和内格里概括到："'群众'这个概念同样与人民相对比，因为群众也不能归约成一种统一性或一种身份。群众当然由各色人等构成，但确实不能说不同的社会主体就组成了群众。群众的本质是无差别：所有的差异都淹没及湮灭在群众中。人群的所有色彩黯然褪色。群众之所以能够步调一致地行动，仅仅是因为他们形成了一个晦暗的、清一色的聚合体。在大众那里，社会差异依然是不同的。大众是多彩的，就像约瑟夫的具有魔力的外套一样。因此，大众概念面临的挑战就是，一种社会多样性在保留内部差异的同时设法去交流和共同行动。"②

最后，大众也与工人阶级概念有别。通常认为工人阶级是一个具有包容性的概念，它代表了全人类利益。可是在哈特和内格里看来，情况正好相反。工人阶级一般指产业工人，这一工人阶级的定义在现代社会

---

① Michael Hardt& Antonio Negri. Multitude：War And Democracy In The Age Of Empire. New York：The Penguin Press，2004，Pxiv.

② Michael Hardt& Antonio Negri. Multitude：War And Democracy In The Age Of Empire. New York：The Penguin Press，2004，Pxiv.

越来越成了一个非常狭隘的排他性概念，因为它把许多不属于生产领域但同样遭受剥削和压迫的其他劳动者和社会边缘人群都排斥在工人阶级之外。因此哈特和内格里说："我们同样必须把大众与工人阶级区分开来。工人阶级这个概念已经被作为一个排它性的概念来使用，它不仅把工人和那些不需工作来养活自己的所有者区分开来，同时也把工人阶级和其他工作的人区分开来。在其最狭隘的用法上，工人阶级这个概念仅仅用来指产业工人，从而把它同农业、服务业和其他部门的工人区分开来；就其最广义的用法而言，工人阶级指所有的雇佣工人，这就把它同那些穷人、无工资的家务劳动者以及其他无酬的人区分开来。相反，大众是一个开放的、包容性的概念。它试图把握当前全球经济转型的重要意义：一方面，产业工人阶级在全球经济中不再充当领导权角色，尽管它的人数在全球范围内并没有减少；另一方面，今天的生产不能仅仅看作是经济生产，而更应该看作是社会生产——不仅生产物质产品，而且生产人与人之间的交流、相互关系和生命形式。因此，大众潜在地是由社会生产的所有不同人物构成的。再一次，一个像互联网那样的发散性网络对于大众来说，是一种较好的形象或模型，因为：第一，互联网上的各个节点彼此不同，却都相互联结；第二，网络的外部边界如此开放，因此新的节点和新的关系总可以添加进来。"①

哈特和内格里认为，当代社会已经远远摆脱了工业社会而进入了非物质性生产劳动社会。而非物质性生产劳动的主导化使大众的出现得以可能。大众毫无疑问是实现未来社会的革命性力量，这一力量组织运动的方式却是水平面的、网络状的。在大众所采取的水平面、网络状的运动方式中，不承认某个阶级的核心地位，不允许权威性的领导者。② 这就是哈特和内格里的激进民主最具特色的地方。因此，同样是倡导激进民主，但哈特和内格里的激进民主思想与拉克劳和墨菲的激进民主思想在运动的组织方式这一点上却截然有别。这再一次提醒我们，在对后马克思主义的激进民主思想进行研究时必须始终注意后马克思主义阵营的异质性特征。

---

① Michael Hardt& Antonio Negri. Multitude：War And Democracy In The Age Of Empire. New York：The Penguin Press，2004，Pxiv - xv.

② Correspondence with Michael Hardt，Feb. 21，2011.

三、未来社会的新形态：共有社会

《共有社会》（Commonwealth）是哈特和内格里三部曲的最后一部，在这本著作中，他们将马克思的洞见与尼采、福柯、德勒兹、瓜塔里等人的洞见做了一个有效的结合。这本著作向生活在一个共同世界中的人们提出了新的管理共同财富的理想社会。

Commonwealth 是哈特和内格里针对帝国统治而提出来的一个反帝国性质的理想社会，这个社会具有与现今一切政府截然不同的制度构造和政治组织结构。将这个词翻译成《共有社会》也许并不恰当。之所以翻译成共有社会是出于以下几点考虑：第一，鉴于哈特和内格里使用 Commonwealth 一词时明确指出，Commonwealth 是要对共有财富（common wealth）进行重新组织和管理，所以 Commonwealth 在哈特和内格里那里是一种社会理想，因此不宜翻译成“共同财富”。第二，哈特和内格里钟情于 Commonwealth 一词，是因为它内蕴“共有”（the common）这一概念，而“共有”这一概念是哈特和内格里用来对抗私人—公共概念的替代性概念，所以将 Commonwealth 翻译成《共有社会》或许差强人意，因为突出了哈特和内格里对“共有”的强调。第三，Commonwealth 还可以翻译成“共和国”，但哈特和内格里非常抵制“共和国”（the republic）这一概念，他们认为共和国、现代性和资本是阻碍和腐蚀“共有”发展的三种东西，所以，共和国在哈特和内格里的眼里是与 Commonwealth 的内在旨趣相背离的，因此，将 Commonwealth 翻译成共和国显然违背哈特和内格里的初衷。当然，将 Commonwealth 翻译成《共有社会》时，我们一定不能在现代性的框架内来理解共有社会。假如认为这一共有社会是具有本质统一性的实体，是与现代社会和政府的内在机制相类同的社会和政府，那么，这肯定是站在哈特和内格里所要反对的路向上来理解共有社会。

现代政治学建立在私人领域与公共领域这一对概念的区分之上，今天研究西方政治哲学的人，也言必称私人领域（公共领域），好像不区分私人领域与公共领域，政治学或政治空间就无法得以建构。但哈特和内格里极其反感这样的区分，并提出“共有”（the common）概念以取而代之。在哈特和内格里看来，私人和公共的概念都跟资本主义有关系，是现代性的集中体现。认同私人—公共的区分就是认同资本主义统治与现代性逻辑。而“共有”概念是一个前现代的或前资本主义社会的概念，哈特和内格里提出“共有”概念来置换私人—公共概念显然有着强烈的反资本主义与反现代性指向。然而，“共有”概念与私人—公共概念到底存在怎样的差异，哈特和内格里的“共有”概念包含着那些革命性的因素？具体来讲，主要体现在以下几个方面：

（一）私人—公共的区分是为资本主义私有化逻辑张目，而对共有理念的回归则要遏制私有化的进程，倡导自然资源的全民共享。私人—公共区分的逻辑，毫无疑问是新自由主义意识形态的逻辑，这一逻辑必然导致这样的后果，即将本来属于全体人类所有的自然资源变成了少部分人的私有财产。所以，哈特和内格里指出，在当前新自由主义意识形态的支配下，人们很难再见到共有的东西，尽管共有的东西始终在我们身边。因为，新自由主义的意识形态基础，即私人—公共的区分已经将共有的东西变成私人的财产。在以私人—公共区分为基础的政治哲学中，对财产权的思考放在了中心位置，而淡漠了对人的权利的尊重及人的生存状态的关怀。难怪伊曼努尔·华勒斯坦曾经这样说到，“异化是使人丧失本性的痼疾——其主要表现形式是财产。”① 而哈特和内格里也将批判的矛头指向私有化，“遍布世界的新自由主义政府政策最近几十年都在寻求将共有的东西私有化，将文化产品——比如信息、思想，甚至动植物的物种变成私人财产。”② 他们倡导“共有社会”，显然是对西方资本主义财产共和国（the republic of property）的反叛。对共有的尊崇则是要去私有化过程，将本来属于人们的资源重新还给人们，“借助‘共同’我们首先想要表明的是，物质世界的共同财富——空气，水，土壤上的果实，以及所有自然的赐物在经典的欧洲政治文本中都被认为是作为整体的人类的遗产，应该被共同享用。”③ 在共有社会里，自然资源不再被看作是一种财产，而是被看做大众得以共同生活的行动空间。

（二）私人—公共的区分是为政府的极权逻辑张目，而对共有理念的回归则是要打破政府的极权，为大众的自我管理寻求论证。因此，哈特和内格里指出，他们和霍布斯的政治哲学在思路上完全相反。霍布斯从大众有天然的自然权利推论到必须有一个极权的政府来全权代理大众移交的权利，这一推论基于这样的逻辑：大众无法协调彼此之间的冲突，即大众无法自我管理。而哈特和内格里则从一个极权帝国的存在推论出

① 伊曼努尔·华勒斯坦：《自由主义的终结》，社会科学文献出版社2002年版，第227页。

② Michael Hardt& Antonio Negri. Commonwealth. The Belknap Press of Harvard University Press, 2009, Pviii.

③ Michael Hardt& Antonio Negri. Commonwealth. The Belknap Press of Harvard University Press, 2009, Pviii.

只有大众进行自我管理才能够摆脱帝国的统治。这一推论具有与霍布斯相反的逻辑：大众有自我管理的能力，可以不需要政府。私人—公共的区分一方面导致自然资源的私有化，然而，当私有化出问题时，很多人又主张，对私有化有效抵制的唯一选择是将财产收归国有，因此，共和国被认为是私有化的有效替代物，因而倡导国家和政府的调节和管理成了不二选择，对凯恩斯主义的推崇就是这种情绪的反应。可是在哈特和内格里看来，以国家的名义将财产收归国有貌似是对私有化的抵制，但实质是另一种形式的私有化，它同样是将全民的东西变成某些人的财产。与私人的私有化相比，财产的国有化甚至更加可怕，因为在国家这一庞大的利维坦面前，很少有其他力量能与之抗衡。哈特和内格里的共有社会与这样的财产共和国相反，它不是推崇政府的极权，而是主张打破一切政府统治，还政于民，并由大众自由地管理和支配所有的自然资源。

（三）私人—公共的区分是为资本主义的利润或利益逻辑张目，而对共有理念的倡导则是要追求一种新的自由自觉的政治生活。在当代资本主义社会，所有的东西，包括人的情感、精神和心理都被有形或无形的利润之网所笼罩，被当作某些人获取利润的工具，当我们在享用某一个牌子的产品的时候，我们都是在为某些公司的利润做贡献。通常以为，明确了私人领域和公共领域之间的畛域之后，作为公共活动的政治空间就得以搭建。然而，在资本逐利性的驱使下，地球表面的所有东西都被私人控制和公共控制所瓜分，共有的领域被摧毁殆尽，还有什么作为人们自由交往的政治活动空间可言呢。在私人和公共的控制下，在唯利是图的机制下，　切东西都丧失了生命力和创造力。对此，哈特和内格里举例说："假如我们的词汇、短语的大部分或者我们言语的部分东西受制于私人所有权和公共权威——那么，语言将丧失表达、创造和交流的力量。"[①] 而在共有社会里面，由于颠覆了利润逻辑的支配，人们就能够做到真正地交流和自由地共享所有的资源，就像在去中心化的网络上所呈现的图景那样。在共有社会里，生产不再是为主体而生产客体的生产，即生产不再是商品生产，而是福柯意义上的生命政治（biopolitical production）的生产，即生产主体性的生产，这种生产不断地转变固定的价值和

① Michael Hardt& Antonio Negri. Commonwealth. The Belknap Press of Harvard University Press, 2009, Pix.

固定的主体①，从而创造出生生不息的政治空间。

哈特和内格里对古老的共有社会理念的倡导绝对不是主张返回到过去以寻求对现实问题的逃避，因此他们说："我们注定生活在这个世界，不仅受制于它的统治权力，而且为它的堕落所玷污。抛弃所有那些让我们超然物外的政治纯洁或'更高价值'的梦想吧！"② 在新自由主义势力势如破竹而大多数西方左翼人士萎靡不振的氛围下，哈特和内格里却对未来保持着一种非常乐观的精神，并在惨淡的现实中迎难而上。他们清楚地意识到，在精神的世外桃源寻求避难所无助于改变帝国的现实，只有始终将目光投向当下，将现实的力量进行重新组织，才有可能实现一个更平等的社会。而在所有的现实的力量中，哈特和内格里看到了"穷人的生产力"及"爱"这两种力量的潜在能量，他们认为，如果我们能够有效地将这两种力量激发起来，那么我们就一定能推翻现行的统治势力、拆解堕落的制度，并创造出一个共有财富的新世界。③

总而言之，同样是论述民主，但哈特和内格里的民主思想与哈贝马斯的民主思想有着天壤之别，哈特和内格里的民主思想从属于由卢梭所开创并由马克思等人所推进的激进民主传统，而哈贝马斯的民主思想从属于洛克所开创的协商民主传统。激进民主反对一切特权阶级和专制政府，主张大众的自治，而且也相信大众有自我管理的能力，认为实现了大众自治的社会才是真正民主的社会。而协商民主则是代议制民主在当代的变形，代议制民主认为大众的自我管理不可避免地会导致社会的混乱，由此主张将权力的行使收归于政府。代议制民主以尊重多数人的意见（通常情况下是一部分人的意见）为由实施了对其他人的暴政，这种民主从根本上来讲是反民主的，因此，它与哈特和内格里的激进民主是背道而驰的。同样是后马克思主义激进民主思想的倡导者，但哈特和内格里的激进民主又有别于拉克劳和墨菲的激进民主思想。拉克劳和墨菲虽然也对现代性有某种程度的不满，但却宣称他们与后现代主义有距离，因此，他们的激进民主思想中对于现代性有所保留。这反映在以下几个方面：（1）拉克劳和墨菲激进民主思想的理论根基是新自由主义，也就

① Michael Hardt& Antonio Negri. Commonwealth. The Belknap Press of Harvard University Press, 2009, Px.

② Michael Hardt& Antonio Negri. Commonwealth. The Belknap Press of Harvard University Press, 2009, Pvii.

③ Michael Hardt& Antonio Negri. Commonwealth. The Belknap Press of Harvard University Press, 2009, Pxi - xii.

是说，他们以西式民主作为民主的典范，这是一种典型的西方中心论立场。(2) 在实现民主的现实力量上，尽管拉克劳和墨菲也认为无产阶级不是天然的承载者，但他们始终坚持存在一个实现民主的核心力量，这是主体性哲学的表现。(3) 在未来社会的设想上，拉克劳和墨菲的理想社会充其量是西方民主社会的扩充，只不过将一些无关紧要的元素如对抗性注入其中而已，认为对抗性构筑了民主社会的根基，至于后现代主义和共产主义所主张的众生平等这些未来社会最重要的元素，则不为拉克劳和墨菲所看重。在所有这些方面，哈特和内格里显然与拉克劳和墨菲格格不入，前者将后现代主义的宗旨贯彻进其激进民主思想的始终，后现代主义从而构成了他们的激进民主思想的内在理路，因此，他们总是用后现代主义的范式来诠释帝国、大众、共有社会等概念也就不足为怪了。

第二节　穆泽利斯的“实用主义的后马克思主义”及其现代性批判路径

自从20世纪50年代匈牙利英籍化学家和哲学家波兰尼在后批判哲学的语境中提出“后马克思主义”这一概念起，经过麦克弗森、科拉科夫斯基、阿兰·图雷纳、琼·柯亨等人的苦心经营，特别由于拉克劳和墨菲“后马克思主义转向”的努力，后马克思主义已经成为国外马克思主义的一种重要新思潮。这一思潮的兴起固然有其特殊的社会背景，但它对传统马克思主义核心和基础概念进行解构的姿态表明，后马克思主义是应和西方后现代主义大潮流的产物，正逐渐引起来自各个领域的越来越多学者的关注。

当人们谈到后马克思主义思潮的时候，总是将太多注意力集中在拉克劳和墨菲身上。然而，后马克思主义已经远远超出了拉克劳和墨菲所划定的界限，它不仅仅局限于对马克思主义的批判和解构，而是开始渗透到政治学、经济学和社会学等各个领域，尝试用新的范畴和概念进行理论建构的过程。在这种理论建构工作，尼科斯·P. 穆泽利斯（Nicos P. Mouzelis）应当是一个不可忽视的人物。遗憾的是，对于这样一个在西方学界有广泛影响的人物，我们几乎没有涉足。

尼科斯·P. 穆泽利斯，伦敦经济和政治科学学院社会学终身教授，希腊天文台顾问团成员。他的主要兴趣领域包括发展社会学、历史社会学和社会学理论。他是许多现代希腊研究出版物的作者，并且出版过关于巴尔干和拉丁美洲议会制度和工业化的著作。代表性的著作有《组织和官僚机构》（1967）、《社会学理论：什么出错了?：诊断和救治》（1995）、《现代希腊：欠发达的多面》（1979）、《回到社会学理论》（1992）、《准外围社会中的政治》、《后马克思主义的抉择》（1990）。主要论文有《晚期现代性的分化和边缘化》（1999）、《现代性：一个非欧洲的概念化》（1999）、《后帕森斯主义理论》（1999）、《宗教、科学和环境：一种综合的观点》（1999）、《具体化：一种系统——社会整合的非均衡》（2000）、《主体主义——客体主义的划分：反对超越》（2000）、《现代化概念：它对希腊的适宜性》（1996）、《左翼的资产负债表》（1993）、《战后希腊的资本主义和专政》（1976）。穆泽利斯作为一个活跃的思想家，在《新左翼评论》、《社会学》等西方著名刊物上发表过很多文章，介入过第三条道路理论、结构主义、后马克思主义等论题的争论，在西方学界有很大反响，引起了西方学者的广泛关注。比如 Will Leggett 曾在《社会学评论》（2002）上撰文《反思性现代化和第三条道路的重构：回应穆泽利斯》总结了穆泽利斯在第三条道路理论上的贡献和不足；Kieran Healy 在《社会学》（1998）上撰文《概念化约束：穆泽利斯、阿齐尔和结构概念》评价了穆泽利斯在结构主义争论上的得失；Gran Therborn 在《新左翼评论》（1993）上撰文《答复穆泽利斯》回复了穆泽利斯对他就左翼评论的攻击。

《后马克思主义的抉择——社会秩序的建构》是穆泽利斯后马克思主义思想的代表作。在这本著作中，穆泽利斯试图将后马克思主义的方法引入到社会学、政治学上去，提出理论化实用主义的方法来重新诠释社会的形成、构造和转变，为后马克思主义在社会学和政治学维度上的拓展开辟了新的视野，也为我们了解后马克思主义者在社会学和政治学上的思想踪迹提供了一条重要线索。

《后马克思主义的抉择》1990 年由英国麦克米兰有限出版公司首次出版。著作分成两大部分，共有五章。著作的主要意图和观点穆泽利斯在导论中做了扼要概括，“通过集中思考经济—政体的关系，这本著作考察这一理论僵局（是经济还原论把马克思主义分析引入这一理论僵局的）的多种维度；同时提出一种试探性的解决这一困境的方法。支撑这一著作并把这一著作整合成一整体的主要论点有：（1）仅仅依靠宣称国家和意识形态的相对独立，马克思主义无法克服经济还原论，而且继续用经济或阶级范畴将政治和文化现象概念化。（2）克服还原论的唯一有效办法是去为政治和文化领域的分析创造新概念。（3）以及后马克思主义的概念框架可以被构建，它保留马克思主义的某些基本维度同时避免经济还原论。”① 由此可见，穆泽利斯这本著作的核心工作是要克服政治或意识形态问题上的经济还原论，也就是说，如何摆脱用经济的观点和范畴将政治或意识形态概念化，同时尝试自己对社会构成的解释，这种努力就是他所谓的后马克思主义的抉择。笔者依循经济还原论这一线索，打算将穆泽利斯在《后马克思主义的抉择》中所透露出来的主导思想做一个勾勒。

一、经济还原论：马克思主义现代性症结的逻辑产物

社会秩序产生、再生、维持和变更有其自身的特质，将其纳入经济范畴的轨道不仅无助于解释社会构成，而且是对社会构成的曲解。在社会构成的理解上完全可以尝试一种非还原论的方法，这种方法就是穆泽利斯所谓的后马克思主义方法。穆泽利斯认为，自己在《后马克思主义的抉择》中所提出的建构社会秩序的“后马克思主义”主要有三层意思：（1）超越或抛弃马克思主义或历史唯物主义的某些基础性信条，比如物质第一性等。这些基础性信条是一些独断论的假设，它不仅造成马克思主义中旷日持久的无聊的争论，而且把政治仅仅看作物质基础的时间和空间上的延伸。（2）超越或与时下流行的对马克思主义的完全拒绝的后马克思主义类型保持距离。这种后马克思主义类型以拉克劳和墨菲为代表，他们公然断绝与马克思主义的任何联系，穆泽利斯看来这是一种简单的宗教狂热，他们只是追求一种时尚思潮的结果，对于解决具体问题没有多少裨益。（3）超越或反对从马克思主义本身中寻找救治马克思主义症结的良方。无论在马克思主义之间做如何细致的区分，像诺曼·格拉斯一样区分庸俗的马克思主义和精致的马克思主义以拯救后者，都不可能彻底克服马克思主义严重的理论困境。

虽然穆泽利斯把自己的尝试叫作“后马克思主义”，这种后马克思主义当然有对马克思主义的批判，但应当与拉克劳和墨菲等人为代表的后马克思主义区别开来。穆泽利斯不仅不主张对马克思主义的总体拒绝，反而认为马克思主义理论有其价值贡献，比如整体论与辩证法就是它最富价值成效的两个方面。然而遗憾的是，马克思主义所固有的经济还原

① Nicos P. Mouzelis. Post - marxist alternatives：The Construction of Social Orders，Lodon：1999，p. 1.

论特征却抵消了它的价值，因此克服还原论自然成了穆泽利斯运思的中心。

经济还原论是马克思主义最为世人所诟病的地方。人们普遍认为，马克思主义将一切政治行为都还原为经济行为和经济事实，或用经济的术语将政治领域概念化，是马克思主义的顽疾。穆泽利斯毫不掩饰这一点，《后马克思主义的抉择》一开篇就把经济还原论的问题端了出来："马克思主义理论从一开始就被经济还原论所困扰。这是经典马克思主义的一个突出特征，而且依然构成马克思主义范式的一个主要的、或者是最主要的理论缺陷，尽管最近企图克服它所导致的理论僵局。这一缺陷在最近几年变得更加明显，特别是在大陆国家，当马克思主义理论经历过一段严重危机和内在混乱时。实际上，我认为马克思主义目前的衰落尽管决不能归因于此，但却与马克思主义未能用一种有效的令人满意的方法处理经济还原论问题相关。"①

马克思主义在政治或意识形态问题上为什么会陷入经济还原论？虽然穆泽利斯一直没有明确点破这一原因，然而，从著作的内容可以窥见，穆泽利斯显然认为，是马克思主义所固属的现代性传统使它难免落入经济还原论的窠臼。尽管穆泽利斯的后马克思主义与拉克劳等人的后马克思主义有差异，但是当他承认自己的理论为后马克思主义时，他显然是认同后马克思主义对正统马克思主义的惯常批判的。正统马克思主义的总体论、基础主义、本质主义、中心主义等等特征是为后马克思主义所经常攻击的软肋。而后马克思主义的这些批判在很大程度上是借鉴了后现代主义对现代性批判的一贯理路。当穆泽利斯像拉克劳等人一样认为经济还原论是正统马克思主义的顽固堡垒时，穆泽利斯的意思是想说明，马克思主义的经济还原论倾向是马克思主义所固有的现代性特征的必然表现，换句话说，马克思主义的现代性与经济还原论之间有一种内在亲缘关系。因此，穆泽利斯主要从现代性特征的两个维度论述了马克思主义经济还原论：一是经济还原论中的本质主义；二是经济还原论中的二元论。用穆泽利斯的话来说就是历史唯物主义的实体问题和历史唯物主义的方法论问题。穆泽利斯认为，在实体的层面上，如果要去理解社会的构造、机能和长期变更，历史唯物主义总是宣称生产力和（或）生产关系的优先地位。与政治、法律和意识形态等上层建筑相对的物质基础

① Nicos P. Mouzelis. Post - marxist alternatives: The Construction of Social Orders, Lodon: 1999, p. 1.

的优先性要么被看作应用于过去和现在的所有人类社会中；要么，在一种彻底被削弱的教条解释中，它被设想为首先应用于资本主义的社会构成。根据后一种立场，在前资本主义社会中，非经济的制度领域也许支配经济领域，但是即使如此，经济依然维持它的优先性，因为到最后总是经济决定哪一种非经济领域能够获得优势。而在方法论的层面上，优先性的命题导致了对创造新概念工具的拒绝，这些概念工具本来能够认真考虑非经济制度领域的特异性和相对独立。这不可避免地导致用经济范畴界定政治和文化现象，依据它们对占统治地位的生产模式的再生产要求的相关性和贡献，或者对剥削阶级利益的相关性和贡献。因此，物质基础高于一切的力量最终把它的逻辑强加在所有的上层建筑领域，把社会构成的整体带进一种统一性，这样一来，使得创造个别的、非经济的概念工具显得十分不必要。历史唯物主义的实体问题和历史唯物主义的方法论问题是相关的，关于物质、经济基础高于一切的实体性命题必然导致一种方法论立场，或者是一种概念框架，它拒绝用任何术语将文化或政治理论化。

本质主义是现代性的一个重要特征，这个特征从柏拉图哲学甚至更早以前就已经开始。这一特征在马克思主义哲学中的表现就是认为所有的现象背后都有一个支配现象的本质。这种立场在意识形态上的具体表现就是，认为意识形态是现象，它们都受阶级地位和生产模式的操纵。对于马克思主义中经济还原论的本质主义，穆泽利斯没有下太多的笔墨，只是认为本质主义是按照阶级或生产模式将国家等概念化。穆泽利斯的着力点在于经济还原论中的二元论特征。二元论是西方哲学的重要特点，从柏拉图的理念世界和现象世界到奥古斯丁的上帝之城和世俗之城，从笛卡尔的思维和广延到康德的现象和物自体，无不带上了这一特点。可以说，二元论构成了现代性的内核。如果哲学家的思想中有二元论的痕迹，那就表明他归属于现代性的阵营。而在马克思主义哲学中，这种二元论的色彩尤其浓重。姑且不说它的精神和物质的区分，姑且不说它的生产力和生产关系的划分，这些都是显性的二元论，它们还没有真正触及到马克思主义二元论的核心。在穆泽利斯看来，真正对马克思主义的生命力形成杀伤力的是一种隐性的二元论，即经济基础和上层建筑的划分，“再一次，就像在生产力和生产关系概念情形中一样，马克思主义意识形态概念的启发式效用被基础（上层建筑）的区分所严重减损。按照经济的、政治的和意识形态的例子对整个社会构成的象征性描画——以及把后两者移交给上层建筑的领域——意味着‘意识形态’成为一个多余的范畴，一个指示所有非经济和非政治制度的空白术语。因此宗教、艺术、教育、血缘关系都被不加选择地当作制度领域而概念化，它的主要功能是为再生占主导的生产关系的目的而生产令人困惑不解的、起辩护作用的实践。”① 如果说康德在现象和物自体之间做一个划分确实为信仰留下了地盘的话，那么我们决不能说在经济基础和上层建筑做同样的区分也为上层建筑留下了地盘。这一区分只是一个虚假的区分，它不仅没有为上层建筑留下空间，反而从根本上剥夺了意识形态的独立性。意识形态始终笼罩在经济主义的语境下而成了一个空洞的术语。因此穆泽利斯对这一虚假的区分非常反感。当然，很多马克思主义者都意识到这一二元论区分所造成的理论困境，故此想极力否认马克思主义存在指向这一二元论概念化的倾向，并且认为这一区分并不构成历史唯物主义的必要条件。然而在穆泽利斯看来，这样的立场并不足以拒绝经济基础和上层建筑的二分，同时更无助解决马克思主义的真正困境。现在我们所要做的是正视马克思主义中存在的问题，同时尝试解决问题的途径。而这种途径只能是创造出超越二元论划分的新的概念工具。致力于新概念的制造是穆泽利斯的运思中心。

在制造新概念以超越经济还原论之前，穆泽利斯认为首先应当对经济还原论或还原论的类型特别是其内在特征做一个具体的剖析，目的是使自己在用新概念诠释社会秩序的构成时避免陷入像其他后马克思主义一样的还原论困境。因此，穆泽利斯之所以要在还原论类型的析分上下一番功夫，是有着这样一层动机考虑的。

二、两类四种还原论：还原论的类型学析分

穆泽利斯的主要贡献不在于对马克思主义中所隐含的经济还原论的揭示，而在于对各种各样的还原论类型的具体析分。这种细致的区分打破了人们通常对马克思主义还原论的笼统批评。马克思主义理论曾经有过一度的复兴，其中一个主要的分析焦点就是对经济还原论的批评，这一还原论被认为是斯大林传统的和教条的马克思主义的一个突出特征。尽管人们普遍意识到这一还原论，并且也在如何超越政治领域的经济还原论解释上做了种种努力，比如宣称国家的相对独立、政治情境的特殊性等等，但是穆泽利斯认为，这些努力在区分经济还原论的不同类型上

① Nicos P. Mouzelis. Post – marxist alternatives——The Construction of Social Orders, Lodon: 1999, p. 47.

却做得很少，因此所谓的超越经济还原论的企图只能流于破产。

马克思对经济领域首要性的强调尤其是马克思的信仰者用理论化的术语去表述这一首要性时，导致了各种形式的还原论倾向，这些形式的共同点都是从经济基础的结构和功能中得出文化制度和政治制度的形式和实际，从而忽略了政治和文化现象的相对独立和特殊性。借鉴类型学的帮助，穆泽利斯将这些不同的还原论类型做了概括，认为存在两类四种还原论类型。第一类是还原论的唯意志主义类型，它包括行为者→行为者（A→A）的还原论和行为者→结构（A→S）的还原论两种；第二类是还原论的结构主义类型，它包括结构→结构（S→S）的还原论和结构→行为者（S→A）的还原论两种。

还原论的唯意志主义类型和还原论的结构主义类型是两类形式上相对立的还原论。当穆泽利斯用哲学史上的唯意志主义和结构主义观点来界定还原论的类型时，显然是想形象地表明这种差异，因为唯意志主义和结构主义从根本上来讲是完全对立的。还原论的唯意志主义类型盲目夸大主体、社会行为者的能动性，用穆泽利斯的话来说就是“把社会阶级看作全能的和全知的神人同形同性论实体”；还原论的结构主义类型则极力贬低主体、社会行动者的能动性而抬高社会结构、社会系统的功能性作用，也就是说“把行为者描述为经济的、政治的意识形态的结构的复杂表达的纯粹木偶”。

穆泽利斯认为，还原论的唯意志主义类型在最近马克思主义关于经济和政治关系的争论上非常普遍。这一类型的还原论主张，经济和政治场合之间的关系是根据群体或者准群体的行动、战略以及实践连接起来的，这些群体规划、控制和决定政治制度，因此，在还原论的唯意志主义解释中，行为者（社会阶级、社会群体等）成为分析的中心。然而在这些对行为者的分析中，要么将政治行为者的分析还原为经济上占统治地位的阶级的分析，要么还原为对经济行为者的决策的分析，从而就有区分出行为者→行为者（A→A）的还原论和行为者→结构（A→S）的还原论两种还原论。行为者→行为者（A→A）的还原论类型代表所有这些理论，“它们主张那些直接行使国家权力的行动和政策不可避免地受制于在政客和军队背后操纵缰绳的一个全能的资产阶级的压力。在此，阶级——国家关系被看作一端是经济群体、另一端是政治群体（或行为者）

之间的关系，在这种情形下，政治群体是经济群体的被动工具。”[①] 简而言之，A→A 的还原论是将政治群体或行为者的行为还原为经济群体的行为，或者说，政治行为者被设想为经济上占统治地位的群体所使用的一个被动工具。通过这一还原，国家等政治现象丧失了独立性，它们只不过是经济现象的一个附属物，政治斗争基于经济上的冲突，阶级地位决定于经济实际。“还原论的 A→S 类型是另一工具主义的唯意志主义版本，但在这，国家作为工具被按照它的制度结构而不是按照它的全体来看待。在这，通过不断的院外活动，资产阶级不控制和支配政治决策进程，而是相反，通过制造一个概念框架，它自身将确保国家全体（无论它们的社会起源或利益—群体联系）产生维护和促进资产阶级利益的政策。这一还原论类型也采取更错综复杂的形式，例如当政治制度被看作不仅是资产阶级诡计的结果，而且是阶级斗争有意的或无意的长期的结果。”[②] 也就是说，A→S 的还原论将政治现象解释为经济上占统治地位的群体的阴谋诡计的直接结果，或者还原为阶级斗争的结果。

随着阿尔都塞的结构主义的马克思主义的兴起，还原论的唯意志主义类型已经不再流行，结构主义的还原论类型逐渐普及。如果说，还原论的唯意志主义类型是把政治行为者的行动还原为经济上占统治地位的行动的话，那么，结构主义的还原论的还原论类型是把行为者的行动还原为资本主义生产模式的再生产要求。“在结构主义的还原论解释中，行为者不再是分析的中心。要么它们一起消失，要么它们扮演一个作为结构决定的被动产品的非常边缘的角色。就像神人同形同性论的唯意志主义让步给经济和政治制度领域之间的功能联接一样，因此‘战略’概念比如政策、有意的（无意的）结果、群体压力和阶级斗争被系统概念比如功能要求、结构约束、倾向性的法律和矛盾所取代。另一指出这一区别的方式将要说，尽管在唯意志主义中，社会进程根据行为者来看待，在功能主义中，同样的社会进程根据制度系统和对它的维持/再生的要求来看待。”[③] 结构主义的还原论类型强调系统或结构的自组织性，它包括结构→结构（S→S）的还原论和结构→行为者（S→A）的还原论两种。

---

① Nicos P. Mouzelis. Post – marxist alternatives：The Construction of Social Orders，Lodon：1999，p. 159.

② Nicos P. Mouzelis. Post – marxist alternatives：The Construction of Social Orders，Lodon：1999，p. 161.

③ Nicos P. Mouzelis. Post – marxist alternatives：The Construction of Social Orders，Lodon：1999，p. 169.

结构→结构（S→S）的还原论认为政治系统或国家的构成可以按照资本流通的逻辑彻底被理解，这种还原论的最粗糙模式是将国家的或总体的政治系统概念化为经济基础结构的一种附带现象或一种单纯的反映。也就是说，它认为政治系统的制度特征可以得自或被还原为经济结构约束，政治结构要么被看作直接来自经济结构，或者把政治制度的形式看作经济系统再生产的直接结果。在资本主义社会中，它表现为，资本主义国家的基本特征得自“资本逻辑”，即资本主义生产模式的再生产要求。“如果S→S还原论类型把政治制度的主要特征从被经济所强加的功能要求或约束中得出来，S→A还原论使用同样的术语以试图解释政治实际。这一还原论类型出现的一个领域十分清楚地是在关于资本主义社会中阶级的结构决定的争论上。”① S→A还原论试图在政治实际和客观的阶级位置之间确立联系，认为政治层面的阶级实际和战略按照客观的阶级结构来推导和理解，即按照经济层面由资本主义的劳动力分工所分配给行为者的客观位置来推导和理解，也就是把政治实际看作阶级地位的直接结果，认为政治实际奠定在阶级划分的基础上。当然对于普兰查斯来讲，这是一种粗糙的阶级还原论，他认为阶级实际和阶级位置之间不存在一一对应的关系，阶级实际不能简单地被经济情形所决定，而是被由经济、政治和意识形态结构的一个复杂的接合所组成的全部结构主义集成体所决定。但穆泽利斯看来，普兰查斯并没有避免结构主义还原论，只不过是用一种更全面的结构决定论取代粗糙的阶级还原论而已。

穆泽利斯认为，这四种还原论类型，要么独自地要么用各种各样的结合，把马克思主义中最富有成果的方面即它的辩证特征和整体论特征都冲淡了。“就它们建议有可能系统地把政治实际和制度结构从资本主义生产模式或全能的资产阶级的诡计的‘规律’或功能要求中推导出来的范围内，它们不赞成严肃地研究经济和政治场合之间复杂的和或多或少非直接的联接。此外，就它们把集体行为者描述为全能的、神人同形同性论的实体或在另一极端的情况下描述为结构决定的纯粹‘结果’来说，它们要么通向极端——唯意志主义要么通向结构决定论——两者都极端阉割了马克思主义的辩证法特征，即，它对与社会环境一道不断变动的关系中集体行为者的描述，这一环境既构造行为者的认同又提供给它们

① Nicos P. Mouzelis. Post - marxist alternatives: The Construction of Social Orders, Lodon: 1999, p. 169.

一个或多或少更巨大的选择数目。”① 马克思主义的整体论反对用一种区划的方式去研究社会现象；马克思主义的辩证法认为集体行为者（阶级、社会运动等）和它们的社会环境之间有一种辩证关系，经济、政治和意识形态的结构为集体行为设立界限，同时集体行为者反作用于这些限制，或多或少系统地既试图去改变它们又试图去维持它们。

三、理论化实用主义：穆泽利斯克服经济还原论的尝试

对于马克思主义中的还原论倾向，许多的人都尝试过各种各样的解决方法和克服的途径。人们惯常的手法是通过宣称非经济领域或意识形态的独立性来达到这一目的。然而，正如我们所说的那样，这种克服经济还原论的手段是无效的，它只是一种空洞的修辞学的装饰，它没有摆脱用物质基础主导一切的强势逻辑。因此，尽管有无数的后马克思主义者宣称自己克服了社会秩序解释上的还原论路数，但由于他们对还原论问题根本没有洞察透彻，结果都陷入了不同形式的还原论劫数，所谓的克服工作都告落空。穆泽利斯在析分还原论的类型及特征之后明白，简单地宣称和论证意识形态的独立性并不能摆脱社会秩序建构上的经济还原论。要克服经济还原论必须尝试制造新的概念工具，这才是使政治学、社会学等等走上独立性道路的不二法门，也是穆泽利斯自己“后马克思主义”的致思重心。

在制造概念工具的过程中，穆泽利斯认为，我们必须停止将马克思与其他经典社会学家区分开来的一贯做法。“这种灵活的、非教条的接近马克思主义的方法绝不是新的。它已经打上了几位具有社会学精神的历史学家（如，E. J. 霍布斯鲍姆和 F. 布劳德）和具有历史倾向的社会科学家（B. 穆勒，R. 本迪克斯）的具有经验性质的著作的印记。这些作者已经创造性地使用马克思主义的概念而不必太多考虑标签、忠诚的表白，等等。当前的工作试图要做的是更明白地说清楚某些概念工具可以得自马克思主义的范式，以及它们做适当的修改后，可以在宏大历史的、比较性的此类研究中有用，因此成功地被上述提及的作者所采用。”② 穆泽利斯从这些作者援用马克思主义以解释长期社会转变中发现，马克思主

① Nicos P. Mouzelis. Post - marxist alternatives：The Construction of Social Orders，Lodon：1999，p. 173.

② Nicos P. Mouzelis. Post - marxist alternatives：The Construction of Social Orders，Lodon：1999，p. 1.

义依然可以为考察整体社会是如何建立、维持和变更提供非常有用的工具，因此他认为，如果马克思的整体论逻辑（它成功地将能动的〈因果的〉和体系的〈功能主义的〉方法结合在一起）能够从经济领域扩展到政治和文化领域，那么马克思主义的概念工具可以被提高，同时马克思主义的某些方法论缺点可以被改正。穆泽利斯认为自己这种对待马克思主义的立场在方法论和启发的意义上是彻底实用主义的，他称之为理论化的实用主义。

理论化的实用主义首先赞成的是一种理论上设计好的整合，即把马克思均衡的能动（系统的）整体论和韦伯在政治统治研究中的反经济主义倾向整合起来。其次，理论化的实用主义认为评价一种概念框架价值的方式是它的启发式效用，即这种概念框架令人满意地解决方法论上和理论上顽固的社会科学问题的能力，以及在对具体问题领域的经验探究中的支援能力，而不是去强调这种概念框架的哲学和认识论基础，也不是去证明这种概念框架的逻辑一致性。再次，结合上述考虑，理论化的实用主义不满当代社会科学中哲学的、认识论的转向，以及不满对运用在诸如语言学、症候学或心理分析等学科中的范式的大规模采纳。前者哲学化的倾向导致，无论在马克思主义还是在非马克思主义的社会科学中，哲学的分析已经趋于取代正确的社会和社会学理论。后者的倾向不是导致一种将新的见识仔细地转化和同化进现存的社会学理论，而是导致对陈旧的东西大规模的排斥和对新东西无批判的采纳，人们赞成这些新的概念工具通常很少考虑它们在解决具体问题上有多少效用，而是更多考虑它们的新奇或它们与流行的智力风格的一致，比如，恩内斯特·拉克劳和茜塔尔·墨菲基于语言学的分析所提供的后马克思主义范式，以及诺曼·格拉斯在庸俗的马克思主义和精致的马克思主义之间所做的区分，就是如此。

穆泽利斯认为，在马克思、韦伯和涂尔干等人那里发现两种非常积极的要素，一是他们用一种较少哲学的、形而上学的而更多是社会的、历史的方式，将社会学从哲学中分离出来的成功尝试，以及研究他们所生活于其中的社会的成功尝试；二是他们对社会的特殊性和它的不可归约性的强调，比如不可规约为心理学和生物学研究。然而，遗憾的是，这两项基础性成果今天被社会理论置于危险之中，这些社会理论既试图合并哲学的（尤其是认识论的）和社会学的分析，也试图将社会生活的研究还原为语言学、符号和无意识的研究，这些情形都是对社会分析特殊性的拒绝以及对前社会学思维模式的回归。

穆泽利斯理论化的实用主义吸收马克思、韦伯和涂尔干等人对政治等意识形态问题的深刻洞见，它首先致力于建立起一种非还原论的后马克思主义概念框架，然后将这套概念框架用来处理经济和政治之间的复杂关系，同时将它应用在对单个情形的经验分析中，通过展示这一概念框架处理具体社会历史发展的效用来验证超越经济基础和上层建筑二分和经济还原论的可能。

既然经济基础和上层建筑的二分是导致经济还原论的渊薮，因此，穆泽利斯理论化的实用主义首要的矛头是指向拆解这一二分。穆泽利斯认为，用经济基础和上层建筑的二分不足以解释整体社会的构成，对整体社会构成的概念化必须从技术、占有和意识形态三个维度去考察，故此，技术、占有、和意识形态三个概念是穆泽利斯理论化实用主义的三个核心概念，是穆泽利斯超越传统马克思主义二元论和经济还原论的有力武器。通过把马克思对社会生活的技术的、占有的和意识形态维度上有力的洞见运用于非经济制度领域，人们确实能够达到对政治和其它所谓上层建筑领域的非经济概念化。

穆泽利斯像马克思主义所做的那样，给予技术概念以一个中心的位置。穆泽利斯认为，以政治领域作为例子，可以容易地看出政治技术通常在政体和社会的组织、再生产和改造中扮演着关键的角色。政治技术指政治权力在其中被制造的复杂方式，这种方式既是米歇尔·福柯考察过的规训的、监督的微观技术类型，也是韦伯称作行政和高压方式的东西；既是政治领导人用来形成政治舞台的东西，也是处于政治外围的人介入政治的东西，比如第三世界政治社团的民粹主义的和门徒主义的形式。毋庸讳言，政治技术在前资本主义尤其是在资本主义的政治起飞中起着关键性的作用，对此，福柯和韦伯已经深入考察过。因此，穆泽利斯认为，从那一角度来看，扩展技术概念以致它能够被应用于考察非经济制度领域，可以帮助我们把社会看作一个正在进行的成就，看作一个建筑，而不是一个晦涩的、前设的、给定的事实。换句话说，它可以帮助我们挣脱涂尔干（帕森斯）传统和现象学的传统，前者倾向于将社会描绘成一个具体化的、全知全能的神，它用一种神秘的方式在社会行动者的背后操纵所有绳索；而有现象学取向的理论家则将宏观制度和集体行动者还原成个体行动者主体间性的理解和解释的实践。所以，马克思主义对社会存在技术维度的强调，如果充分地再表达，可以组成一个有用的方法论策略，在其中，社会行动者竭尽他们的全力去创造和占有（控制）经济的、政治的和文化的技术，或多或少无意识地有助于全部社会秩序的构造和改造。因此，一个再形成的马克思主义范式（引起注意这一明显的事实，即人类，在他们创造经济的和非经济的技术集体能力上，既是他们的社会世界的产品又是制造者）能够非常重要地有助于社会科学的复兴。

对于占有和意识形态维度的考察，由于篇幅所限，我们就不再赘述。总而言之，穆泽利斯得出结论说，技术、占有和意识形态应该被认为是所有主要制度领域的构成要素，技术维度导致一种关于制度秩序的反具体化的、反结构主义的观点，占有维度在关于这些秩序的系统的/功能主义的和能动作用的/因果作用的观点之间提供有效的桥梁和综合，意识形态的维度增强祛魅化的潜在的或社会的分析，“在高度差异性的社会中，不管人们是否着眼于它们的经济、政治、宗教或教育领域，人们可以永远识别：（1）技术的手段（社会构造的手段），借助于它，男人或女人或多或少无意识地构造、再生和转换他们的社会存在；（2）模式化的方式，通过它，这些社会构造的手段被占有（控制）；（3）一系列占统治地位的意识形态主题和实践都辩护和通常给出一幅扭曲的技术被控制的方式的图画。任何通过将技术手段和它们的占有模式独断地定位在经济中以分裂和区划这三个维度的企图，不仅给出一个高度扭曲的和贫穷的关于所有非经济制度的观点；它也使得理论上一致和经验上无限的关于经济和非经济制度秩序之间复杂关系的探究不可能。”[①] 总之，技术—占有—意识形态的分析作为在所有主要的制度领域中都可以确认的整体构造导致了非经济生产模式（统治模式、文化生产模式，等等）的观念。在非经济制度领域的层面上构造类似于生产模式概念的技术—占有—意识形态概念，使得超越还原主义的基础（上层建筑）的二分成为可能，与此同时为一种选择性的后马克思主义概念框架提出了建议。这一框架是整体性的，它打破了用经济主义或用能动（制度）系统的二分来分析社会构成的做法，而主张用非区划的方法研究经济、政治和文化的同构性。换句话说，这个拟设的框架主张一种非还原论的描绘整体社会构成的可能性。然而，这一框架并没有全盘否定马克思主义，而是保留了某些马克思主义的基本见识，尤其是它的一种平衡的能动作用——制度系统方法的潜能。

穆泽利斯构造起技术、占有和意识形态的概念框架之后，将这一概

① Nicos P. Mouzelis. Post - marxist alternatives: The Construction of Social Orders, Lodon: 1999, p. 73.

念框架应用于分析后发展工业社会或者说资本主义外围社会的长期社会历史转变，他选取了希腊社会为考察对象，以期验证这一概念框架的效用性或实用性。

穆泽利斯认为，在马克思主义理论中，国家要么被看作经济上占统治地位的阶级的统治工具，要么被看作执行资本的功能。它忽视了这样的情形，即经济上占统治地位的群体是军事上或政治上占统治地位的群体的支配对象，以及国家的政策不是促进而是阻碍了资本主义的扩大再生产。这样的情形在资本主义的外围社会非常普遍。所谓国家有助于推动资本主义的发展和维护资本的一般利益这样的说法是一种老生常谈，它不切合资本主义外围的实际，也是对这些社会中国家本性理解的歪曲。马克思主义之所以会对资本主义外围的社会构成缺乏恰当的研究，是因为它缺乏适当的概念工具。

为了印证国家对资本主义扩张的阻碍，以及人们对统治方式的斗争甚于对生产方式的斗争，从而驳斥马克思主义对资本主义外围社会分析上的不恰当性，穆泽利斯选取了希腊社会的转变作为例子予以说明。

希腊20世纪初期有一个从寡头政治向后寡头政治的转变，在这场转变过程中，1909年的希腊军官所发动的军事政变起到的分水岭的作用，马克思主义对这场军事政变是这样解释的：这是一场资产阶级革命，是上升的资产阶级和衰落的封建地主阶级之间斗争的结果。在穆泽利斯看来，这种用阶级分析法去分析1909年军事政变的做法纯粹是一种机械的照搬，它是马克思主义关于西欧资产阶级革命的阶级分析法的无原则推广，因为它认为希腊社会的历史发展轨迹与西方社会的发展轨迹是一样的。然而，穆泽利斯认为，西方和希腊的发展路线明显不同。不仅不同，甚至还截然相反。在西方资本主义社会，工业资本主义的发展、工业资产阶级和无产阶级的形成先于寡头政治的解体，而在后发工业社会比如希腊，这一过程恰恰颠倒过来了，寡头政治的结束和政治参与的扩大先于工业资本主义的大规模发展。也就是说，20世纪初期，希腊还处在前工业社会当中，大规模资本主义工业化还没开始，无产阶级和资产阶级在数量和组织上还很微弱，因此，1909年的军事政变肯定不是一场资产阶级革命。然而许多人为了维护马克思主义关于1909军事政变的资产阶级革命的解释，会对上述质疑提出以下辩护理由：19世纪晚期希腊确实没有一个重要的工业资产阶级，但有一个商业阶级，它执行着一个类似于西欧工业资产阶级相同的任务。可是，在穆泽利斯看来，这样的辩护是站不住脚的。因为按常理来讲，如果商业资本一旦进入工业或农业等生产领域，必然会在生产和流通层面制造尖锐的社会对抗，但是在前工业的希腊，并没有出现商人和地主之间的对抗，因此商业资产阶级在希腊存在的说法不攻自破。而且，在希腊，商人和地主之间并没有严格的区分，希腊地主经常卷入到本土和国外的贸易中去。

由于马克思主义把1909军事政变看作资产阶级革命，所以它认为1909年以前，希腊的国家权力被封建地主阶级所垄断。而穆泽利斯认为，马克思主义的这一说法同样是误导人的。其实，希腊大地主从来就没有设法去获得经济和政治上的统治。因为希腊独立战争结束后，大多数土地被国家接管，成为国家的土地，然后国家通过赠予法等手段把土地卖给农民，希腊走的是农民小型土地私有制的道路。考虑到占有土地这一条路被堵死，许多非常有势力的贵族家庭通过成为纳税农村主、学者、高级官员等等途径来追求权力和名望。因此，在希腊19世纪的寡头政治当中，贵族的势力占统治地位，地主阶级的势力很单薄。而且贵族势力的根本基础是政治的而不是经济的。也就是说，希腊根本就没有形成占统治地位的地主阶级。鉴于此，穆泽利斯断言，从20世纪早期希腊寡头到后寡头政治的过渡背后看到一个“上升的资产阶级”这是非常误导人的，把19世纪晚期希腊那些行使寡头政治权力的人看作地主阶级，这同样是误导人的。

至于穆泽利斯是如何来展示这一分析的，因与我们的主题相去甚远，因此就不在此赘述。总而言之，穆泽利斯的后马克思主义虽然对教条马克思主义有批评，但并不主张全盘解构马克思主义的概念和范畴，而是根据特定情况，创造性地吸收和转化马克思主义某些有原创性的思想，并将它们运用到具体的社会情境分析中去。

第三节　女权主义的后马克思主义及其现代性批判路径

女权主义的发展经过第一波女权主义、第二波女权主义的发展之后，已经进入了第三波女权主义时期。第三波女权主义又被称为“后女权主义”，因为这一波女权主义与后现代主义、后结构主义、后殖民主义有着非常紧密的联姻。在第三波女权主义当中，后马克思主义的女权主义是一股比较强劲的力量，有很多的代表人物，比如朱迪·巴特勒（Judith Butler）、米歇尔·巴雷特（Mitchele Barrett）、凯瑟琳·麦金龙（Catharine

MacKinnon)、唐纳·哈拉维（Donna Haraway)、南希·哈特索克（Nancy Hartsock)、多诺西·斯密斯（Dorothy Smith)、南希·弗雷泽（Nancy Fraser)、桑德拉·哈丁（Sandra Harding)、希拉里·罗斯（Hilary Rose)、珍妮·弗拉克斯（Jane Flax)、艾利森·雅各（Alison Jaggar)、克里斯蒂娜·德尔菲（Christine Delphy)、安妮特·库恩（Annette Kuhn)、安玛丽·沃尔普（AnnMarie Wolpe)、唐娜·兰德里（Donna Landry)、格拉尔德·迈克林（Gerald Maclean)，等等。

如果说马克思主义在第一波和第二波女权主义当中尚且充当了妇女争取权利运动的有力武器的话，那么到了第三波女权主义那里，马克思主义却成了被批判的靶子。第三波女权主义认为，马克思主义不仅对于妇女的解放不存在任何理论上的指导，反而对于妇女的解放事业起了或多或少的阻碍作用。女权主义的马克思主义看起来是用女权主义来补充马克思主义的话题当中所缺失的妇女问题维度，但在某种程度上也是对马克思主义的质疑、否定甚至颠覆。

按照英国学者朱丽斯·汤申德的概括，后马克思主义的女权主义可以概括为两类：强后马克思主义的女权主义和弱后马克思主义的女权主义。弱后马克思主义的女权主义以米歇尔·巴雷特、唐纳·哈拉维等人为代表，这些人的目的是想超越马克思主义，但在现实的取向上，他们对马克思主义的态度是若即若离的，“他们既想与正统的马克思主义保持距离，又不想割断与正统马克思主义的之间的脐带。”① 强后马克思主义的女权主义以南希·哈特索克、桑德拉·哈丁等人为代表，这支女权主义的队伍比较庞大。相比较而言，强后马克思主义的女权主义对待马克思主义的态度要更宽容些，尽管他们也批评马克思主义的许多观点，但“之所以把这类女权主义归纳为‘强’后马克思主义的女权主义是因为她们还坚持马克思主义的认识论（客观）和本体论（唯物主义和人类本质的社会建构”。②

然而不管有着怎样的区分，女权主义之所以要走向后马克思主义，是因为普遍认为马克思主义无助于解决妇女的问题，或者说马克思主义对于妇女问题持一种漠然的态度，因此，他们要转向新的解决妇女问题之道。

① 周凡等编译：《后马克思主义》，中央编译出版社2007年版，第366页。

② 周凡等编译：《后马克思主义》，中央编译出版社2007年版，第366页。

一、后马克思主义女权主义质疑马克思主义的三重维度

马克思主义曾经在妇女争取解放的斗争中起到过非常重要的理论引导作用，但随着后现代主义、后结构主义、解构主义等思潮向女性主义运动的不断渗透，马克思主义遭受了越来越多的来自女权主义的批判。依据后现代主义等思潮对中心主义、自然主义、普适主义等现代性维度进行批判和解构的视角，后马克思主义女权主义从三个维度对马克思主义展开了猛烈批判。

（一）马克思主义当中具有强烈的男权或父权中心主义色彩，这使得马克思主义者忽视了妇女真正被压迫的事实。海迪·哈特曼（Heidi Hartmann）就认为："尽管早期的马克思主义者意识到当时的妇女被剥削的状况，但他们都没有关注资本主义制度下男人和女人之间的遭遇的不同。他们没有关注女性主义问题，即没有关注女人是如何和为何被压迫成为一个女人的。"① 在哈特曼等女性主义者看来，在马克思主义者的视野中，从来就是把妇女问题或者妇女争取权利的问题放在一个次要的地位，因为在马克思主义那里，阶级和阶级斗争问题才是一个最重要的问题，其它问题都从属于这个问题。马克思主义认为，资本主义妇女在资本主义社会受压迫的事实是由于资本主义的剥削性所造成的，只要推翻资本主义制度，那么妇女受压迫的状况就会自然消失。因此，在马克思主义那里，尽管涉及了妇女问题，但从来就没有把妇女的斗争作为一个重要的问题来单独强调，也没有意识到妇女除了受到资本主义的剥削之外还受到男人或丈夫剥削这一事实；马克思主义总是把妇女放在一种经济体系下来考察，认为妇女仅仅是工人阶级的一部分。也就是说，女性主义的问题在马克思主义的问题域当中彻底地缺失了。用哈特曼的话来说就是，马克思主义从来就没有把妇女问题当作一种女性主义的问题，马克思主义是绝对的"性盲"（sex－blind）。

马克思主义之所以会忽视女性主义的问题，在后马克思主义的女权主义看来，是马克思主义思想根基处固有的男权中心主义或父权中心主义所致。这种父权中心主义集中体现在马克思主义所具有的二元论思想当中。当马克思主义继续用身（心）、理智（情感）、抽象（具体）、主观（客观）、文化（自然）等等二分法来看待世界的时候，就无法摆脱中心主义的思维路径，而在妇女的问题上必然会走向男权中心主义，从而

① Stuart Sim（edt.）. Post－Marxism：A Reader，Edinburgh University Press，1998，p. 158.

忽略妇女的经验也就是自然而然的事情了。

（二）马克思主义用一种自然主义的眼光来看待妇女和性的问题。从波伏娃以来，女权主义者就认为，女人并不是天生就是女人，而是后天被变成女人。可是在许多后马克思主义女权主义者看来，许多马克思主义者包括马克思本人都是在自然的意义上来看待女性的问题或定义女性。凯瑟琳·麦金龙就说："马克思对妇女是从自然而不是从社会来定义的"。① 这表现在以下维度：马克思认为，社会分工是根据男女的生理体质而自然形成的，也就是说，社会分工建立在性别区分的基础上。在马克思的眼里，女人是天生的弱者，同时她们比男人更细心、更温柔，因而她们只适合待在家里，所以，男人在外面做工，女人在家里做家务、带孩子，是一种自然而然的分工。言下之意就是，女人的地位是自然的安排。因此，凯瑟琳·麦金龙反复指出，"马克思的分析认为：'性行为'的差异是劳动分工的起源"、"劳动分工起初只是性行为上的分工"、"男人和女人因为生殖功能不同而导致了劳动分工"。②

后马克思主义女权主义者认为，马克思通常总是惯于从社会维度和历史维度来考察问题，唯独在女性的问题上犯了与前人一样的自然主义的错误。因此，当马克思用自然的态度来定义女性时，他隐去了女性受压迫的社会根源，同时也认可了妇女从属地位的合法性。也就是说，在马克思那里，女性从来就不曾作为一个独立的主体存在过。所以许多后马克思主义女权主义根据上述推理得出这样的结论，在马克思主义那里，女人不是人，"很显然，按马克思这个比较资本主义扭曲的标准，妻子应该待在家里，做饭、缝纫和照顾孩子，丈夫则出去工作。当男人工作时，他们是工人，是马克思所关注的人类，而在女人工作时，她们仍然是妻子和母亲，而不是完全的人。"③

（三）当马克思主义将女性问题判归为自然问题时，其后果是压制妇女阶级意识的形成，用一种普适的利益牺牲了妇女的利益。在马克思主义那里，无产阶级的整体利益是至上的，而无产阶级利益又代表着全人类的利益，因此，在这个群体里面，不允许存在利益的分化，任何利益的分化都可能导致无产阶级事业的失败。而女权主义强调女人的利益、强调男人对女人的压迫、追求女性自身的解放，这在马克思主义看来，

① 佩吉·麦克拉肯主编：《女权主义理论读本》，广西师范大学出版社 2007 年版，第 3 页。
② 佩吉·麦克拉肯主编：《女权主义理论读本》，广西师范大学出版社 2007 年版，第 4 页。
③ 佩吉·麦克拉肯主编：《女权主义理论读本》，广西师范大学出版社 2007 年版，第 8 页。

是一种个人主义、宗派主义的表现，它明显是一种分裂势力，是对无产阶级事业的背离，因而是绝对不允许存在的。后马克思主义女权主义认为，在马克思主义这种思维路径的支配下，女性永远都没有出路，因为女性不可能形成自我意识。因此莫尼克·威蒂格指出："对于妇女来说，马克思主义具有这样两个作用：它通过把'女人和男人'的关系排除在社会秩序之外，通过将这种关系变成自然的关系，通过将两性关系视为像亲子关系一样的自然关系，通过将男女之间的阶级冲突隐藏在劳动的自然分工背后（《德意志意识形态》），阻碍了妇女关于自己也是一个阶级的意识的形成，因此使她们在很长一段时间内不能作为一个阶级组织起来。这是在理论（意识形态）层面。在实践的层面，列宁和党，迄今为止所有的共产党，包括所有最激进的政治团体，总是把所有那些来自妇女方面的关于她们自身阶级问题上的意见和建立团体的要求，批评为分离倾向。如果我们妇女联合起来，那么我们就分离了人民的力量。这表明，在马克思主义者看来，妇女或者从属于资产阶级，或者从属于无产阶级，换言之，从属于这些阶级的男人。除此之外，马克思主义理论不允许妇女比其他被压迫阶级的人更多地作为历史主体来建构她们自身，因为马克思主义不承认阶级是由单个的人组合而成的。"①

二、走向后现代：后马克思主义女权主义话题的当代转向

后马克思主义女权主义借用后现代主义话语系统及批判手法，在对主体性、中心主义、同一性、二元论、宏大叙事等现代性痼疾进行解构的前提下，转而强调差异性、异质性、多元论、微观叙事等等后现代话语，并在此基础上对妇女受压迫的根源、女权主义的主体、女性气质、女性经验、性等等话题进行了重新审视和解读。

（一）在对妇女受压迫根源的追溯上，后马克思主义女权主义不再像马克思主义所认为的那样，是资本主义制度使得女人处于被压迫的从属地位，相反，它认为男人才是女人受压迫的最终根源。如果说，资本主义制度是女人受压迫的根源，那么如何解释资本主义存在以前女人被压迫的事实？"在一些无论你怎样施展想象也不能称之为资本主义的社会中，妇女也在受着压迫。在亚马逊河流域和新几内亚高地，当通常的男性威胁机制失效时，经常靠轮奸迫使女人守本分——民族志记录中常夹

① 佩吉·麦克拉肯主编：《女权主义理论读本》，广西师范大学出版社 2007 年版，第 196 页。

杂着使女人‘守本分’的种种惯例——男人的宗教活动、秘密入会仪式、幽暗的男性知识，等等。资本主义之前的封建欧洲也远非一个无性别歧视的社会。资本主义把多少世纪以前就有的男性和女性的观念接收了，又重新调动起来。对资本主义中劳动力再生产的分析不能解释缠足、贞操带或大量令人难以置信的、拜占庭式的、成为迷恋对象的种种侮辱中的任何一项，更不用说还有各个时期各个地方妇女都遭受的更普遍的侮辱。对资本主义中劳动力再生产的分析甚至不能解释，为什么通常是女人而不是男人在家中做家务。”① 由此可见，马克思主义的分析不攻自破。因此，凯瑟琳·麦金龙指出：“尤其是男人，如果不单独是男人的话，在将不平等进行性化，特别是将性的不平等进行性化。”②

（二）在女性主义的主体问题上，后马克思主义女权主义反对对妇女主体或性别差异的强调。它认为，对这些东西的刻意强调貌似在高扬女人的地位，其实一是用同质性的抽象主体掩盖了个体性的妇女经验的差异性，二是继续在沿用男权中心主义的观念，这对于女性主义事业来说都是致命的。正如特里莎·德·劳里提斯所指出的那样：“‘性别差异’强调的是性别，归根结底是女人不同于男人或女性不同于男性的地方。即使在较为抽象的意义上，性别差异不是指源自生理差异及社会化的不同，而是由于意指（signification）及话语效应而产生的差异，它终究指的是（女人）不同于男人之处——或者说得好听点，是人类自身差异的一种表现。一旦对男权社会的批判全面展开，继续运用这些概念提出性别问题将会使女权主义思想囿于西方男权的范畴，使女权主义思想禁锢于一种被概念化的二元对立思想框架中；这种二元对立思想本身‘总是已经’在那里，被铭刻进主导文化话语——无论是生理、医学、法律、哲学还是文学——以及它背后的‘宏大叙事’的‘政治无意识’（弗雷德里克·詹姆逊语）中。它很容易再生再现，即便在女权主义重写文化叙事的过程中也不例外。”③ 在这一问题上，凯瑟琳·麦金龙持相同的立场，她也认为，性别不仅仅是一个简单的差异问题，把性别当做差异来对待意味着仅仅把它看成一个两极区分的问题，每一极都从对方固有的特征

① 佩吉·麦克拉肯主编：《女权主义理论读本》，广西师范大学出版社2007年版，第38—39页。

② Catharine MacKinnon. Feminism Unmodified: Discourses on Life and Law. Harvard University Press, 1987, p. 3.

③ 佩吉·麦克拉肯主编：《女权主义理论读本》，广西师范大学出版社2007年版，第200—201页。

来获得规定性，从而掩盖了性别背后的专制势力，因此，“性别差异的观念有助于维护男性统治的现实地位”。①

（三）在性的问题上，后马克思主义女权主义反对传统的性观念，认为传统的性观念在性之间所作的等级区分其实是对性的压制，主张在性观念和性方式上的多元性和平等性，即所谓的性激进主义。在后马克思主义女权主义看来，性不是一个无足轻重的问题，相反，它是一个重大的政治问题，性观念、性态度、性行为、性法律等等背后充斥着重大的性压抑、性控制、国家暴力和迫害。而所有的性压抑、性控制和性迫害在剥夺人们的性自由和压缩人们的性空间的同时，又往往隐含着不可告人的政治目的，正如盖尔·卢宾所揭示的那样，“1977 年以后，右翼对性教育、同性恋、淫秽品、堕胎和婚前性行为的反对立场，从极端的边缘地位走到了政治舞台的中心，右翼策略家和原教旨主义宗教运动的活跃分子发现，这些问题能够吸引群众。”② 所有的性压抑往往打着高尚的道德名义，并通过不断制造恐慌来获得民众支持，比如，盖尔·卢宾指出，“右翼的意识形态把所有非家庭形式的性活动同共产主义以及政治上的软弱联系在一起，这并不是什么新鲜的事情。早在麦卡锡时代，阿尔弗雷德·金赛和他的性学研究所就曾被攻击为削弱了美国人的道德力量，使得他们在共产主义的影响面前变得软弱无力。在议会调查和性质恶劣的宣传影响下，洛克菲勒基金会在 1954 年中断了对金赛的资助。”③ 盖尔·卢宾指出，诸如此类的反对同性恋权利、反对性教育、反对堕胎权利、反对成人书店的性反动运动正在美国和西方国家愈演愈烈，因此她认为，如果没有一套系统而有力的关于性的激进思想，就很难抵制这样的性反动运动。而后马克思主义女权主义在性问题上面，就是要去努力创造这样一套有关真正自由的性思想的理论体系，“一个关于性的激进理论必须识别、描述、解释和揭露性的不公正和性的压迫——它要求一种具有说服力的批判语言，能够表达出性迫害的残暴性。”④ 可见，后马克思主义

① Catharine MacKinnon. Feminism Unmodified: Discourses on Life and Law. Harvard University Press, 1987, p. 3.

② 佩吉·麦克拉肯主编：《女权主义理论读本》，广西师范大学出版社 2007 年版，第 395 页。

③ 佩吉·麦克拉肯主编：《女权主义理论读本》，广西师范大学出版社 2007 年版，第 394 页。

④ 佩吉·麦克拉肯主编：《女权主义理论读本》，广西师范大学出版社 2007 年版，第 397 页。

女权主义的性激进思想并不是主张性泛滥，而是对性当中所存在的暴力、专制等等进行揭示和谴责，反对性观念上的“美好的”和“邪恶的”、“正常的”和“反常的”、“自然的”和“不自然的”、“健康的”和“不健康的”等等武断的划分，从而倡导一种更宽容、更平等、更多元的性态度和性环境。

（四）在女性身体或女性气质问题上，后马克思主义女权主义认为这是一种文化规训的产物，也就是说，女性身体不是自然的产物，而是文化的塑造，这种塑造是男性价值观的体现，女性主义要彻底摆脱男性中心主义，必须要在身体的塑形上有所突破和颠覆。后马克思主义女权主义在文化规训女性身体这个问题上，在很大程度上受了福柯思想的影响。福柯在《规训与惩罚》中指出，兵营、学校、监狱、工厂、医院等等机构都是用各种规则控制、侵占身体的规训机构，目的是制造出“驯服的”身体。基于福柯的启发，后马克思主义女权主义认为，女性特有的身体形态同样是规训的产物，朱迪·巴特勒就认为：“性别不是一个人类本性或生物学特征的问题，而是既定文化规范所强加的一种表现，正如阿尔都塞和福柯所暗示的那样。”① 正如桑德拉·李·巴特基所说：“我们生为男性或者女性，但我们并非生下来就有男性气质或女性气质。女性气质是一种策略和人为形成的东西，是一个‘扮演和再扮演那种被主体接受了的性别规范模式，而性别规范以多种多样的身体风格表现出来’。”② 桑德拉·李·巴特基指出，女性的姿势、外表、形体、衣着、气质、神态、饮食习惯、行事风格等等都是各种规训实践的结果。从这个角度来讲，规训无处不在，比如：“今天，巨大、有力和肥胖的妇女身体，遭到人们的厌弃。现在时髦的身体是结实的、乳房小的、窄臀的，是一种近于病态的瘦弱苗条。这样的身体外形，似乎更适合于青春期的男孩或者刚开始发育的女孩，而不是成年妇女。既然普通妇女的体形和上述要求很不相同，因此，她们当然必须节食。”“节食规训着身体的欲望：食物必须随时被监控，并受到钢铁意志的控制。由于无法克制机体对食物的单纯需要，身体转而变成了人的敌人，变成了要破坏规训计划的异己分子。正如歇斯底里症之于早期的妇女，对于20世纪晚期的妇女来说，神经性

---

① Philip Goldstein. Post - Marxist Theory: An Introduction. State University of New York Press, 2005, p. 68.

② 佩吉·麦克拉肯主编：《女权主义理论读本》，广西师范大学出版社2007年版，第288页。

厌食症已经成为一种流行性疾病：两者都以病态的方式体现了被广泛接受的文化成见。”“对于支配肉体的‘苗条’暴政而言，节食是强加给身体的一种规训，而健身则是另一种。”① 由此可见，规训的力量渗透在社会的每一个角落里，流行的针对女性的饮食、保健、时尚、整容、健身、美容、化妆等等，无不贯穿着驯化女性身体的强烈意图。可悲的是，女性不仅不对这样的规训力量加以抵制，反而趋之若鹜，这显然对女性主义事业是一个重要阻碍。因而，在后马克思主义女性主义看来，揭示女性身体背后的规训实践和规训权力，比什么都重要，因为，不弄清规训权力的运作方式，如规训由谁实施、如何实施、会有怎样的后果等等，女权主义事业终究是没有希望的。

三、乖谬与虚无：后马克思主义女权主义的荒诞之路

不可否认，后马克思主义女权主义的许多观点对于妇女的解放事业有着重要的意义。然而，后马克思主义女权主义为了追求一种新奇和绝对自由，它在用后现代主义的微观叙事颠覆马克思主义所赋予妇女运动的解放意义的同时，越来越像后现代主义一样，走上一条只事摧毁不事建构的荒诞之路，这对于女性主义事业来讲是一条通向虚无的不归之路。这一归宿可以从后马克思主义女权主义的固有立场中逻辑地推导出来。

（一）与后现代主义批判主体性、中心主义的路径一致。后马克思女权主义将男性或男权指认为具有压迫性和专制性的主体和中心，从而要不遗余力地颠覆和解构这一主体和中心，因而，走向不分原则地对男人的仇恨就再自然不过了。正如我们所提到的，西方女性主义大致经过了三个发展阶段，即我们通常所说的女性主义第一波、女性主义第二波和女性主义第三波。第一波出现于是20世纪早期，主要目的在于争取投票权；第二波出现于20世界60年代，主要目的在于争取在工作上与男人的平等权利；第三波出现于20世纪90年代左右，即通常所称作的“后女性主义”（后马克思主义女权主义包括在内）。后马克思主义女权主义为了突出自己的解放姿态，故意将社会描绘成一个恐怖的男权专制社会，并因此对男人持一种刻意仇恨的态度。这种态度仅仅是为了吸引人们眼球的作态，它遗忘了女性主义追求自由的一贯目标，因而对于女性主义事业来讲是极其有害的。正像克里斯蒂娜·霍夫·索莫斯所指出的那样：

① 佩吉·麦克拉肯主编：《女权主义理论读本》，广西师范大学出版社2007年版，第290—291页。

“拿起任何一本当代女性研究的教科书、参观任何一个妇女中心，或者浏览任何一个女性主义机构网站，你都会发现它们对私密解剖学的强调、与左翼政治的紧密结合以及对男人的恶意憎恨。当代女性主义故意把美国社会描述成一个女性处于被包围状态的可怕的父权制社会，从而使自己以一种解放运动的面目而出现，认为自己是对父权制压迫者的反抗，并且刻意强调自己任何时候都在为妇女们寻找真实的自我。但是当代女性主义在强调妇女解放的时候，把一直处于女性主义核心的自由问题给抹掉了，这不仅是对女性主义历史的遗忘，同时对于女性主义运动的前途来说是灾难性的。”①

（二）受后结构主义和后现代主义思潮的影响。后马克思主义女性主义主张对一切进行解构和颠覆，不仅主张颠覆所谓的男权中心，而且主张颠覆所有以往的女性主义传统，以及解构和抛弃所有与女性有关的东西。在追求女性独立的时候，后马克思主义女权主义特意通过一些乖张的形式来展现自己的独特性，如歇斯底里地在年轻女性中灌输对男人的仇恨、肆无忌惮地在公共场合暴露身体的隐私、对具有母爱精神的广大妇女的诋毁谩骂，等等。如果说传统的女性主义，即第一波甚至第二波的女性主义还颇有拥护者和追随者的话，那么貌似乖张的当代女性主义即“后女性主义”则有种穷途末路的感觉。西方绝大多数女性对于这种颠覆一切的女性主义不仅敬而远之，而且因对这种女性主义的厌恶而导致对女性主义运动本身的厌恶。这样的后果是女性主义尤其是现代女性主义的倡导者们所万万没有想到的后果。如果当代女性主义不适当调整自己的策略、改变自己的形象和主张，女性主义运动有可能会走入万劫不复的绝境。克里斯蒂娜·霍夫·索莫斯的研究指出：“今天，有超过70%的美国妇女拒绝女性主义的标签，很大程度上是因为这一标签被那些否定女性气质的人所霸占。只有那些意识到还有保守主义的女性主义方案的美国女人才同意接受女性主义的标签，而且她们眼中，主导性的理念是自由而非解放。独霸美国女性主义一切机构的平等主义的女性主义这一激进派，不仅不与保守主义的女性主义姐妹们合作，而且中伤和诋毁她们；并且以所谓解放的名义，无端地排斥女人特有的天性。她们这样做不仅是在涂抹女性主义的历史，而且是在销毁使得女性主义一度成功的女性特质，其最终的后果是将自己从美国女性主义的历史中踢除

① Christina Hoff Sommers. Feminism and Freedom. The American Spectator, July/August 2008.

出去。"[①] 后马克思主义女权主义之所以遭到女性本身的排斥，原因是多重的，但根本原因在于其自身的激进色彩，它在刻意强调女性特殊性的同时，把一些最基础性的、人们一贯信守的价值观念给抛弃掉了，这触犯了人们尤其是女性的道德底线，因此她们遭到女性的唾弃是不可避免的。

（三）后马克思主义女权主义貌似激进，其实仅仅是在张扬自己的个性。它们所寻求的"解放"充其量是"个性的解放"，而非对女性命运的真正关切，更与马克思主义的人类解放相去甚远，因为在她们的眼里，尽力展示自己的个性是最重要的，至于其他女性尤其是第三世界女性的苦难和命运从来就不会触动她们的神经。后马克思主义女权主义以为，极端的、狂狷的个性的释放就意味着妇女摆脱了束缚而实现了彻底"解放"，然而，克里斯蒂娜·霍夫·索莫斯指出："现代女性主义'妇女解放'的目的不是要解放妇女，使得她们追求和实现自己的兴趣和爱好，而是重新教育她们，以一种故意违背她们自己天性的做法来表现自己，因此这样的'妇女解放'与自由没有丝毫关系。"[②] 在克里斯蒂娜·霍夫·索莫斯等人看来，追求自由、平等、正义是西方女性主义斗争一贯的主题，但后马克思主义女权主义在一味寻求"解放"的名义下，把女性主义最伟大的事业忘记了，她们既不要爱情、婚姻和家庭，也看不到第三世界妇女还在遭受的苦难，而继续在荒诞的路上越走越远。难怪克里斯蒂娜·霍夫·索莫斯会这样总结到，"因此，回归摩尔和微勒德的传统，捡起丢失的女性气质，这是使得女性主义对当代沉默着的美国女人的大多数有吸引力的唯一希望，因为美国女人根本就不想从她们的女人性中解放出来。然后，再去为世界上其他还没有获得自由的妇女们做点什么，而不是仅仅像现在一样一味地追求张狂：蔑视传统婚姻、毁谤留守家中的母亲、诬蔑浪漫爱情文化。当然，伊娃·恩斯勒（Eve Ensler）及其忠实信徒珍·芳达（Jane Fonda）等人是不会轻易服从改变的。"[③]

---

① Christina Hoff Sommers. Feminism and Freedom. The American Spectator, July/August 2008.

② Christina Hoff Sommers. Feminism and Freedom. The American Spectator, July/August 2008.

③ Christina Hoff Sommers. Feminism and Freedom. The American Spectator, July/August 2008.

第四节　生态主义的后马克思主义及其现代性批判路径

除了后马克思主义女权主义这一阵容庞大的后马克思主义阵营之外，当前后马克思主义思潮中最具影响力和批判力的当属后马克思主义的生态主义。因为后马克思主义的生态主义谈论的话题很多都是我们每个人都非常关切的话题：现代性对人类家园的摧毁。

自从进入工业文明以来，世界发生了翻天覆地的变化，人们的精神面貌、生活方式、工作环境等等都与传统发生了明显的断裂，特别是近百年来，资本的逻辑更是像决堤的洪水，把一切不归属于资本的东西都挟裹进它的势力范围。田园牧歌式的生活远遁、色彩斑斓的文化消失、优游自在的闲适引退、蓝色的天空日渐灰暗、“春来江水绿如蓝”的印象只在人们的记忆里残存、遮天蔽日的高楼大厦高耸入云、地球的表面被破坏得千疮百孔。诚然，资本主义在不到100年的时间中创造了人类历史上所有社会财富的总和，今天，资本主义在全世界的范围内也取得了主导性的地位。在资本主义的节节胜利面前，对资本主义的向往者、歌咏者、投诚者甚众，他们以为资本主义就是人类社会发展的终极阶段，资本主义制度就是人类最完美的社会制度。然而，这些人从来没有去想过，资本主义在100年中所带给人类的罪恶，同样是人类历史上所有社会罪恶的总和还不止。所幸的是，在漫天的对资本主义的欢呼声中、在如潮的对社会主义的声讨声中，还有一些人是清醒的，所谓“谣言止于智者”，马克思就是这众多的智者之一。不管人们出于何种用心诋毁马克思，但马克思作为一位思想伟人是骂不死的，他在人类“先贤祠”里的突出地位永远都不会动摇。这种地位的确立就在于马克思的思想对于时代问题的洞察力。人类从古至今，很多问题都具有共通性，因为问题的共通性，所以不同的哲学家所提供的对这些问题的不同解答方案即使在千年以后都会引起后人的共鸣。解释学说思想家的文本是开放的，读者和文本之间有“视界融合”的效果。其实文本之所以具有开放性的根本原因在于思想家。

“资本来到世间，从头到脚，每个毛孔都滴着血和肮脏的东西”，这是马克思对资本世界的洞察和判断，用我们今天的话来讲，就是对现代性的批判。在很多后马克思主义者纷纷向资本主义投怀送抱的时候，所幸的是，还有很多人在坚持马克思对资本主义的现代性批判事业，后马克思主义的生态主义或许就是这样的一群人。他们像马克思一样始终对资本主义的罪恶保持一种清醒的意识和自觉的批判，始终对资本的现代性逻辑的扩张保持一种警惕。

后马克思主义的生态主义的产生也不是一蹴而就的，它是在西方生态社会主义或生态马克思主义的基础上不断发展过来的。因此，20世纪六七十年代德国的鲁道夫·巴罗赫、波兰的亚当·沙夫，20世纪80年代法国的安德烈·高兹、加拿大的威廉·莱易斯、本·阿格尔、20世纪90年代德国的瑞尼尔·格仑德曼、法国的乔治·拉比卡、英国的大卫·佩珀等人所奠立的生态社会主义思想对后马克思主义的生态社会主义的形成有着重要的影响。当前，比较活跃的后马克思主义生态主义者主要有美国的詹姆斯·奥康纳、贝拉米·福斯特等人。

在生态危机大肆侵吞人类的物质家园甚至精神家园的今天，在现代性逻辑和资本逻辑逐渐将人类的生存根基连根拔起的今天，借鉴当今思想舞台上最活跃的思想家及思想流派在思考生态问题上的思想，就显得尤其紧迫和必要，而后马克思主义在这方面则为我们打开了不同的思想向度。

一、现代性逻辑：生态危机产生的意识形态根源

正如后马克思主义是一个极端异质性的思潮一样，后马克思主义者在生态危机问题上同样各持一端，从而使得人们很难用统一的模式去归纳和概括后马克思主义的生态主义思想。但后马克思主义既然是受了后（Post）主义影响的思潮，因此，后主义的因子在后马克思主义的生态主义思想上必然会有所表现。从这个意义上来讲，后马克思主义的生态主义思想又是有迹可循的。

后马克思主义的生态主义与生态社会主义有联系，但并不能等同于生态社会主义，两者之间的关系是非常微妙的，或许这种微妙，恰好构成了后马克思主义生态主义思想的独特性。

在对生态危机产生根源问题的追溯上，生态主义社会主义一般会把这种根源归结为资本主义制度。他们认为资本主义的逐利本性必然会以破坏生态为代价，也就是说，在生态社会主义者看来，资本的本性就是反生态的，资本主义制度是生态危机的始作俑者。因而他们主张把批判的矛头指向资本主义制度。

然而在后马克思主义的生态主义看来，生态社会主义的这种看法貌

似有一定道理，但并不彻底。资本主义制度固然与生态危机的加剧有密切联系，但并不是导致生态危机的总根源。那么，导致生态危机的总根源是什么？受后主义影响的后马克思主义对这个问题的回答显然继承了后主义的衣钵。当后主义将批判的矛头集中指向现代性这一现代社会的痼疾的时候，后马克思主义同样把现代社会的生态危机的总根源直接指向现代性。也就是说，后马克思主义认为是现代性逻辑这一现代社会的意识形态为生态危机的产生埋下了世界观方面的祸根。资本主义社会只不过是现代性逻辑发展中的一环，或者说是现代性逻辑的表现形式之一，资本的贪婪、商品的扩张、消费主义的蔓延，跨国公司的兴起，等等，这些在资本主义社会出现的新生事物，其背后的推手都是现代性逻辑或现代性意识形态。正如美国生态后现代主义者查伦·斯普瑞特奈克所指出的："在思考各种问题的原因时，人们一般会提到法人的资本主义或复苏的共产主义，提到由利益驱动的技术或工业主义、物质主义或消费主义，提到缺乏对精神关怀的尊重。所有这一切的确是我们时代令人不安的现实，不过它们仅仅是'现代性'这个包罗万象的现象的表面。我们时代的深层结构不是经济主义或技术统治论，这些仅仅是表面的东西，而深层结构是现代性。"① 而正是"现代性世界观强行造成了人与周围自然界、自我与他人、心灵与身体之间的破坏性断裂。"②

既然现代性世界观是导致生态危机的意识形态根源，那么这两者之间的内在连接又该如何来理解呢？或许查伦·斯普瑞特奈克、安东尼·吉登斯等人的解释可以为我们提供某些启示。

（一）由文艺复兴开始的机械论世界观颠覆了传统的有机论、整体论世界观，开启了将人主体化、对自然祛魅化的先河，这种现代性意识形态必然会走向拆解总体、漠视生命、贬低真实这一步，因此生态危机的后果是不可避免的。通常人们认为是启蒙运动奠定了现代性意识形态。但在查伦·斯普瑞特奈克看来，是四场运动共同奠定了现代性意识形态，即文艺复兴运动、宗教改革运动、科学革命、启蒙运动，而文艺复兴是始作俑者。文艺复兴是直接针对着中世纪而兴起的，它企图摆脱中世纪的一切东西，并通过主张回到古希腊的方式来摆脱。而回到古希腊，某种程度上是回到理性主义，回到人与自然相分离的二元论。因为，这种对理性主义的推崇、对自然的贬低思想无论在苏格拉底还是在苏格拉底

① 查伦·斯普瑞特奈克：《真实之复兴》，中央编译出版社2003年版，第5页。

② 查伦·斯普瑞特奈克：《真实之复兴》，中央编译出版社2003年版，第6页。

之后都表现得特别明显，尤其在柏拉图达到顶峰，这集中体现在柏拉图虚幻的现象世界和真实的理念世界的二元论划分中。从而，文艺复兴开启了人类用理性来征服自然的先河，对自然的祛魅化进程从此一发不可收拾，“人类征服自然及人类以辉煌的理性设计和规整社会小宇宙的如神的力量，其意义已经影响到后来两个主要的现代运动：十六七世纪的科学革命和18世纪的启蒙运动。”① 而另一场运动，即宗教改革运动对于自然同样采取一种俯视的姿态，“宗教改革为维护上帝荣耀而提出的自然的被动性后来被机械论哲学家所接受，并成为科学革命的中心思想。”②

因此，这四场运动共同奠定了以机械论为核心的现代性意识形态的统治地位，并将其破坏性或否定性的触角伸入各个领域。在机械论世界观的支配下，自然、身体、宇宙等等有机的东西被改造得面目全非、气息皆无，人类失却了对本真东西的真实体认和关怀，“由于现代的发展，渊源于人类境遇的传统关怀大多都被征服、控制和取代了：现代生活允诺人们可以脱离变化莫测的身体（body）、脱离自然（nature）的限制以及脱离对地方（place）的乡土联系。身体被看成一架生物机器，自然界被看作仅仅是现代经济的外壳，地方观念成了世界主义者眼中未开化之物。”③ 活生生的身体可以被拆解并解码、灵动的自然界可以被设计并控制、充满差异的乡土文化可以被全球化所规整并吞没，这在查伦·斯普瑞特奈克看来都是对真实（the real）的忘却，而“无法感知到真实的联系是现代性的祸根，这将把我们带向物种间和物种内的灾难。”④

（二）在现代性动力机制作用下，资本主义、官僚主义、技术主义、工业主义、军事主义等等是必然伴生的维度，而这些现代性的维度又都或多或少危机人类的生存境遇，从而生态危机也就自然而然成为人类难以逃脱的命运。在后马克思主义看来，人类社会自进入近代社会以来，世界观发生了根本的改变，人们在自然、宇宙、自我和他人等问题上的态度与传统社会有着截然的区别，人与自然的疏离、人与人的疏离、人与自我的疏离以及人与乡土的疏离成了常态，套用安东尼·吉登斯的话来说这就是时间和空间的分离或“虚化”以及社会关系的“脱域”（dis-embeding），而这构成现代性的动力机制和起源⑤。在现代性世界观的支

① 查伦·斯普瑞特奈克：《真实之复兴》，中央编译出版社2003年版，第59页。

② 查伦·斯普瑞特奈克：《真实之复兴》，中央编译出版社2003年版，第62页。

③ 查伦·斯普瑞特奈克：《真实之复兴》，中央编译出版社2003年版，导言第2页。

④ 查伦·斯普瑞特奈克：《真实之复兴》，中央编译出版社2003年版，导言第9页。

⑤ 安东尼·吉登斯：《现代性的后果》，译林出版社2001年版，第14—18页。

配下，既然一切都可以脱离具体的时空语境而进行虚构，那么，我们同样可以脱离原本的自然和环境并按照我们的需要设计、规整甚至再造“人化的自然或环境”，而这就是工业主义这一现代性维度的意图。但是，这一意图的直接后果就是生态失衡，对此，安东尼·吉登斯不无见地地指出，“在现代性条件下，工业主义构成了人类和自然之间相互发生作用的主轴线。在大多数前现代文化中，甚至在那些强大文明中，人类也多半把自己看成是自然的延续。他们的生活与自然界的波动和变化联系在一起：人类从自然资源中获取食物的能力，庄稼的丰收与歉收，畜牧繁殖的多寡，以及自然灾害的冲击，等等。由科学与技术的联盟所构筑起来的现代工业，却以过去世世代代所不能想象的方式改变着自然界。在全球的工业化地区，并且逐渐地也在全球别的地方，人类开始生活在一种人化环境之中，这当然也是一种物质性的活动环境，但它再也不仅仅是自然的了。”①

现代性内含的脱域性不仅使得工业主义成为可能，而且资本主义、军事主义、官僚主义等其他现代性维度同样是这一脱域性的结果，而它们将事物从具体情境中孤立出来的做法使得生态危机的出现成了一个无法回避的后果，今天的生态危机就是现代性动力机制的必然归宿和现实表征。

二、资本逻辑：生态危机加剧的制度性根源

尽管从理论上来讲，是现代性的思维模式为生态危机的出现埋下了思想隐患，但在现实生活中，环境的日益恶化却与资本主义兴起有着共时性，因此，人们把生态危机与资本主义制度做相关性分析也就不可避免。然而，这种相关性分析也不是空穴来风之举，实际上，资本主义恰恰是现代性最突出的表现，是现代性发展的最高峰。在资本主义出现以前，人类也有过生态危机，但并不象今天这样普遍。然而随着资本主义的兴起和扩张，人类对自然的破坏速度不断加剧，环境恶化日渐严重，污染逐渐加重，自然、地球和世界已经变得不堪重负。之所以会如此，这肯定与资本主义制度的内在逻辑密切相关。也就是说，资本主义的逻辑必然是反生态的，只要资本主义存在一天，地球就会不安宁一天。

资本主义是反生态的，这如何来理解？或许詹姆斯·奥康纳等人的思想为我们做出了某些富有启发性的解读。

① 安东尼·吉登斯：《现代性的后果》，译林出版社2001年版，第14—18页。

（一）资本主义的生产组织形态与生态环境有着根本的冲突。詹姆斯·奥康纳在《自然的理由》中指出，资本主义社会是利润导向型社会，“资本主义生产的目的是为了追求利润，而不是为了满足需要。可以说在资本主义社会，数量重于质量”。[①] 人们的需要或欲望本来很简单，并没有这么纷繁复杂，但资本主义社会为了追求利润，绞尽脑汁通过各种方式把人们的欲望刺激或激发出来，并制造出琳琅满目的商品来迎合被激发出来的欲望，并通过广告媒体等途径来引导人们的这种欲望，以保证产品的升级换代，从而确保利润的稳定性。也就是说，资本主义不是为了人们需要而生产，而是为了生产而生产，利润和增长是它的主要目的，这种利润导向型经济必然以浪费资源或污染环境为代价。因此，詹姆斯·奥康纳指出：“资源受限的与需求受限的经济还有其他一些很重要的差别。其一就是后者通过广告、包装、款式变化、型号变化、产品升级换代以及信用购物等浪费了资源，但这一切却都是维持经济体系的顺利运转所必需的。这种‘销售努力’不仅浪费了资源也导致了环境污染。”[②]

（二）资本主义的意识形态扩张所引发的战争造成了生态危机。20 世纪以来，资本主义拼命在全世界推广自己的理念或扩张自己的势力范围，由此引发了帝国主义之间以及帝国主义与第三世界之间的冲突和战争。战争过程中，为了打击和消灭对方的有生力量，帝国主义不惜对自然进行大肆摧毁，从而造成了生态的极大破坏。正如詹姆斯·奥康纳指出，在 20 世纪，“造成环境破坏的首要因素是战争，而那些破坏性最大的战争（第一次世界大战和第二次世界大战）或是由资本主义国家发起的，或者就是发生于帝国主义列强和第三世界解放运动或新兴国家之间。在 1945 年，美国在日本投放了两颗原子弹，而且在随后的几十年中，美国（还有前苏联）仍在不停地进行着核武器试验，仍在继续破坏土地、海洋和大气。这些因素就构成了生态转折点——二战以后，美国在越南的好战性的战争政策对环境造成了严重的破坏。在 20 世纪 80 年代中美洲的大部分地区，美国为了支持它的右翼盟友如（尼加拉瓜）的勘查斯（Contras），在农业用地上喷施了大量的杀虫剂和化肥，结果使这个地区成了一个生态重灾区。而在非洲次大陆，作为南非军事战略的一个组成部分，它毫不犹豫地破坏了那些处于前线的国家的农业用地，从而使解放力量失去藏身地，而且，借此还削弱了这个地区中的那些对民主目标抱同情

---

① 詹姆斯·奥康纳：《自然的理由》，南京大学出版社 2003 年版，第 514 页。

② 詹姆斯·奥康纳：《自然的理由》，南京大学出版社 2003 年版，第 416 页。

态度的政府的力量。相比之下，由于那些采取侵略扩张政策的社会主义国家所造成的生态破坏，如苏联在阿富汗，同由资本主义相互间战争以及帝国主义的反革命所造成的破坏相比，就是小巫见大巫了”。[①]

（三）资本主义的内在矛盾必然会导致生态危机。资本主义经济是自由放任的经济，它是一种高度竞争的经济。在这种经济形态下，必然会伴生两种现象，一是个别生产者或企业为了提高自己的竞争力，会尽可能地压低生产成本。但压低成本是如何实现的，这在大多数情况下是将个人的成本转嫁给自然和社会而实现的，而这在很大程度上又是通过放松对污水、废物等排放的治理，通过忽视工人工作场所的改善而达到的，也就是说是通过掠夺和污染自然的方式而达到的。二是这种经济体系必然会导致整个社会生产的无政府状态，从而引发重复制造等资源过度浪费现象。经济危机是资本主义内在矛盾的必然结果。但经济危机对于维系资本主义体系的运行来说，也许并不是件坏事。相反，资本主义的正常运转恰恰就是建立在经济危机的基础之上。正因为经济危机是维系资本主义存在的一个内在条件，所以资本主义的反生态性也就顺理成章了。只要资本主义存在，这种现象就是无法消除的，因此，在詹姆斯·奥康纳看来，资本主义的生态危机对于资本主义来说是内生性的。“在西方经济处于缓慢增长的过去20年中，‘通过危机来实现资本积累’已造成了更为严重的灾难性后果，这些后果不仅波及财富和收入的分配、社会正义的规范、少数民族的待遇等等，而且也影响了社区和荒井的统一性。‘（人化）自然的加剧失衡’这一表述完整地概括了这一状况——自20世纪70年代中期以来，在世界范围内，市场需求的增长率处于一个相对缓慢的发展时期，在这种情况下，资本主义企业已无法像繁荣时期那样通过扩张自己的市场并销售更多的商品来维护或恢复其利润了。相反，不管是大资本还是小资本，都试图主要通过扩大出口和削减成本来把自己从这一深度危机中解救出来。为此，他们还提高了劳动剥削率，耗尽了资源，并破坏了地方社区的统一性”。[②]

（四）资本主义不平等的制度也是引发生态危机的祸患。资本主义制度本身就是一种不平等的制度，因为它建立在私有制的基础上。也就是说，这种制度的设计理念就是以不平等为基础。尽管这种制度认为人生而平等，但从不以倡导、实现而达成社会平等为目标。这种制度会造成

① 詹姆斯·奥康纳：《自然的理由》，南京大学出版社2003年版，第408页。
② 詹姆斯·奥康纳：《自然的理由》，南京大学出版社2003年版，第430—431页。

两种后果，一是使得国内两极分化现象加剧。然而，在这种制度看来，两极分化是一种正常现象，普通劳动者的赤贫、困顿、饥饿、无家可归、受他人剥削等等现象都是这些人后天不努力的结果。因此，在资本主义社会，劳动被资本剥削和排斥是一种无法回避的现象，两极分化是一种必然归宿，其结果是大多数普通劳众的生活无着落。而这些人为了生存下去，只能走掠夺自然这一条路，“在资本主义社会中，那些饱受贫困折磨的大众被国际资本排斥到边缘地带去了，而且他们还不得不去破坏环境”。[①] 另一结果是造成国际分工的不平等。在不平等的国际分工中，发达资本主义国家不断地把高能耗、高污染的粗放型经济转嫁给其他后发展国家。而后发展国家因不具备环保意识、治理污染技术落后等原因，从而大多数成为重度污染源生地。

（五）全球资本机构的势力扩张是当今及未来生态恶化的最大策源地。今天的生态问题的产生，问题更复杂，背景更错综，因为生态问题不再是一个地区、一个国家或某几个国家的问题，而成了一种全球普遍性的现象。这种现象是如何发生和扩展的？很多学者认为这与资本主义在全球的普遍化有着直接关联。跨国公司、世界银行、世界贸易组织、国际货币基金组织等等机构都是资本势力的组成部分，它们对于全球生态的恶化起着推波助澜的作用。“在资本展开全球性的重建工作并对跨国公司和银行的权力加以集中的时候，努力降低劳动、能源和材料的成本，缩短资本周转时间，就成了它的一些很合乎逻辑的举措了。尤其重要的是，缓慢的经济增长率还引导资本管理者去加强对劳动的剥削。在过去的10年间，全世界的失业率上升了，而且财富和收入的不平等现象也大大加剧了。数以万计的人被放逐于工作场所、村庄甚至国家之外——与此同时，那些控制大的联合企业和金融机构的人，那些在投资、生产的对象和场所方面起决策作用的人，为了使处于下降过程中的经济增长率和利润率得到提高，便越来越试图将其成本外化到环境中去。空气、土地和水源，以及由这些因素支撑的各种复杂的生活方式，受到了资本新近的全球化实践的冲击”。[②] 正因为生态危机的幕后推手是这些势力非常庞大的国际性资本机构，从而使得反抗资本的斗争变得异常艰巨，重建生态可能性的事业变得越发渺茫。“今天，过度资本主义化的世界经济和被马克思称之为通过危机来完成的全球资本积累，已经使资本对劳动者

---

① 詹姆斯·奥康纳：《自然的理由》，南京大学出版社 2003 年版，第 416 页。

② 詹姆斯·奥康纳：《自然的理由》，南京大学出版社 2003 年版，第 475 页。

的压榨对于世界范围内的统治阶级来说，成了一件性命攸关的事情。劳动者至今尚未找到一种有效的反击方法，这说明，劳动者用来抵制全球资本权力（和诸如跨国银行、跨国公司这样的资本组织形式）的有效的组织形式、策略和方法还没有被找到和付诸实施。”①

三、后马克思主义的生态运动取向

后马克思主义在生态运动上的立场、观点、策略非常迥异，有些甚至还相互冲突，有主张从马克思主义的生态观点中寻求灵感的，有彻底拒绝马克思主义的；有寄希望于资本主义民主拯救生态的，有赞成彻底颠覆资本主义体系的；有主张在生态行动上走地方主义路线的，有主张采取国际联合行动的；有主张环境正义的，有主张文化正义的；有主张激进生态主义的，有主张温和生态主义的；有主张保守主义生态的，有主张极端主义生态的；有浅层生态主义，有深层生态主义；有以自然为中心的生态主义，有以人类为中心的生态主义，等等。不一而足，从而形成了后马克思主义生态运动的差异性图景。这种复杂性我们从奥康纳的一段话中也许有所启发。在谈到美国激进绿色政治思潮时，奥康纳说："今天，在美国看来有五种主要的激进绿色潮流。前两种即社会生态学或生态无政府主义与各种生态学社会主义是具有明确自我意识的左翼主义者。另外三种则是意识形态上的混合物。他们是文化多元主义与环境正义运动；深层生态学与生态地区主义；以及生态女权主义。后三种在实践中程度不等地与前两种有着某些相互重叠。而且，所有这五种倾向都被打上了其他一种或几种倾向的某些因素的烙印。"② 光美国激进的绿色政治就这么错综复杂，何况有着广泛影响的后马克思主义生态主义。因此，用一两种概括性的观点去统摄后马克思主义的生态运动主张，是不明智的，在此只能就其中的某些观点做简单介绍。

（一）主张生态运动必须从反现代性入手。在这些人看来，既然现代性是造成生态危机的罪魁祸首，那么，再像人们通常所做的那样将批判的矛头仅仅指向资本主义制度是不恰当的，因为颠覆了资本主义并不意味着颠覆了现代性，资本主义的终结并不代表着现代性的终结。因此，要解决生态危机，不仅要反对资本主义，更要反现代性，如官僚主义、工业主义、技术主义、城市化等等。正如詹姆斯·奥康纳所指出的，"有

---

① 詹姆斯·奥康纳：《自然的理由》，南京大学出版社 2003 年版，导言第 2 页。
② 詹姆斯·奥康纳：《自然的理由》，南京大学出版社 2003 年版，第 442—443 页。

许多环保主义者得出结论说，不应由作为经济体系的资本主义和社会主义来承担造成环境退化的责任；相反，他们把罪责归结于'工业化'、'城市化'、'技术'、'官僚机构'以及那种'不惜一切代价进行生产'的主观倾向，而所有这一切，对于资本主义和社会主义这两种社会来说是共同的。"[①] 后马克思主义在生态运动上的反现代性路径是大多数后马克思主义所采取的立场，只不过反现代性的路子又有分化。其中，受身份政治学影响的各种环保团体以及受场所政治学影响的生态地方主义和生态社区主义等等是这一反现代性的现实力量。"身份政治学的象征是彩虹般的七彩色。身份政治学是以归属感和准归属感为基础的，是与人们的文化特征联系在一起的（或靠其建立起来的）：人种、种族、身体残疾、性别定位以及年龄等等。"[②] 在生态运动上，身份政治学认为应对生态危机的主体不再是同一的阶级，而是多元且具有差异性的团体，如妇女、少数民族、学生，等等。"场所政治学的象征是绿色。场所政治学是以对土地、空气和自然的控制为基础的。当你听到'拯救红木林'、'拯救我们的公园'、'拯救我们的家园'、'拯救水系'、'拯救绿色地带'以及'拯救海湾'这些口号时，你所处的就是场所政治学的语境。"[③] 可以看出，在生态运动上，场所政治学主张社区、地域、区域、地方等等地方性生态行动，反对生态主义上的宏大叙事。

（二）主张生态运动中社会主义和生态学的互补性，认为这才是解决生态危机的有效性途径。现代性的逻辑在找到资本主义这一最有力承载者之后，其扩张的势头日益疯狂，这确实像打开了的潘多拉盒子，再也无法回收放出去的恶果。今天，几乎所有的国家都在仿效资本主义的发展路径，很少有国家不被纳入资本主义的轨道。资本主义的势力非常强大，强大到任何力量都无法与之对抗。这也就意味着，现代性的后果已经积重难返。在现代性势力无坚不摧的态势下，依靠少部分人、某部分群体、或者某些阶级来阻止现代性步伐及其所产生的生态后果，几乎是痴人说梦。也就是说，在当前，生态问题不再是一个地方性问题，而上升为一个国际性问题，而这就是一个社会主义的问题。只有用社会主义这一具有国际性视野和行动的革命方式，才能够弥补当前各种生态运动所普遍存在的地区性行动这一狭隘性和对抗全球资本扩张上的无力性。

① 詹姆斯·奥康纳：《自然的理由》，南京大学出版社 2003 年版，第 407—408 页。

② 詹姆斯·奥康纳：《自然的理由》，南京大学出版社 2003 年版，第 468 页。

③ 詹姆斯·奥康纳：《自然的理由》，南京大学出版社 2003 年版，第 468—469 页。

诚然，社会主义也存在生态问题，但在很大程度上，这是现实的社会主义国家为了追赶发达资本主义国家而照搬西方的技术、生产系统和劳动控制等等的结果。因此，生态问题并非社会主义的内生性问题，也就是说，社会主义与生态问题不但没有任何因果关系，相反，社会主义对民主、正义、相互平等等理念的追求，反而是解决生态危机的唯一途径。所以，詹姆斯·奥康纳认为："社会主义和生态学根本不是相互矛盾的，也许它们恰恰是互补的。社会主义需要生态学，因为后者强调地方特色和交互性，并且它还赋予了自然内部以及社会与自然之间的物质交换以特别重要的地位。生态学需要社会主义，因为后者强调民主计划以及人类相互间的社会交换的关键作用。对比之下，各种流行组织或运动则局限于社区、都市或村庄，仅凭他们本身是不可能同时有效地应对全球资本主义在经济和生态维度上的破坏性特征的，对于经济危机和生态危机之间的破坏性的辩证关系，他们就更是无能为力了。"①

当然，主张用社会主义来补充生态学的后马克思主义又是形态各异的，有赞成历史唯物主义的马克思主义的、有赞成国家主义的社会主义的、有赞成反国家主义的社会主义的、有赞成公社社会主义的、有赞成共产主义的无政府主义的，等等。正如澳大利亚学者安德鲁·文森特所指出的那样："生态社会主义者对生态学有两个主要的观点，它们与社会主义者对自由主义的态度相类似。一方面，生态社会主义要求逐渐摧毁资产阶级的生态学（这个被理解成一个改革主义的、中产阶级的而且是毫无希望可言的乌托邦式的现象。）另一方面，生态社会主义要求实现生态学的彻底的唯物主义使命。生态社会主义也对整个人类社会的未来有不同看法，它不是朝着一个开明的生态社会主义国家发展，就是朝着一个非国家的多元、公社社会主义发展。另一个'中间的政治立场'是社会生态主义，它以共产主义的无政府主义者布克金的作品为焦点——这个立场试图把生态学所关注的东西同传统的共产主义的无政府主义结合在一起——这是一个将克鲁泡特金鼓吹成一个杰出的先行者的传统。理想的结构或'亲密团体'（对布克金而言）可以预见到是建立在传统的民主公社思想上的。"②

（三）主张资本主义的自由主义才是生态危机的解救之道。在很多后马克思主义看来，社会主义与官僚政治、极权主义有着必然的联系，社

① 詹姆斯·奥康纳：《自然的理由》，南京大学出版社2003年版，第434—435页。
② 安德鲁·文森特：《现代政治意识形态》，江苏人民出版社2005年版，第374页。

会主义意味着对社会正义的摒弃。在无视正义的情况下，社会主义国家不可能解决生态问题，反而会因为社会的不公平而导致更大的生态灾难，尤其是在国家意志、集体意志支配人们的行为的情况下，生态破坏性的后果比个人主义的资本主义更严重、更难以控制。因此，寄希望于社会主义来解决生态问题是根本行不通的。只能寄希望于人类目前为止虽不是最完美，但至少不是最坏的制度即民主制度或资本主义制度。资本主义是国家、政府的行为受到限制的法治型国家，即使在最坏的情况下，它也能够为保护环境提供最低限度的法治背景。正如安德鲁·文森特所指出的："对政治层面不同看法之间的区分导致一些早已存在的意识形态观点的重新出现，例如，人们对所谓的'生态资本主义'（另一个术语可以是'生态自由资本主义'）越来越有兴趣。生态资本主义把市场看做是控制生态环境问题的最好机制。"① 詹姆斯·奥康纳也指出，由于社会主义根本就不能兑现自己关于自由、平等和博爱的承诺，兑现物质富足的承诺，而代之以政党官僚国家、生态危机、经济危机，"因此，后马克思主义者不仅试图把社会正义要求与自由主义调和在一起，而且他们还试图把这两者与市场和市场激励机制调和在一起。"②

（四）除此之外，还有一个人数虽不多但却不应忽视的维护生态的派别，即生态法西斯主义。生态法西斯主义是生态运动中的极端主义，是传统法西斯主义和国家社会主义在生态问题上的激进表现，也是深层生态主义的极端派别。在这些人看来，自然、地球始终是第一位的，任何情况下都神圣不可侵犯。生态法西斯主义通常以保护自然、环境为名，打着"地球第一"的口号，对人类正常利用和开发自然的行为进行疯狂的报复和迫害，也就是说，为了保护自然，可以不惜残害人类自身。对于生态法西斯主义，安德鲁·文森特做过比较精彩的概括："我们能够清楚地从深层生态学中识别出一个暴力的和极端主义的派别。'地球第一'运动起源于美国，但是在许多其他国家中也有不少同路人——把某些深层观点导入他们合乎逻辑却荒谬的结论中。自然界变得比人类更重要。保护自然环境成为终极目标。工业化被视为对地球的不道德的腐化。因此，许多'地球第一'的追随者便以温和而容忍的态度来看待艾滋病、饥荒和可能再度出现并更加肆虐的天花病毒，将其视为生态系统要在地球上重新保持自然的平衡。另一些人则提出强迫性的、大规模的绝育政

① 安德鲁·文森特：《现代政治意识形态》，江苏人民出版社 2005 年版，第 374 页。
② 詹姆斯·奥康纳：《自然的理由》，南京大学出版社 2003 年版，第 435—436 页。

策。一些‘地球第一’的追随者也直接投身到这个行动之中（这已成为一般熟知的‘生态行动’），例如，在所选定的树上钉上长钉，致使一些使用链锯来伐木的伐木工人致残（这已经产生了一些成效），借以阻止进一步的砍伐。一些人批评了这种行动，有的甚至是生态运动内部的人，认为这种行动是生态法西斯主义或生态残酷主义。”①

总之，尽管后马克思主义在生态危机的出路上存在各种异质性的替代方案，而且有些方案并不尽如人意，但这都不能够成为我们摈弃后马克思主义的理由。后马克思主义的生态学思想虽然存在这样那样的问题，但只要人类还继续在生态恶化的道路上迷途不返，那么，时时走进后马克思主义并仔细倾听它们的声音不失为一种明智的选择。而且，在生态问题日趋严重的今天，没有哪一种主义有资格宣称可以包揽解决生态危机，由此，后马克思主义生态方案的异质性恰恰切合了时代的需要。尤其重要的是，在后马克思主义生态方案的启示下，人们对于马克思本人生态思想的价值和意义有了重新的认识和定位。或许正如许多学者所指出的那样，如果人们要彻底摆脱生态危机，唯一的办法只能是按照马克思所提示的道路前行，生态危机出路的最终答案应当要到马克思的生态思想中去寻找。

第五节　后马克思主义中的后政治左翼及其现代性批判路径

在后马克思主义的阵营当中，还有一支不可忽视的力量即西方左翼。在后现代主义等思潮的影响下，西方左翼也发生了一定程度的转向，所谓的后政治左翼（The post－political Left）就是这种转向的结果。要谈后马克思主义的当前动向，后政治左翼不能脱出我们的视野。然而，由于资料原因所限，本文只能就美国的后政治左翼谈谈自己粗浅的认识。

一、美国左翼历史概观及当前批判路径

美国左翼的历史至今已有130多年，诞生过近2000个左翼团体、机构和组织，出版过1000多种论著、产生了一大批具有原创性的思想家。在这段漫长的历史中，美国左翼学者对资本主义批判的立场始终没有改

① 安德鲁·文森特：《现代政治意识形态》，江苏人民出版社2005年版，第372—373页。

变，但随着世界社会主义运动、世界民族解放运动以及其他世界形势的变化，他们批判资本主义的重心、主题、话语等等在不同的历史阶段都有着重大转换，尤其是在当代资本主义进入后工业社会、消费社会、后信息社会、后帝国主义、图像虚拟时代的当今，美国左翼学者批判资本主义的路径也发生了重大变更。

美国最早的左翼团体成立于1876年，自此之后，美国左翼组织不断分化和增多，美国学者莱尔德·威尔科克斯在1991年出版的《美国左翼指南：名录和书目》将美国左翼大致分为九类，即马克思主义或社会主义、无政府主义、环境和生态保护主义、和平主义、民权主义、女权主义、争取种族及少数民族权利主义、同性恋主义、主张自由主义和改良主义的其他左翼团体。具有代表性的团体有：美国共产党、社会主义工人党（Socialist Workers Party）、斯巴达克同盟（Spartacist League）、工人世界党（Workers World Party）、争取民主社会学生组织（ Students for a Democratic Society）、黑豹党（Black Panther Party）、革命共产党（Revolutionary Communist Party）、全非洲人民革命党（All African People's Revolutionary Party）、美国马克思主义—列宁主义党（Marxist Leninist Party, USA）、《前卫》报（ Guardian）。

这些不同的团体归纳起来，大致又分为几类：一是主张激进民主的左翼。这一派主张将自由、民主、平等等原则推展至所有的社会领域，对马克思主义的经济基础和阶级斗争的观点持否定态度。它们的思想在公民行动运动（the Citizen Action Movement）、美国民主社会主义者组织的一些派别、通信委员会组织（Committees of Correspondence）和美国社会党（Socialist Party, USA）等组织中有体现。二是主张民主社会主义的左翼。这一派主张工人阶级通过正当选举、争夺意识形态话语权等等来扩大自己的影响，美国民主社会主义者组织（the Democratic Socialists of America）和团结组织（Solidarity）等是它的代表。三是争取女性权利的女权主义左翼。它主要包括马克思主义女权主义（Marxist Feminism）、社会主义女权主义（ Socialist - Feminism）、激进主义女权主义（Radical Feminism）、自由主义女权主义（Liberal Feminism）、女同性恋女权主义（Lesbian Feminism）。全国妇女组织（National Organization of Women）、西海岸自由社会主义党（ the West Coast Freedom Socialist Party）、激进妇女组织（Radical Women）等是它们的代表性组织。四是主张保护环境和生态的生态主义左翼。它包括生态民粹主义（ Eco - Populists）、生态女权主义（ Eco - Feminists）、生态无政府主义派或社会生态学派（ Eco -

Anarchists/ Social Ecologists)。其代表性组织有美国绿党（the Greens USA)、、左翼绿色网络（the Left Green Network）等。

另外，还有很多传媒机构，如美国“经济研究和社会变化中心”、《国际社会主义评论》杂志社、《社会主义工人》报社、《国家》期刊、《反对当前》期刊、《新左翼》期刊、《每月评论》期刊等等，都是美国左翼战斗的有力阵地。

历史上，美国的左翼大多信奉马克思列宁主义、无政府主义、托洛茨基主义、卡斯特罗主义、毛主义、工团主义、民粹主义、民主社会主义。当前，在后现代主义、后结构主义、解构主义等思潮的影响下，美国左翼在思想上也在发生转变，后马克思主义、后现代的马克思主义、后马克思主义的女权主义、后现代主义的女权主义、后马克思主义的生态主义、生态主义的马克思主义、激进民主主义等等思潮在美国左翼中的影响力越来越大，产生了很多有影响的思想家，如弗里德里克·詹姆逊、迈克·哈特、穆什伊·普斯通、伊曼纽尔·沃勒斯坦、朱迪·巴特勒、詹姆斯·奥康纳、迪克·弗雷泽、罗素·伯曼、保罗·伯曼、哈尔·福斯特、丽莎·费泽斯东、安东尼·阿诺夫、巴巴拉·贝克娜、约瑟·弗兰克、丹尼·波斯特尔、保罗·达马托、菲尔·加斯伯、达尔·占迈尔、艾德里安·金、保罗·莱·波兰克、杰弗里·圣·克莱尔、杰里米·斯卡希尔、艾哈迈德·沙瓦基、莎伦·史密斯、霍华德·津恩、保罗·斯威齐、大卫·科茨、曼宁·马拉勃、斯皮瓦克、霍米·巴巴、罗伯特·韦尔、瓦迪·哈拉比，等等。这些人的影响力正在迅速扩大，应当引起我们的密切关注。

在当前金融危机的背景下，美国左翼对资本主义体系进行了重新审视，很多左翼学者认为，金融危机反映出资本主义这一制度在结构上出了问题。在资本主义结构性危机面前，左翼学者认为美国左翼应当明确未来的斗争内容，并采取相应的政治策略。比如伊曼纽尔·沃勒斯坦就指出，首先要鼓励一切能够去商品化的东西都要去商品化。其次要实验各种能够更好维护全球正义和生态健全的新结构。再次是必须提倡冷静的乐观主义。其他学者也强调，左翼当前的斗争重心不能仅仅放在选举政治上，而应该转向普通民众的切身困难和问题上去，如医疗、住房、环境、安全、升学、就业等等。还有人主张建立创造性的左翼政治学，力图在生态、环境、裁军、人口、农业等等方面提出更具创造性的理论，并在政治语言、组织策略、总体战略等方面有更大创新。

在对当代资本主义现代性批判问题上，美国左翼学者将批判维度集中在以下一些问题上：

（1）对新自由主义的批判：新自由主义既造成了美国国内劳工生活质量的下降，同时，其资本的逐利本质使得发展中国家愈加陷入被剥削和贫穷状态，导致大量血汗工厂的产生和环境破坏的出现。

（2）对新帝国主义的批判：以美国为首的国家并没有丧失列宁所说的帝国主义的本质，它们在全世界为掠夺资源所进行的各种活动会同样激化各国之间的矛盾，造成世界的动荡和不安，并激发人们对帝国主义的反抗。

（3）对工人、工作、解放目标等等概念进行了重新界定，进一步扩大了它们的外延，以利于对资本主义的斗争。

（4）在组织方式上，强调以草根运动为基础的民粹结合，反对制度化、集权化、官僚化的传统团体形式，目的在于形成遍地开花的全国性运动。

（5）对资本主义民主的批判：认为资产阶级民主是金钱民主，主张消除各种剥削与压迫、消除各种歧视与不平等、扩大民主权利。

（6）东欧、苏联的剧变并不代表社会主义的失败，而只是反对资本的某些模式的失败，但还存在其他反对资本的模式。

（7）在斗争方式上，将马克思主义和自由主义进行结合，主张运动的非暴力性、组织的松散性、目标的特定性。

（8）对跨国资本的批判：跨国资本是资本主义统治的新形态，会进一步激化世界的不公平。

（9）对资本主义文化工业、大众文化的批判。在世界民族解放运动高涨的年代，美国左翼关注的主题为反帝国主义、反殖民主义、争取民族平等和解放运动。随着资本主义向后工业社会、信息社会、后现代文化的转型，美国左翼也转向对新文化现象，比如新媒体、心智哲学、全球化、知识经济、网络虚拟等等的批判。

（10）在后解构主义、后现代主义、解构主义等思潮的影响下，左翼越来越反对同一性政治、主体性政治、普适主义政治，转而强调差异政治（politics of difference）身份政治或认同政治（identity politics），左翼后马克思主义、左翼后女权主义、左翼生态马克思主义等思潮逐渐兴起。

（11）面对新自由主义、新保守主义将一切都商品化、市场化、货币化、利益最大化，从而挤压人文、精神空间的做法，美国左翼始终保持对资本主义的现代性保持一种警惕性。

总之，在新的历史时期，美国左翼对资本主义现代性批判正在向更深度的思想领域推进，他们在批判资本主义问题上所提出来的一些概念、观念、思想，如晚期资本主义、激进民主、召询（interpellation）、霸权（hegemony）、接合（articulation）、空指（Empty signifier）、对等链（Equivalential chain）等等，非常具有原创性，也是在新的历史条件下所发展出来的反对资本主义的新策略。所有这些思想，都有待于我们去进一步研究。当然，美国左翼也有将学术批判学院化、体制化、精英化，从而失却社会关怀和世俗关怀的倾向，这也应当引起我们的反思。

二、美国后政治左翼的重建意向及思路

美国左翼运动曾经有过自己轰轰烈烈的历史，然而不幸的是，20世纪70年代之后，由于外部环境使然，同时更多的是因为美国左翼自身战略的失策，使得美国左翼事业一落千丈，从此失去了在美国社会中的话语权。但美国左翼并不甘心于这样的现状，一直想通过各种途径和策略东山再起，可是却收效甚微。今天，仍有为数众多的美国左翼人士在为重建左翼而奋斗，他们提出了自己的新战略。这些左翼派别大多是在后现代主义等思潮的影响下成长起来的，因此，人们又把他们称作后政治左翼。

美国后政治左翼的新战略究竟有何特点？它切合美国社会的现状吗？它到底是空中楼阁还是行之有效？它有助于改变美国左翼的集体失语症状吗？它对于马克思主义建设尤其是中国的马克思主义建设究竟有什么样的启示？出于对诸多疑问的解答，也出于更好地建设中国的马克思主义的需要，对美国左翼运动及其重建努力的研究应当进入我们的视域。

谈到左翼运动，人们总是把太多的目光放在欧洲，而忽略了对美国左翼运动的研究。其实美国左翼运动也是左翼运动史上重要的环节，它也有过自己的辉煌历史。在20世纪60年代以前，美国也有所谓的老左翼，比如托洛茨基主义者、斯大林主义者等等，这些老左翼组织曾经一度在美国大学校园里很有市场，在很大程度上影响了当时美国大学生的思想。

在新左翼运动如火如荼进行的20世纪60年代，美国的新左翼运动也展开得红红火火，各种各样的左翼组织和团体雨后春笋般冒了出来，比如有“争取民主社会学生会”（Students for a Democratic Society，简称SDS）、“学生非暴力协调委员会”（the Student Non – Violent Coordinating Committee，简称SNCC）、“黑豹党”（Black Panther，黑人青年激进组织）、“青年社会主义同盟”（the Young Socialist Alliance，简称YSA）、

“美国杜波依斯俱乐部”（the Dubois clubs of America），等等。当时在芝加哥就诞生了五花八门的左翼派别，比如“进步劳工”（Progressive Labor，简称 PL）、“革命青年运动”（Revolutionary Youth Movement，简称 RYM）、从革命青年运动中分裂出来的“气象员”（Weathermen），以及一些左翼研究组织，如“作为阶级的青年（Youth as a class）”、“黑格尔和马克思（Hegel and Marx）”，等等。在美国新左翼运动高涨的年代，美国左翼青年通过了美国新左翼的第一篇宣言《休伦宣言》、组织反对越南战争的示威游行、建议改革大学制度、支持黑人和少数民族的民权活动、争取个人言论自由，这些努力在当时左右了美国政策的走向，至今仍然有余威。

20 世纪 70 年代以来，随着世界左翼革命运动的失败，美国左翼运动也陷入了低谷，从此一蹶不振，无论是在理论建树上还是在实际生活的引领上都失去了地位。与之相反，右派势力的发展却蒸蒸日上，把持了政界、舆论界和学术界的喉舌，大有一统天下的趋势。面对左翼运动的一再失势，美国的一些左翼思想家并不甘心于这种现状。他们想通过自己的努力，试图恢复左翼运动曾经有过的辉煌。一直以来，重建左翼的呼声不绝如缕，比如于 2008 年 6 月 19—22 日在芝加哥召开的“2008 社会主义大会”反复地彰显了这一重建意愿：“在全球经济危机日益呈现、伊拉克战争和阿富汗战争不断摧毁成千上万生命的背景下，关于政治理论和历史的讨论对于规划全世界范围内的阶级斗争来讲是至关重要的，2008 社会主义大会的目的就在于把所有对于社会理解的理念集中起来，并为建立一个可以赢得真正社会改变的左翼而努力。”“让与会者了解社会主义理论和国际工人阶级斗争的隐蔽历史，以为活动家提供一个为建立真正左翼而需要的政治进行讨论的平台。”①

在所有这些重建努力当中，动作最大、决心最强、最付诸行动的当属以芝加哥大学历史系教授、著名左翼思想家穆伊什·普斯通（Moishe Postone）带头于 2006 年 6 月所拉起的一帮队伍。这帮队伍取名叫“鸭嘴兽”。鸭嘴兽在 2007 年 4 月的《目的声明》中自称自己是“通过自我批判、自我教育，最终达到对马克思主义左翼的现实重建”的思想者的集合体②。鸭嘴兽在 2006 年 12 月成立“鸭嘴兽支部”（The *Platypus* Affiliated Society），支部组织马克思主义阅读班、举办公共讲坛、集体收看电

① Chicago：2008 Socialism，June 19 – 22，2008.

② “Statement of Purpose”，http：//www. Platypus1917. org，Apirl，2007.

影，开辟公共讨论空间，搞得红红火火。并于 2007 年 11 月创办了《鸭嘴兽评论》（The Platypus Review）期刊，《评论》迄今为止已发表了 6 期，拉拢了一大批当前美国左翼头面人物在上面撰写文章，成为宣传“鸭嘴兽”左翼理念的重要阵地。鸭嘴兽声称，“重建左翼不是不可能的”①，大有重振左翼的雄心和豪情。

鸭嘴兽重建左翼的动作代表了美国左翼的一种共同的声音，它在某种程度上是美国左翼重建努力的一个缩影，通过它，也许我们得以窥见当前美国左翼的动向。

鸭嘴兽的成立虽然不到两年时间，却引起了广泛的社会关注。从它目前的重建思路来看，有两个非常鲜明的地方值得注意：一是确立左翼的思想谱系和道统；二是通过批判左翼来重建左翼。

（一）确立左翼的思想谱系和道统。鸭嘴兽罗列了一份自己心目中的理想左翼人物名单，同时还附带了这些人物的重要文章或书目，以作为鸭嘴兽的研读经典。鸭嘴兽的这份名单开得很长，上溯至 18 世纪的亚当·斯密，下达至当前活跃在左翼论坛上的众多少壮派，几乎将历史上和当前对左翼运动做出过贡献的人物和组织一网打尽。现大致按人物出生或团体诞生的先后顺序将这份名单罗列如下：

第一，奠基性人物或团体——左翼重量级人物或对左翼运动的有过巨大影响的人物和团体。亚当·斯密、黑格尔、马克思、恩格斯、卡尔·考茨基、列宁、罗莎·卢森堡、托洛茨基、卢卡奇、卡尔·柯尔施、曾经影响过阿多诺的犹太电影理论家西格弗里德·克拉考尔（Siegfried Kracauer）、霍克海默、弗洛伊德主义的马克思主义者威廉·赖希、马尔库塞、阿多诺、美国新左翼代表人物 C. 赖特·米尔斯（C. Wright Mills）、阿尔都塞、丹尼尔·贝尔、法国著名左翼思想家科内利乌斯·卡斯托里亚迪斯（Cornelius Castoriadis）、法国著名生态学马克思主义者安德烈·高兹与马丁路德·金齐名的美国激进民权运动者马尔科姆·艾克斯（Malcom X）、马克思主义哲学家莱斯泽克·克拉科夫斯基（Leszek Kolakowski）、哈贝马斯、德里达、新马克思主义理论家萨米尔· 阿明（Samir Amin）、英国马克思主义思想家佩里·安德森、德国一九六八学运领袖鲁迪·杜契克（Rudi Dutschke）、法国一九六八学运领袖丹尼尔·康边迪（Gabriel Cohn-Bendit）、黑豹党领袖纽顿（Huey P. Newton）、解构主义的马克思主义的女权主义者盖雅特·斯皮瓦克（Gayatri Spivak）、马克思主义艺术史学家克拉克（T. J. Clark）、伊

① “Statement of Purpose”, http：//www. Platypus1917. org，Apirl，2007.

拉克共产党（Iraqi Communist Party）、英国杰出的马克思主义文学理论大师特里·伊格尔顿、英国新左翼领袖人物阿里（Tariq Ali）、斯拉沃热·齐泽克、女权主义最重要代表人物朱丽叶·米切尔（Juliet Mitchell）、美国斯巴达克思同盟（The Spartacist League）。

第二，少壮派人物或团体——地位稍次要、曾经或目前积极致力于左翼研究或运动的人物和团体。美国左翼理论工作者迪克·弗雷泽（Dick Fraser）、美国著名马克思主义史学家穆伊什·普斯通（Moishe Postone）、马克思许多著作的英译者马丁·尼古拉斯（Martin Nicolaus）、卢森堡的传记作者内特尔（J. P. Nettl）、美国斯巴达克思同盟全国主席及托洛茨基主义者（James Robertson）、伦敦经济学院国际关系教授弗·哈利德（Fred Halliday）、左翼评论家迈克尔·阿尔伯特（Michael Albert）、女性主义者莲·薛高（Lynne Segal）、美国“争取民主社会学生会”前主席及政治活动家卡尔·奥格尔斯比（Carl Oglesby）、斯坦福大学德国研究系教授罗素·伯曼（Russell Berman）、纽约大学政治与文学作家保罗·伯曼（Paul Berman）、普林斯顿大学艺术与考古学教授哈尔·福斯特（Hal Foster）、《新左翼评论》前编辑及英国波斯尼亚学院导师兼翻译家昆廷·霍勒（Quintin Hoare）、北美无政府主义者理查德·凯迪（Richard Kidd）、伦敦大学伯克贝克学院政治美学教授伊斯特·雷斯莉（Esther Leslie）、法国理论工作者布联·霍姆斯（Brian Holmes）、美国记者丽莎·费泽斯东（Liza Featherstone）、纽约大学加勒廷学院副教授斯蒂芬·丹寇伯（Stephen Duncombe）、美国代达罗斯（daedalus）期刊责任编辑丹尼·波斯特尔（Danny Postel）、芝加哥大学教育工作者及作家克里斯·卡强（Chris Cutrone）。

第三，新生代人物或团体——年轻左翼团体以及具有左翼倾向的青年学生。资本和帝国的敌对团体“反击团”（The Retort Collective）、鸭嘴兽马克思主义阅读组（Marxist Reading Group Platypus）、鸭嘴兽史学家组（The Platypus Historians Group）、鸭嘴兽编辑部（The Platypus Review Editorial Board），以及一批围绕在鸭嘴兽旗帜下并致力于左翼研究和运动的青年学生。

鸭嘴兽之所以要确立自己的思想道统，也许是出于两方面原因的考虑。一是认为“正本才能清流”。鸭嘴兽认为，美国左翼运动会失利，很大程度上是由于左翼运动的指导理念太混乱，最后失去了斗争的方向。因此，要重建左翼，首要的是纯化自己的血统，将形形色色的冒称的左翼人物和组织从自己的阵营中排挤出去，因为在鸭嘴兽看来，这些所谓的左翼人物或组织不仅无助于左翼运动的发展，反而是阻碍左翼运动发展的绊脚石，甚至是左翼运动的掘墓人。二是确保左翼事业的薪火相传。虽然目前许多美国左翼人士都提出要重建左翼，但真正付诸行动的为数甚少。大多数左翼人士还是单打独斗，散兵游勇，根本没有任何凝聚力和向心力。因此所谓的重建只是一句口号而已。鸭嘴兽显然不与他们苟同，它认为只有确立道统，才能凝聚人心，确保左翼运动的延续性，不至于因一时和一事的冲击而断裂。因此，确立道统这一步是势在必行的重中之重。

（二）通过批判左翼来重建左翼。按照鸭嘴兽的概括，左翼运动经历了三个阶段，先后是20世纪20—30年代的“老左翼”、20世纪60—70年代的新左翼和20世纪80—90年代的“后政治左翼”（The post - political Left）。随着20世纪60年代新左翼运动的失败、福利国家的解体、以及苏联的垮台，目前左翼陷于没有任何方向和目的的状况，他们几乎不清楚解放政治的目标和任务，因此鸭嘴兽不无忧虑地说“马克思主义左翼当前面临着历史性的毁灭”，甚至还发出“左翼已经死了”的呼声。①

鸭嘴兽如此评价左翼是有原因的，因为它认为左翼今天之所以沦落到这样的地步，其实很大程度上是自己造成的。遗憾地是，左翼却从来没有去反思自己的问题。鸭嘴兽认为，要重建左翼，首要的问题是要找出左翼之所以失败的原因所在，所以鸭嘴兽宣称：“假如左翼要改变世界，它必须首先得改造自己”；② 在2006年6月的《什么是鸭嘴兽?》宣言中甚至指出：“只有承认自己死了，才能够重新活过来。”③

但鸭嘴兽重建左翼决心的路数不再是回到20世纪60年代的新左翼运动那样的街头巷战，他们很反感这样的东西，而是更多致力于思想上的批判和反思，认为只有这样才能根本摆脱左翼运动长久以来的低智力水平。鸭嘴兽如此的动作也许是鉴于当今自由派和保守派在理论上的人才辈出、交替把持了美国政坛舆论、并成为美国的主流意识形态等原因所致，所以鸭嘴兽声称：“重建左翼是要反思自己，而不是攻击右派。”④ 因此，鸭嘴兽的左翼重建努力更多是一种学术和理论上的作为。

---

① “Statement of Purpose”，http：//www. Platypus1917. org，Apirl，2007.

② “Statement of Purpose”，http：//www. Platypus1917. org，Apirl，2007.

③ “What is a platypus?”，http：//www. Platypus1917. org，June，2006.

④ “Statement of Purpose”，http：//www. Platypus1917. org，Apirl，2007.

鸭嘴兽明确宣称自己与其他的左翼组织是截然有别的，最大的区别在于鸭嘴兽不赞成现实的阶级斗争。在《鸭嘴兽评论》2008 年 3 月第 3 期的一篇集体署名文章《左翼历史导论——阶级斗争意义的变化》中，鸭嘴兽反对阶级斗争的立场得到了鲜明表现。“鸭嘴兽”在文章中明确指出，自己拒绝“抵抗显然是件好事”的想法。鸭嘴兽表明，它自己是不赞成“斗争依然在继续”的错误的乐观主义想法的。①

鸭嘴兽在《左翼历史导论》中继续指出，“进步政治”（progressive politics）是所有左翼当前的共同目标，但许多左翼却按照阶级斗争的概念来理解“解放政治”的全部内涵，它认为美国的斯巴达克思同盟就是这样做的。在鸭嘴兽看来，左翼政治的意思被还原成对“阶级斗争”这一神灵的崇拜，这是教条马克思主义的一贯做法。② 历史上的左翼组织领导人如德国的社会民主党人卢森堡和李卜克内西就是因为错误地理解了左翼政治的内涵，贸然采取行动，所以不可避免导致了失败。鸭嘴兽以为，如果德国社会民主党人顺利地适应了现代社会的模式，那么他们可能会是另外一种截然不同的结果。然而不幸的是，这种理解依然在左翼阵营中很有市场，因此左翼运动的失利也就是情理之中的事了。

鸭嘴兽在《左翼历史导论》中认为，这样的理解应该结束了。“进步政治”不能够再按阶级斗争的概念来理解，而应该按照“社会解放”（social emancipation）的概念来理解。③ 因为在鸭嘴兽看来，社会不可能仅仅分化成两大阶级，因而社会矛盾也不可能仅仅是“无产阶级”和“资产阶级”两大阶级之间的简单对抗。言下之意就是，左翼必须要在多条战线上作战，生态运动、草根文化、女权运动、黑人权利、同性恋的合法化等等都应当是其关注的焦点。

三、美国后政治左翼重建的启示

美国左翼勇于将批评的矛头指向自身，同时根据新的历史条件提出新的任务、做出新的战略部署，这对于推进美国左翼运动的发展具有重要意义。

① “Introduction to the history of the Left: Changes in the meaning of class struggles”, The Platypus Review, Issue 3, March, 2008.

② “Introduction to the history of the Left: Changes in the meaning of class struggles”, The Platypus Review, Issue 3, March, 2008.

③ “Introduction to the history of the Left: Changes in the meaning of class struggles”, The Platypus Review, Issue 3, March, 2008.

（一）美国左翼有意识地用组织的形式来争取左翼运动的进步，这在斗争策略上是对20世纪70年代以来美国左翼散兵游勇式斗争方式的超越，也是对20世纪60年代左翼人士革命理念的回归。20世纪70年代以来，随着左翼运动的失势，右派势力的上台及其对左翼人士的合围甚至疯狂绞杀，美国左翼运动跌入低谷。敢于公开宣称自己是左翼的人、敢于堂而皇之进行正常活动的左翼组织都会成为被打击和陷害的对象。这种谈左翼色变、视左翼为洪水猛兽的状况到今天还依然没有改观。很多高校禁止谈论1968年美国左翼运动，很多人对于这样的话题也是噤若寒蝉、唯恐避之不及。根据《鸭嘴兽评论》2008年第5期《20世纪60年代的挽歌》一文的介绍：鸭嘴兽支部本来定于2008年5月8日与芝加哥大学、芝加哥艺术学院以及哥伦比亚学院等三所高校的“新争取民主社会学生会”联合举办一场关于纪念1968年运动四十周年的公共讨论。但是在论坛开始的前一刻，被邀请的几位专家中有两位为避嫌而故意没有到场，致使这次论坛被取消。[①] 在美国社会对左翼人士的高压下，很多左翼人士的活动都是一种地下活动或游击战式的战斗。这种斗争方式不管斗争者其态度如何积极和坚决，其影响都是极其有限的，因此以这样的方式来争取左翼的重建只不过是画饼充饥的幻想而已。鸭嘴兽敢于在美国社会对左翼运动的高压钳制下公开以组织的形式进行左翼活动，这是一种勇于挑衅当局的表现，同时更是对以往保守斗争方式的突破。重新回到了康边迪等人的“从来就不存在孤立的革命活动这回事”、“所有的革命活动都是集体的”[②]主张上来。鸭嘴兽的行动或许具有象征性意义，它是否意味着美国左翼运动从此告别低迷的历史也未必可知。

（二）美国左翼将批判重建的矛头直指自身，这也是需要勇气的，同时也是对美国左翼运动失利原因的正确诊断。美国左翼重建的呼声一直不断，但真正拿出实际行动，对自己的失足之处做深入反思和透彻批判的却很少。鸭嘴兽却勇于正视自己的过去和历史，不断提出“左翼已经死了”、“让死者掩埋死者”[③]的说法，确实有一种痛定思痛的决心，这未尝不是一种好的开端和兆头。美国左翼运动的彻底失利是在20世纪70年代，失利的原因虽然有右派势力的绞杀和国际左翼运动大环境的低迷等

① “Requiem for the ’ 60s: Response to a boycott of discussion of ‘40years of 1968’”, The Platypus Review, Issue5, March, 2008.

② Daniel Cohn - Bendit and Gabriel Cohn - Bendit: Obsolete Communism: The Left - Wing Alternative, 1968, p. 249.

③ “Let the dead bury the dead!” The Platypus Review, Issue 5, March, 2008.

在起作用，但根本原因还在于美国左翼自身出了问题。它在对时局的把握上、对斗争策略的采取上、对马克思主义的领会和运用上都犯了严重错误，以至于它迅速被陷入人人喊打的地方，最终被美国民众剥夺了话语权。一直以来，美国左翼不敢正视自己的问题，甚至有意回避自身的问题，因此不管它重建的口号如何响亮，没有击到痛处的重建终究是一种虚幻的姿态，不可能对左翼运动有任何推进。鸭嘴兽拿自己开刀的动作虽然来得有点迟，但这是美国左翼迈出的坚实和艰难的第一步，也是有希望的第一步。

（三）美国左翼主张用“社会解放”取代“阶级斗争”，这是鉴于现代社会特定的历史条件下所做出的新的战略调整，这一调整在某种程度上切合了美国社会的当代特点。美国左翼运动最初的时候有众多追随者，后来之所以会失利，尤其是新左翼运动之所以会失去民心，根本原因在于新左翼领导人错误地理解了斗争的方式和美国社会的形势，在以极端的暴力形式攻击政府的时候，无原则地把无辜的平民也纳入打击的对象，最终把自己逼到了死角。正像美国马克思主义理论家马歇尔·伯曼在反思 20 世纪 60 年代美国左翼运动的得失时所讲到的那样：“1968 年就像狄更斯《双城记》里对 1789 年所做的‘最好的时代’和‘最坏的时代’的描绘一样，1968 年的前半部分是好的，后半部分是差的。”[①]20 世纪 60 年代前期，美国左翼的反战运动和反主流文化运动吸引了很多美国民众，左翼因此而有很高的声誉，但随着越南战争的结束，美国左翼却全然失去了方向，许多人沉醉在反文化、性、毒品中而难以自拔。并将马克思主义的“阶级斗争”作了错误理解，最终诉诸于赤裸裸的暴力，“尼克松掌权之后，1968 年走到尽头了，60 年代我们不可能遗忘的关键特征也暴露出来了：大街小巷和我们的城市都变成了非常暴力的场所。”[②]像“黑豹党”、“气象员”等左翼组织，大肆制造炸弹袭击等暴力事件，这些暴力活动在当时的人们看来“是今天我们叫作恐怖主义的情绪，这是与‘猪’——警察、国家保安的公开作战中发展起来的。”[③] 面对这样无立场的袭击，普通民众人心惶惶，将以往对左翼的好感化为乌有，转而希望政府速除之而后快。在这样的民众基础上，左翼运动已经到了人人喊打、走

① “1968：Lessons Learned”，Dissent，Spring 2008.

② “1968：Lessons Learned”，Dissent，Spring 2008.

③ “Remembering 1968：The student movement that set the stage for the center Right”，National Review，Issue 8，2008.

投无路的地步了。美国民众对于“阶级斗争”这几个字至今心有余悸，“鸭嘴兽”在这种情况下不失时机地转变战略，用“社会解放”这一较温和的字眼取代“阶级斗争”，希望以此争取民众基础，也不失为顺时之举。

美国左翼当前的作为确实打破了长久以来美国左翼的无目标性、无方向性的困境，从而有使得美国左翼走出低迷历史的可能，这对于美国左翼的发展来讲，无疑是件好事。但美国左翼沉疴已久，要在短时间内去除这一痼疾绝非易事，相反，还会不知不觉地继续受这一沉疴的困扰，因此，美国左翼当前作为中隐含着种种问题也就是情理之中的事情了。

（一）美国左翼所谓的“社会解放”从根本上来讲是对马克思基本思想的完全背离。美国左翼主张用“社会解放”置换“阶级斗争”，虽然有不得已而为之的苦衷，但“社会解放”的含义中却隐含着一种预设：资本主义的体制从根本上来讲是合理的。“社会解放”不是马克思所讲的“全人类解放”意义上的解放，而是认为美国制度在总体上是合理的，只是在局部上还存在不完善、不尽如人意的地方，比如还存在种族歧视、性别歧视等等不公平的现象。而左翼的努力方向最终不是颠覆资本主义，而是通过采取各种各样的措施和行动进一步完善这一制度，使之臻于完美。马克思所设想的全人类解放是建立在资本主义的消灭之上，是一种新的人类制度的开始；而美国左翼所谓的社会解放则偷换了马克思的解放概念，它虽然宣称自己是在坚持马克思主义，实际上与马克思的思想是背道而驰的。左翼自称自己是马克思思想的正宗传人，是马克思思想的继承者和发扬者，这种宣称是大可值得怀疑的。

（二）由于美国左翼是在认可资本主义的前提下提出社会解放，因此它所谓的反思和批判只是流于表面，根本就没有触及到问题的实质和根源。美国左翼之所以提出社会解放的口号，是因为它认为资本主义目前还存在着不平等、剥削甚至压迫等等现象。它的目标就是要致力于消除这些不合理的东西。但至于这些东西为什么会存在，美国左翼从来就没有认为这是资本主义制度本身所造成的，也就是说，从来就不认为资本主义是不平等产生的最终根源，从来就不认为，资本主义只要存在一天，不平等就会延续一天。一句话，在美国左翼眼里，美国社会的不平等不是资本主义制度内生的，而是一种外生的现象。因此，美国左翼所谓的反思和批判只是隔靴搔痒的举动，而带着这样的思路去寻求社会解放，只会与真正的公正和平等越来越远。

（三）美国左翼提出“左翼已死”的口号来试图重建左翼，虽然貌似激烈，但未尝不是黔驴技穷的表现。美国左翼一度丧失了自己的目标，这种丧失在今天越演越烈，这体现在两个维度上：一是美国左翼越来越脱离普通大众，成了少数精英的智力游戏；二是美国左翼越来越脱离现实，成了一种书斋中的学问。他们可以在书斋里可以喊着震撼人心的口号，但在现实面前，美国左翼总是显得手足无措，所以只好再次退回到安全的书斋中去面壁虚构美好的未来。严重脱离现实和大众、循规蹈矩地照搬马克思的原话、不敢越雷池一步的教条主义是美国左翼的通病，这种通病是美国左翼运动失势的最根本原因。美国左翼直到今天还没有认识到这一点，尽管它认为左翼已经死了，但左翼是如何死去的，还依然没有搞清楚。今天，鸭嘴兽提出"社会解放"的战略，但这种"社会解放"依然更多地是一种从现实中退回去的书斋中的东西，因为他们明确强调"社会解放"不是一种斗争。所以美国左翼的当前重建作为充其量只是马克思曾经所嘲笑过"批判的武器"的再现，而不是"武器的批判"的重建注定是不会有任何现实效果的。

美国左翼的兴衰史及其重建就像一面镜子，通过它，我们可以更加看清楚中国马克思主义建设的应有立场和方向。中国的马克思主义在历史上曾经犯过像美国左翼一样的教条主义错误，使得中国的马克思主义建设走过许多弯路，但中国的马克思主义者善于及时纠正和改正自己的错误，始终立足于中国的国情和现实，推进和发展马克思主义。实践证明，马克思主义中国化是一条正确和明智的发展马克思主义的道路，它不仅避免了美国左翼至今仍没有走出来的教条主义泥潭，而且丰富和完善了马克思主义，更加重要的是，在中国化的马克思主义理论的指导下，短短几十年时间，中国的面貌发生了翻天覆地的变化，中国的崛起引起了世界的关注。因此，有西方学者预测，"在今后的20年内，中国的经济将超越美国"，从而打破目前由美国所主导的全球化格局。①

曾经一度有人认为，只有走西方的民主道路才能够救中国，但事实果真如此吗？美国国家公共广播电视记者埃里克·维纳（Eric Weiner）根据自己对苏联卫星国当前生活状况的亲身经历最近撰文指出，民主与幸福之间不能简单地画等号。民主不是幸福的前提，相反，幸福是民主的前提，盲目的民主化或西方化有可能意味着持续的贫穷和绝望。② 预先推行和嫁接一种先验模式注定是要付出沉重代价的，历史上我们因为把马克思主义教条化付出过沉重代价，今天我们再也不能因为盲目的西方

① "Globalization 3.0", The Wilson Quarterly, Autumn 2007.

② "Will Democracy Make You Happy?", Foreign Policy, March/April 2008。

化而付出更沉重的代价。实践是检验真理的标准，只有适合中国国情的才是最合理的，马克思主义中国化经过若干年的检验是成功的，它反复确证了一个事实：只有中国化的马克思主义才能救中国。因此，我们必须坚定不移地坚持这一立场和方针，在实践中不断推进和深化中国特色的马克思主义。

第六节　伊格尔顿的后马克思主义及其现代性批判路径

在新自由主义宣告意识形态的终结以及后现代主义将意识形态当作现代性的堡垒予以解构的强势语境下，英国著名左翼思想家特里·伊格尔顿反其道而行之，将意识形态问题作为其理论关注的焦点。特里·伊格尔顿（Terry Eagleton）是当今英语世界最杰出的左翼文学理论批判家，一生勤于著述，出版了学术论著 30 多部。伊格尔顿的话题论域非常广泛，几乎涉及所有的人文社会科学，再加上其思想的深邃，使得人们对他的思想望而生畏，很难一窥究竟，更难以把脉其思想的内在主旨。其实，与当今学术舞台上的明星如拉克劳、墨菲、詹姆逊一样，伊格尔顿的思想背后同样隐现的是法国后结构主义思想家的身影。拉康和福柯等人的学说奠定了伊格尔顿的致思路向。因此，尽管伊格尔顿的思想显得非常杂芜，但始终贯穿着一个核心主题，即致力于揭示话语与权力（the link or nexus between discourses and power）之间的错综复杂关系，换言之，就是要揭示话语和意识形态之间的内在关联。在现实生活中，许多人刻意去掩盖知识与权力、话语和意识形态之间的勾连，而伊格尔顿就是要彻底暴露两者之间的紧密联系，这就是伊格尔顿思想的独特性和价值性所在。他对莎士比亚、康拉德、勃朗特姐妹等英国重要作家经典文本的阐释目的都在于阐明话语与意识形态的关系。如果看不到伊格尔顿思想中话语和意识形态这一主题，那么，我们所研究出来的伊格尔顿的思想就会走样。在西方左翼普遍消解意识形态从而掩盖现实矛盾和压迫的今天，伊格尔顿的意识形态思想给人们提供了不尽的启示。

一、伊格尔顿意识形态问题指向的深层语境

苏东剧变以后，各种关于意识形态终结的论调沉渣泛起，消弭政治之间的界限，认为政治是一个中立领域的观点越来越有市场。不仅右翼

势力持这样的观点，他们以经济全球化、信息一体化、双赢政治、民主化、现代化等等作为消除政治边界的幌子，而且西方许多左翼也纷纷放弃自己的政治立场，正如拉克劳所说：“在‘现代化’的借口下，越来越多的社会民主党抛弃了他们的左翼身份，委婉地把他们自己重新界定为‘中间—左翼’。他们声称，左翼和右翼的概念变得过时了，而所需要的是‘激进中间’的政治。”[①] 政治不再是意识形态的斗争问题，而变成了纯技术性的问题。这种有意抹除意识形态的做法对于左翼事业来讲是一场灾难，因为这种意图背后显然是新自由主义同一性势力的布展。因此，针对这种去意识形态化的倾向，拉克劳、墨菲、齐泽克等人进行反抗，他们认为，在当代社会，不仅不应当淡忘意识形态，反而应当意识到意识形态的无处不在性，齐泽克就指出：“‘意识形态’可以指称任何事物，从一种认为自己不依赖社会现实的思辨态度到一套以行动为取向的信仰体系，从将个体间的关系与一种社会结构联系起来的不可或缺的媒介到将一种占主导地位的政治权力合法化的错误观念。当我们想要回避它时，它却恰好冒了出来，可是当人们显然认为它存在的地方，它却不露面。”[②]

毫无疑问，伊格尔顿在意识形态问题上的立场与齐泽克等人相近，而与主张超越意识形态的其他英国思想家如安东尼·吉登斯等人有别。正如伊格尔顿所指出的那样，现实生活中意识形态的斗争日趋激烈，可是有人却“宣称意识形态的概念现在过时了”。[③] “为什么在一个为意识形态冲突所折磨的世界里，意识形态概念无声无息地从后现代主义和后结构主义的作品中蒸发了?”[④] 如何去解释这一悖论，这正是伊格尔顿思想工作的重心。可以说，关于意识形态问题的思考构成了伊格尔顿思想的中心，他的文化批评理论就在于指向文本背后的意识形态性。文学、艺术、美学等等所谓抽象的东西其实都充斥着意识形态，因此，伊格尔顿指出：“美学范畴在现代欧洲思想中占有重要地位，因为美学在谈论艺术时也谈到了其他问题——中产阶级争夺政治领导权的斗争中的中心问题。美学著作的现代观念的建构与现代阶级社会的占统治地位的意识形态的各种形式的建构、与适合于那种社会秩序的人类主体性的新形式都是密不可分的。正是由于这个原因，而不是由于男人和女人突然领悟到

① Ernesto Laclau&Chantal Mouffe. Hegemoy and and Socialist Strategy：Towards a Radical Democratic Politics. New York：Verso，2001，Preface to the Second Edition，Pxiv.

② Slavok Zizek（edited）. Mapping Ideology. London：Verso，1994，p. 4.

③ Terry Eagleton. Ideology：an introduction. London：Verso，1991，Pxi.

④ Terry Eagleton. Ideology：an introduction. London：Verso，1991，Pxi.

画和诗的终极价值，美学才能在当代的知识的承继中起着如此突出的作用。”①

伊格尔顿之所以对意识形态问题感兴趣，或许与他的爱尔兰血统有关系。爱尔兰人在英国被压迫的命运使得伊格尔顿对于意识形态问题更加敏感，而英国正统文学和文化对于被压迫人群的漠视以及对于统治势力的合法化论证尤其让伊格尔顿极度不满。正是因为这样的原因，促使伊格尔顿与趋于保守的以威廉斯为代表的老左派分道扬镳，而走上了更为激进左派的立场，并引卢卡奇、葛兰西、本雅明、阿多诺、马尔库塞、萨特等西方马克思主义者为自己的同道。

伊格尔顿对意识形态问题的高度关注，是对后现代主义思潮抹除意识形态做法的自觉抵制。后现代主义是伊格尔顿所处时代最时髦的思潮，这一思潮因对现代性的批判而受到了人们的追捧，在言必称后现代的时代，伊格尔顿始终对这一思潮有着自觉的反思和批判，这是难能可贵的。在后现代主义的视野下，意识形态必然被看作是现代性的顽固堡垒，因而意识形态在后现代主义那里被放逐是必然的命运。在后现代主义看来，意识形态是充满着压抑性及极权性的概念，必须在现代社会被解构。而在伊格尔顿看来，意识形态不可被解构，也不能被解构，对意识形态解构的态度貌似激进，实质是对现实矛盾的刻意回避，就好像鸵鸟把脑袋埋在沙堆里以躲避灾难是同样的道理。相反，我们应当正视意识形态问题，同时更应该清醒地意识到意识形态的恒在性。

二、伊格尔顿意识形态释义的多维性

意识形态无所不在，我们始终生活在意识形态之中。然而究竟什么是意识形态，伊格尔顿认为这是一个没有最终答案的问题，因为意识形态是一个包容了很多意义在其中的概念，任何对意识形态的单一定义都会导致对意识形态理解的简单化。伊格尔顿认为，在日常的用法中，意识形态至少存在以下十几种定义，这足以说明意识形态意义的多样性和复杂性：（1）社会生活中的意义、标志和价值的生产过程。（2）特定社会群体或阶级的观念集合。（3）有助于将一种占统治地位的政治权力合法化的观念。（4）有助于将一种占统治地位的政治权力合法化的虚假观念。（5）系统化的被扭曲的沟通。（6）为主体定位的东西。（7）为社会利益所驱动的思想形式。（8）认同思维。（9）社会必需的幻觉。（10）话

① 特里·伊格尔顿：《美学意识形态》，广西师范大学出版社 1997 年版，第 3 页。

语和权力的结合。(11) 有意识的社会行动者理解世界的媒介。(12) 以行动为指向的信念体系。(13) 语言实在与现象实在的混淆。(14) 符号学闭合。(15) 个体将他们的关系与一种社会结构联系起来的必不可少的媒介。(16) 社会生活赖以转换成一种自然实在的过程。①

对于这些形形色色的意识形态概念，伊格尔顿认为可以将它们大致归为六类，也就是粗略定义意识形态的六种方式。②

(一) 意识形态指社会生活中的观念、信仰和价值等等生产的物质性过程。它相当于广义上的"文化"概念。这种意识形态在政治上和意识形态上是中立的。它比狭义上的局限于艺术领域的文化概念要宽泛得多，但比包罗万象的人类学意义上的文化定义要窄。这一意识形态定义强调思想的社会决定性，这是对观念论的有力冲击，但不足之处在于它对政治冲突的问题始终保持沉默。伊格尔顿指出，意识形态不仅仅是对社会实际的表征，它还要涉及这些表征符号与政治权力进程之间的关系。

(二) 意识形态指表征一定阶级和群体、特别是具有重要社会性的阶级和群体的状况及生活经验的观念和信仰。这一意识形态概念与"世界观"的概念非常接近。当然，世界观也许考虑的是一些更为根本性的问题，如死的意义或人在宇宙中的地位，而意识形态有时候则会涉及一个更为实际的问题。

(三) 意识形态指每类社会群体提升或合法化自身利益的集体性符号表达。这一意识形态可以看作是一个话语领域，在其中，社会力量围绕某些问题的冲突都关涉到作为整体的社会权力的再生产。这一定义隐含这样的假设：意识形态是一种特有的以行动为导向的话语，在其中，思辨认知一般从属于非理性的利益与欲望。此处的意识形态较少考虑"本来是什么"的情况，而更多考虑对政治目的有用的效果的生产。

(四) 意识形态同样强调对各方利益的合法化与提升，但将这一强调局限在占统治地位的社会权力的活动范围内。这一意识形态涉及这样的假设：占统治地位的意识形态有助于统一种社会构造，用方便于统治者的方式；这不是一个简单的从上至下强加观念的问题，而是一个确保从属阶级与群体存在的共谋问题。然而，这一意识形态在认识论上依然是中性的。

(五) 意识形态指通过扭曲和掩饰的方式对统治群体或阶级的利益进

---

① Terry Eagleton. Ideology: an introduction. London: Verso, 1991, pp. 1 – 2.

② Terry Eagleton. Ideology: an introduction. London: Verso, 1991, pp. 28 – 30.

行合法化的观念和信仰。当然，没必要把统治群体的所有观念都说成是意识形态的，那些没有特意去提升自己利益的观念，以及那些没有通过使用欺骗手段去这样做的观念，就不是意识形态。但是，这一意识形态很难兼容政治上对立的话语，即通过自然化、普遍化、隐秘化等阴谋寻求合法化从属阶级利益的话语。

（六）意识形态指对虚假的或欺骗性信仰的强调。它认为这些信仰不是来自统治阶级的利益，而是来自作为整体的社会的物质结构。意识形态这一术语在这里是充满贬义的，但是却避免了一种意识形态解读上的阶级生成论。马克思的商品拜物教理论是这意识形态定义的杰出例子。

综上所述，伊格尔顿在意识形态的问题上坚持这样的观点：（1）从意识形态的产生来源来看，意识形态是现实社会关系的反映，它受现实物质条件的制约。（2）从意识形态的功能上来看，意识形态是对占统治地位的权力及其利益的合法化。（3）从意识形态的惯用的手段来看，它一般通过普遍化、自然化甚至神秘化等手段来实现统治权力的合法化，从这个意义上讲，意识形态是马克思主义所讲的虚假意识。

总之，伊格尔顿指出，意识形态的问题是一个活生生的生活关系问题，而不是一个经验表象的问题，“意识形态研究不只是关于思想观念的社会学；它更要具体地表明观念如何与现实的物质条件相联系，如何遮盖或掩饰现实物质条件，如何用其他形式移置它们，虚假地解决它们的冲突和矛盾，把它们明显地转变成一种自然的、不变的、普遍的状态。简言之，思想观念被赋予一种积极的政治力量，而不是仅仅理解为对世界的反映。”① 所以，伊格尔顿说：“思想观念受社会条件的制约，这对现在的我们来说是不言而喻的事情，无法想象还有人会不相信这一点。”②伊格尔顿也认为，不通过现实的物质变革而指望通过观念的变革来改变人们的意识形态，这无异于痴人说梦。正是在这些关键点上，伊格尔顿的意识形态概念与马克思主义的意识形态概念走得很近，因此，我们把伊格尔顿称之为马克思主义的文学批评理论家是名副其实的。

三、伊格尔顿意识形态思想的要旨：意识形态即话语

伊格尔顿认为，在意识形态的理解上，通常有两条路径：一条路径把意识形态理解为脱离实际的观念，另一条路径把意识形态理解为某种

① 伊格尔顿：《历史中的政治、哲学、爱欲》，中国社会科学出版社 1999 年版，第 84 页。
② 伊格尔顿：《历史中的政治、哲学、爱欲》，中国社会科学出版社 1999 年版，第 84 页。

行为模式的问题。但伊格尔顿指出，还应当存在第三条路径，即把意识形态理解为一种话语现象或一种符号学现象（a discursive or semiotic phenomenon）。[①] 这一意识形态概念强调了意识形态的物质性，因为它把符号看作是物质实体，同时也保留了意识形态从本质上只关注意义（meanings）这一意蕴。尽管总体上讲，伊格尔顿的意识形态思想坚持了马克思主义的立场，他从来不认为意识形态是脱离现实的空中楼阁，但受后结构主义影响的伊格尔顿在意识形态思想上又有自己的创见，这表现在他将意识形态理解为一种话语（discourse）。意识形态即话语，话语即意识形态，伊格尔顿关于意识形态和话语之间的复杂关系可以从以下两方面来进一步理解。

（一）任何意识形态都可转换成话语。在伊格尔顿看来，意识形态不是一个纯粹语言的问题，而是一个话语问题，确切来讲是一个话语策略的问题，意识形态就是使统治权力合法化的一套话语策略。不同的阶级尤其是统治阶级都是通过话语来建构自己特定利益，并悬置这种利益背后的压迫性，从而在一定程度上将自己特殊的利益泛化成普适性的利益，试图消弭现实的利益冲突和矛盾。

伊格尔顿的话语理论并非维特根斯坦意义上的语言问题，“意识形态不单独是一个语言问题（我们讲出的命题之类），而是一个话语问题，是置身于历史当中的主体间的实践交流。”[②] 话语和意识形态并非一个纯语言的问题，毋宁说是一种话语策略。意识形态话语背后充斥的是权力、利益、冲突等等现实的东西，而意识形态只不过是表达这些东西的符码。因此，对意识形态的解读其实就是一个解读或破译符码的过程。如果谁看不到符码背后的这些东西，那么他所解读出来的东西就是失真的。

正是在这个问题上，伊格尔顿高度肯定马克思意识形态概念所透露出来的话语倾向的价值。他说：“早期马克思认定‘每一个时代的统治阶级的思想观念都是统治思想的观念’，这是一个非常大胆和创新的观点。它肯定了意识和权力之间惊人的直接联系，这就远远超过了任何单纯坚持观念受社会条件制约的观点。我们进而看到了后期马克思提出的一个更为严密的命题，即思想观念是斗争的武器，更恰当地说，‘意识形态’话语经过一定方式的解码和破译之后，将在凸显和沉默以及断沟和内部矛盾中显示出现实物质冲突的印记。那么，意识形态就是权力的迫切需

① Terry Eagleton. Ideology: an introduction. London: Verso, 1991, p. 194.

② 伊格尔顿：《历史中的政治、哲学、爱欲》，中国社会科学出版社1999年版，第90页。

要所产生或扭曲了的一种思想形式。但是它不仅留下了张力和不一致性的重要踪迹，而且代表着一种遮盖它所由产生的冲突的企图，要么否认它们的存在，要么肯定它们无足轻重或不可避免。意识形态是种种话语策略，对统治权力会感到难堪的现实予以移置、重铸，或欺骗性的解说，为统治权力的自我合法化不遗余力。”[①] 所以说，意识形态就是使统治权力合法化的一套话语策略，“意识形态通过一套复杂的话语手段，把其实是党派的、争议的、历史特定价值凸显为所有时间所有地点中都如此的价值，因而成了自然的、不可避免的和不可改变的价值。我们划归意识形态的语言无疑基本上就是干这种事的”。[②]

（二）任何话语或文本都具有意识形态的指向，不存在客观的、脱离意识形态场域的纯粹的学术或知识。借助后结构主义对文本解读的谱系学视角，通过对文本的互读，伊格尔顿的文化批评直指文本背后的意识形态性。如果说，语言哲学把一切都还原为纯语言的问题，认为最根本性的存在是话语，一切都是话语的建构物，从而忽略了语言问题的意识形态性或语言背后的权力问题，那么伊格尔顿绝不是在这样的意义上来理解和使用话语概念。

伊格尔顿指出，文本或文学的生产其实是“一种意识形态的生产”。[③] 伊格尔顿话语或文本即意识形态的说法大致可以做这样的理解：（1）任何文本的创作者都是生活在特定历史时空中的、具有一定社会性和历史性的主体，从而文本的创作者必然是被意识形态所建构的主体。（2）任何文本包含着一定的价值诉求，这种价值诉求就是意识形态的表达形式。这种价值诉求即使被某些人包装得颇具普适性，好像不带有任何立场，但无立场也是一种立场。（3）任何文本的创作者在创作过程中不可能摆脱无意识的支配，从而任何文本都具有无意识的“亚结构”，这种创作者所意识不到的“亚结构”有时恰恰是指认创作者意识形态立场的最佳路径。

伊格尔顿认为，任何追求纯文学、纯学术的宣称都是不靠谱的。这些宣称不仅有意回避意识形态的存在性，而且向普通人掩盖意识形态的现实性。它不仅无助于人们的觉醒，反而麻痹了人们的斗争和反抗意识。

---

① 伊格尔顿：《历史中的政治、哲学、爱欲》，中国社会科学出版社 1999 年版，第 86 页。

② 伊格尔顿：《历史中的政治、哲学、爱欲》，中国社会科学出版社 1999 年版，第 98 页。

③ Terry Eagleton. Criticism and Ideology: a study in Marxist Theory. London: Verso, 1976, p. 59.

然而，后马克思主义者如拉克劳和墨菲者则站在语言哲学的立场上来理解话语和意识形态。在拉克劳和墨菲看来，话语的存在是第一位的，利益、阶级、主体都是话语建构的产物，离开话语，这些东西都不存在，也就是说，意识形态与现实之间不存在任何的关联。拉克劳和墨菲对意识形态虚化的这种态度，遭到了伊格尔顿的严厉批评。[①] 可见，同样是强调意识形态的话语性，但拉克劳和墨菲强调话语的首要性其目的是掩盖意识形态的阶级性及其背后的利益指向，将现实的矛盾和冲突转化成话语的问题，从而转移了人们对资本主义制度进行打击这一最终目标，同时也置被压迫民众的现实处境于不顾。

与之截然不同的是，伊格尔顿对意识形态话语性的强调，则始终看到了意识形态观念背后统治阶级用形形色色的话语策略、话语手段扭曲事实真相的种种企图，从而时时刻刻提醒人们，现实生活中的任何角落里都弥漫着权力统治的硝烟。拉克劳和墨菲始终把自己的思想称之为“激进民主”思想，可是在伊格尔顿面前，这种“激进”的宣称显得多么可笑和幼稚。在“意识形态终结”的叫嚣声日渐高涨的今天，或许该去好好聆听伊格尔顿的声音。

① Terry Eagleton. Ideology: an introduction. London: Verso, 1991, pp. 215 - 220.

第五章 后马克思主义现代性反思的真实理路及其对建构和谐社会的启示

尽管后马克思主义是一种充满异质性和差异性的思潮，尽管存在诸多像弗里德里克·詹姆逊这样对马克思主义情有独钟和高度肯定的学者，但纵观后马克思主义思潮，我们从总体上还是可以对其真实面目及其真实逻辑进行指认。这种指认即使不中，但也不差矣。

第一节 后马克思主义现代性反思背后的真实图景

对于后马克思主义这一新思潮，我们还存在很多认识论上的误区。针对人们对后马克思主义的过度追捧和无端拔高，本课题依据对后马克思主义的逻辑理路、出台语境、性质归属、政治立场等等的严密剖析，力图拨开笼罩在后马克思主义头上的种种迷雾，让人们看清后马克思主义的本来面目。本课题认为，在方法论上，后马克思主义是后结构主义、后现代主义的变种，后马克思主义对马克思主义的批判路径借用的是后结构主义和后现代主义的批判手法，不能脱离后结构主义、后现代主义的语境来孤立地看待后马克思主义；在性质归属上，后马克思主义并不像人们通常所说的那样是西方马克思主义发展的新形态，相反，它从根本上来讲是一种非马克思主义的思潮，它试图解构马克思主义的所有概念和范畴；在政治立场上，后马克思主义与西方的政治自由主义有一种内在联姻，它是资本主义制度的维护者而非颠覆者；在现实行动上，后马克思主义是一种远离政治斗争的“精神社会主义”，而后马克思主义之所以沉浸于“文化”斗争，是因为它对现实社会主义事业的失望所致。鉴于后马克思主义兼具以上特质，因此，我们对于这种思潮应当持一种审慎态度，切不可在我们的社会主义理论建设过程中盲目地附和与追随它的观点。

一、方法论上的“后”（post）主义

后马克思主义的方法论来源究竟是什么？人们总是莫衷一是。然而，不管人们有怎样的看法，其实，后马克思主义（post - Marxism）一词就向我们传递了某种信息，关键在于我们如何去解读“后”（post）以及“后”（post）与“马克思主义”（Marxism）的关系。

在我们看来，后马克思主义中的“后”（post），其实更多的是指后现代主义和后结构主义。当然，由于在后现代主义、后结构主义与马克思主义两者之间进行取舍上的立场不同，从而可以区分出不同的后马克思主义。在这方面，斯图亚特·西姆曾经给过一个经典的解说，他将后马克思主义区分为后—*马克思主义*（post - *Marxism*）和*后*—马克思主义（*post* - Marxism）。后—*马克思主义*（post - *Marxism*）所做的工作是将后现代主义、后结构主义与马克思主义嫁接起来，它虽然还在沿用马克思主义一词，但不再信守马克思主义，而是彻头彻尾的后现代主义或后结构主义，所以西姆将这样的后马克思主义标示成 post - *Marxism*，正体的“后”（post）表明这样的后马克思主义的实质是后现代主义或后结构主义，斜体的马克思主义（*Marxism*）指示它其实是对马克思主义的颠覆。而*后*—马克思主义（*post* - Marxism）则相反，他们一开始好像是要用后现代主义或后结构主义来超越马克思主义，但他们心中的马克思主义情结始终无法遣散，因此这些人只是表面上的后现代主义者或后结构主义者，骨子里却是认同马克思主义的，因此西姆用 *post* - Marxism 来指认这类后马克思主义者。对于西姆这种区分背后的深层含义，有人做过精到的概括：“西姆在后—*马克思主义*立场（post - *Marxist*）和*后*—马克思主义立场（*post* - Marxist）之间做了一个区分。一方面，一些后—*马克思主义者*把后结构主义、女性主义、后现代主义和后结构主义的批判性理论洞见嫁接到经典马克思主义或新马克思主义上，比如拉克劳和墨菲（1985）。这一融合貌似扩张马克思主义，实质是认为我们只要关注新的文化气候而无须再去关注经典马克思主义的学说。这一努力固然值得同情，但鲍德里亚对这种后—*马克思主义*的扩张是持批判态度的，认为它只是具体细节的重新组装。另外，*后*—马克思主义者虽然看起来对马克思主义置之不理，但在德里达（1994）和利奥塔（1993a）看来，他们其实始终为马克思所笼罩。鲍德里亚就是这样的角色，他看来好像与马克

思决裂了，但对马克思始终保持一种乡愁。鲍德里亚的整个学说始终对*后*—马克思主义立场有一种剪不断理还乱的冲动。"①

从中可以看出，尽管有很多人都宣称自己是后马克思主义，但其中却判然有别，有些人口口声声宣称自己是在维护和推进马克思主义，其实是实"后"假"马"；有些人声称自己不认同马克思主义，其实却对马克思主义难以释怀。然而，不管怎样，后马克思主义与后现代主义和后结构主义是紧密勾连的，如果要对后马克思主义下一个简单定义的话，可以这样来表述：后马克思主义是一种试图借用后结构主义或后现代主义的方法来替换和补充马克思主义理论分析的一种思潮。从这个意义上讲，麦克莱伦的断言"后马克思主义是一种试图将马克思主义的社会主义同后现代主义思潮结合起来的思潮"是有一定道理的，唯一不足的是，他忽略了后马克思主义与后结构主义的关联。

因此，离开后结构主义、后现代主义语境来界定和看待后马克思主义，这是不切实际的，这样研究出来的后马克思主义必然触及不到后马克思主义的真正旨趣。正如《后马克思主义理论：导论》一书的作者所指出的那样："阿尔都塞对马克思主义的人道主义和总体主义等观点的削弱，以及福柯通过研究苏联古拉格集中营而对苏联共产党以及马克思主义局限性的揭露，从此而开创了后马克思主义的先河。得益于阿尔都塞和福柯天才式的理论贡献，使得后马克思主义在哲学、经济学、历史、女性主义、文学和文化等领域都有了各自的版本——尽管后马克思主义并没有形成一个统一的运动或学派，但他们都重申和援用阿尔都塞和福柯的理论"。② 后马克思主义者如拉克劳从来不忌讳谈论阿尔都塞、拉康、福柯、德里达等后结构主义或后现代主义者对自己的重大影响。由此可见，不管人们如何强行地把后马克思主义与后现代主义、后结构主义等理论分割开来，但确凿的事实却一再回击这种软弱的宣称。

正因为后马克思主义对马克思主义的解构运用的是"后"主义的方法，所以它对马克思主义性质给出的诊断书总是充斥着这样的术语：本质主义、功能主义、普遍主义、基础主义、自然主义、总体主义、极权主义、阶级主义、中心主义、经济主义、形而上学、宏大叙事、还原论、一元论、决定论、二元论、目的论、先验论、机械论、实体论、实在论、

① Richard G Smith& Marcus A Doel. Baudrillard unwound：the duplicity of post – Marxism and deconstruction. Environment and Planning D：Society and Space 2001，volume 19，pages 137 – 159.

② Philip Goldstein. Post – Marxist Theory. State University of New York Press，2005，pp. 2 – 5.

封闭性、凝固性，等等。与之相反，后马克思主义认为自己的理论秉承了以下原则和精神：多元主义、非目的论、非确定性、对等逻辑、非决定论、非还原论、语境主义、话语性、差异性、异质性、开放性、模糊性、复杂性、非锁合，等等。显然，这种批判理路延续的是“后”主义对现代性的批判路径。因此，后马克思主义的术语看似天花乱坠，而其内在逻辑理路却是“后”主义，这种思潮并没有什么值得炫耀之处。正是鉴于后马克思主义理论的贫乏及其对马克思主义的贫困化及简单丑化，著名马克思主义学者诺曼·杰拉斯对后马克思主义这样痛斥道：“我的观点是，在这个后马克思主义的核心地带，存在着一个学术真空，这是我经过慎重考虑才选用的一个词语：既是一个理论的真空，也是一个标准的真空，围绕它的不过是一些非常陈旧的论点、偏见和漫画般的扭曲。”①

二、性质上的非正统马克思主义

或许是对后马克思主义的认识不足，国外有许多学者认为后马克思主义是西方马克思主义的延续，是西方马克思主义在现时代的代表性思潮。把后马克思主义与西方马克思主义挂起钩来，这是一种想当然的做法。其实，后马克思主义与西方马克思主义并没有太多的瓜葛，两者可以说是风马牛不相及的两个阵营，对此，我们决不可贸然混淆，否则会导致理论上的重大迷误。

如果说西方马克思主义对马克思主义还保持或多或少的尊重的话，那么说，后马克思主义在这方面却表现出了与西方马克思主义截然不同的态度，后者普遍对马克思主义持批判或否定态度，一致认为马克思主义的几乎所有观点都存在这样或那样的问题。从这个意义上来讲，我们绝对不能把后马克思主义当作是西方马克思主义的最新发展形态，后马克思主义与西方马克思主义之间有一条判然有别的鸿沟，两者绝对不能混淆。

后马克思主义之所以要从各种“后”主义那里借取资源，目的不是要阐扬马克思主义，相反，却是要从整体上解构马克思主义。它们对马克思主义所作的庸俗化理解就是这种总体抛弃马克思主义的表现。出于消解马克思主义的目的，后马克思主义对马克思主义几乎所有的概念都进行了批判，即使是那些马克思主义当中最有价值的概念也未能幸免于难。以下就是后马克思主义对马克思主义全面消解的若干方面：

---

① Norman Geras. Post – Marxism? . New Left Review, No. 153, May/June 1987.

（一）在社会发展动力上，马克思主义强调生产力的优先性。而后马克思主义认为马克思主义对生产力的强调是马克思主义固有的经济决定论思想的反映，并且认为马克思所主张的生产力与生产关系的矛盾是社会发展动力的思想对于现实社会主义运动有负面效应，因为它把社会主义看作是由生产力与生产关系这一矛盾规律所保证的、自动来临的东西，而忽略了社会主义是社会行动者建构的产物。因此，后马克思主义主张消解生产力这一概念。

（二）在对资本主义的批判上，马克思主义认为资本主义必然导致异化现象，正是这种非人的异化，导致了无产阶级共同体的产生，从而为推翻资本主义社会孕育了革命的主体；而后马克思主义则认为异化思想是马克思主义的虚构。它认为资本主义对劳动过程的控制有着适当的合理性，这种合理性不仅不会导致异化现象的产生，反而导致了工人内部的分化，使得具有共同立场的无产阶级主体不可能产生，因而革命的主体不可能是单一的无产阶级。

（三）在对资本主义的取缔方式上，马克思主义主张对资本主义社会的“总体革命”，从政治、经济、文化等等方面颠覆资本主义社会；而后马克思主义认为，这是马克思主义的宏大政治的表现，这种宏大政治不可能会产生实质效果，因而后马克思主义转而诉诸文化抵制、话语宣泄等边缘性的所谓的微观政治和斗争。

（四）在实现社会主义的方式上，马克思主义主张革命、阶级斗争思想；但后马克思主义则根本反对用革命和阶级斗争来推翻资本主义，而主张以和平、民主的方式实现社会主义。

（五）在对社会主义或共产主义社会的展望上，马克思主义认为那是一个消除了剥削和压迫、消除了阶级对立的理想社会；但后马克思主义却认为这样的透明社会是不存在的，他们认为社会主义依然存在对抗，尽管这种对抗也许不是阶级对抗，但依然存在意识形态的对抗、思想差异的对立等等，并且认为这种对抗和对立是民主精神的体现。因此必须始终葆有对抗的因素，否则共产主义社会谈不上是一个民主社会。

（六）在社会主义的存在形式上，马克思主义赞成以国家为载体的社会主义；但后马克思主义则反对任何“国家主义”式的社会主义，主张抵制科层化、官僚化的所谓激进民主和激进政治。

（七）在社会发展阶段上，马克思主义主张共产主义社会与资本主义社会的决裂，而后马克思主义认为共产主义是资本主义的完成，这种完成体现在民主的延伸上，社会主义不过是资本主义的更民主化。

另外，后马克思主义因为反对经济决定论，而刻意夸大经济和政治的分离，政治与阶级斗争的分离，认为政治斗争与经济利益没有联系，只是单纯地为争夺话语权力的斗争，是民主话语的冲突和对抗。这样的立场都是与马克思主义关于社会主义的基本原则背道而驰的。同时，后马克思主义也认为马克思关于资本主义剥削的论述只是一种理论虚构，而非是真实状况的描述，他们认为工人阶级并没有天生的反对资本主义的要求，工人阶级压迫性意识的产生是通过民主话语的建构而实现的。

所有这些分歧表明，后马克思主义是西方马克思主义的继续左转，是西方马克思主义的二次方。如果说西方马克思主义在某种程度上还归属于马克思主义的范围的话，那么，对于后马克思主义，我们则不敢贸然下这样的结论。尽管后马克思主义一直强调自己的努力是为了克服马克思主义的危机，但从其现实作为来看，他们却颠覆了马克思主义的所有概念，他们毫不忌讳地说："为了从当代的问题出发重新阅读马克思主义理论，必然包含对其理论核心范畴的解构。这就是我们所说的'后马克思主义'。"① 由此可见，后马克思主义不仅是一种非马克思主义，而且是一种非常隐蔽的、打着挽救马克思主义旗号实则颠覆马克思主义的非马克思主义。因此，加拿大著名马克思主义学者艾伦·伍德说："一切似乎很明显，'后马克思主义'不过是通往'反马克思主义'的小小驿站而已。"②

后马克思主义对马克思主义的批判是全方位的，马克思主义的社会主义理论、国家理论、社会发展理论、资本理论等等都遭到了后马克思主义的质疑，后马克思主义对于马克思主义大有取而代之的嫌疑。

三、政治立场上的自由主义

既然后马克思主义是一种非马克思主义，既然他们根本否定马克思主义的现实解释力和引导力，那么其必然会转向与马克思主义相对立的思想阵营去寻求理论资源。事实果真如此吗？答案是肯定的。正如后马克思主义的代表人物墨菲在《政治的回归》中所表明的那样，他们的社会主义策略是将"社会主义诸目标与政治自由主义制度结合成一个有机整体"。而后马克思主义的另一位代表人物拉克劳也宣称，"左翼的任务

① 恩斯特·拉克劳、查特尔·墨菲：《领导权与社会主义的策略》，黑龙江人民出版社2003年版，第二版序言。

② 艾伦·伍德：《新社会主义》，江苏人民出版社2002年版，再版导言第2页。

不是放弃自由民主的意识形态，而是在激进的和多元的民主方向上深化和扩大民主。”[①] 从西方自由主义思想家那里借取民主理念注入社会主义，并将民主的理念在社会主义中全面铺展和彻底化，就是后马克思主义的政治目标，这种政治目标就是他们所谓的“激进民主”。

什么是“激进民主”？激进民主就是民主的激进化，即要将自由民主的精神发挥到极致化。为什么后马克思主义要提出“激进民主政治”的目标？是因为在后马克思主义看来，社会主义与民主、自由之间没有任何亲缘关系，因此，后马克思主义者的工作是如何把民主、自由的精神嫁接到社会主义当中去，或者说，将社会主义纳入后马克思主义的民主革命的轨道。

在后马克思主义看来，以往的社会主义革命都是不民主革命，所以，建立起来的社会主义国家必然缺乏民主的维度。而为什么民主会在社会主义国家中缺失？后马克思主义认为，根本原因在于社会主义赖以建立的理论基础即马克思主义或者马克思本人的思想就隐含着反民主的东西。因此，现实的社会主义为什么总是会一再走向极权主义，原因就在于马克思的思想当中就隐含着极权主义的因子。既然马克思主义那里不存在民主思想的存身之所，那么从马克思主义那里去寻找民主的理念就无异于缘木求鱼。所以，后马克思主义在马克思主义面前转身离去，并全身心地投入西方自由主义的怀抱，也就不难理解了。

将民主思想从马克思主义当中剥离出去，并将马克思主义定义为反民主思想或极权主义，这恰恰是自由主义攻击马克思主义的一贯伎俩。后马克思主义与自由主义在这个问题上的一致性绝对不是一种偶然的巧合，而是两者在精神上本来就是息息相通的，难怪学者诺曼·格拉斯真切地指出：“拉克劳和墨菲在可能的限度内向我们表达了对自由主义最温和的看法。”[②] 艾伦·伍德也反复指出，后马克思主义的“社会主义多多少少可被说成是自由民主的自然延伸”。[③]

现实社会主义运动中出现了极权主义现象，这种极权主义的出现显然与时代的险恶政治环境，特别与资本主义对社会主义的敌视和围剿有着不可分割的联系，但后马克思主义却全然不顾这些背景，反而把社会

① 恩斯特·拉克劳；查特尔·墨菲：《领导权与社会主义的策略》，黑龙江人民出版社2003年版，第198页。

② Norman Geras. Post – Marxism? . New Left Review, No. 153, May/June 1987.

③ 艾伦·伍德：《新社会主义》，江苏人民出版社2002年版，第5页。

主义产生极权主义现象的根源完全归结为马克思主义学说自身，这不能不说是别有用心。尽管声称自己是继承了葛兰西、阿尔都塞等西方马克思主义的思想，但正如有学者指出的那样，后马克思主义只是披着葛兰西主义的外衣以达到自己颠覆马克思主义的目的[①]，因此，它对马克思主义所有经典概念的全面解构也是情理之中的事情了。站在自由主义的立场上，必然走到把马克思主义当作自己的敌对阵营加以打击这一步。

由此看来，有些后马克思主义思想家反复叨念着自己不是“反马克思主义”，是重视其他社会斗争形式的“马克思主义”，但“马克思主义”只不过是这些后马克思主义的障眼法。后马克思主义其实是另一种形式意义上的“政治自由主义”，它是对马克思主义的背离，而这种背离因为安上了马克思主义的标签，或许会更具隐蔽性和欺骗性，因而应当引起我们的警惕。毋需赘述，两位西方学者的话或许可以引起我们的深思。学者丹尼尔·麦吉说：“后马克思主义有足够的理由可以让我们不能专心于改善活人的状况。通过让我们关注不朽性的希望，后马克思主义为当代知识分子提供了一种理论形式的误解政治学的技术，即马克思所说的‘人民的鸦片’”。[②] 学者诺曼·杰拉斯也说，后马克思主义的两位代表人物拉克劳与墨菲“好像是激进的民主人士，但其表述民主的观点肤浅得令人失望，而且比肤浅更有害的是，它表现得很像冷战时反马克思主义标准的转喻。”[③]

四、行动上的“精神社会主义”

20 世纪 60 年代以来，西方资本主义国家以及一些第三世界国家都爆发了范围广泛的群众运动，而且群众运动的名目非常繁多，有学生起义、女权主义运动、生态运动、黑人民权运动、同性恋运动、反战运动等，斗争的形式也非常多样，如占领课堂、袭击警察、街头静坐、实施爆炸、抵制兵役、断路、吸毒、性滥交，等等。这些运动或斗争形式，就是当代资本主义社会中所谓的“新社会运动”。在后马克思主义看来，所有这些斗争现象在马克思的设想中都是不可思议的，或者说被马克思排除在自己的社会主义斗争策略之外。因为马克思主张，在资本主义社会，随

---

① Norman Geras. Post – Marxism? . New Left Review, No. 153, May/June 1987.

② Daniel T. McGee. Post – Marxism: The Opiate of the Intellectuals. Modern Language Quarterly 58: 2, June 1997.

③ Norman Geras. Ex – Marxism without Substance: Being a real Reply to Laclau and Mouffe. New Left Review, No. 169, May/June 1987.

着剥削的加重，社会最终分裂成两大敌对的阶级：资产阶级和无产阶级，这两大阶级的矛盾是无法调和的，必然会发生对抗。因此，马克思主义认为，无产阶级是推翻资本主义社会的主体力量，阶级斗争是无产阶级的主要斗争形式。言下之意就是，马克思主义不认为无产阶级之外的其他群体有资格充当推翻资产阶级的历史使命，也不认为阶级斗争之外的其他斗争形式会有重要的历史效果。

后马克思主义对于马克思主义的这些主张，是根本不认同的。他们认为马克思主义的这些想法是对社会复杂性的简化处理，它忽视了真实的社会现实，看不到工人阶级之外群体的真实利益和真实想法，更看不到这些群体抗争所具有的重要意义。因此，后马克思主义基于20世纪60年代所出现的上述新社会运动现象，对马克思主义进行了尖锐批判。对于后马克思主义从新社会运动的角度对马克思主义的质疑，学者杰弗里·伊萨克进行了总结："马克思主义面临的关键挑战不仅仅是关于中央集权主义和好斗性问题，在发达资本主义社会战后政治的相对稳定中，各种新社会运动纷纷涌现——女权主义运动、民权运动、和平运动、生态运动等等。这些运动所表达的对抗，虽然从历史上来讲并不是全新的，但是，它们所表达的特殊的不平、它们独特的组织形式无不带上战后社会与政治发展的印迹：由于大众传媒和大众消费主义，小家庭出现瓦解，对女权主义而言，劳动市场上妇女的大批出现；就公民权而言，民族的及国际的人口变换；就和平运动而言，社会的好战性及核武竞赛；就生态而言，无计划的地区经济发展、化学工业、药用工业、原子能工业的发展——这些运动所表达的对抗并不是阶级对抗，它指向非阶级的权力关系。就这一点是真实的而言，它们也向马克思主义提出了严峻挑战——在不把它们还原为阶级关系的派生物的情况下如何应对这些现象。许多马克思主义理论家通过完全抛弃马克思主义而回应了这一挑战。"①

他们认为，西方国家发生的"新社会运动"表明，任何一类主体（学生、工人、妇女、反种族主义、生态主义者、性偏好主义者、反核主义者、反体制主义者等）都可以成为社会变化的领导中坚。至于如何实现激进民主，后马克思主义提出了所谓的"领导权"（hegemony）的构造。在马克思主义的设想当中，实现社会主义的中坚力量是无产阶级，也就是说无产阶级具有领导权的资格。但在后马克思主义看来，激进民主政治的领导者不可能是单一的无产阶级，更何况无产阶级本来就是一

① Jeffrey C. Isaac. Power and Marxist Theory: a realist View, Part Ⅱ, 6, p. 208.

个虚假的概念。在现实社会面前，没有哪一类主体比其他主体更优越，因此，不能把未来社会的希望寄托在某类主体身上，更不能将这类主体的地位永恒化。

但后马克思主义者更倾向于这样一种立场：社会变革的领导者是一种联合力量。在这种联合力量里面，各类主体是平等的，同时也是异质的；他们的联合是偶然的、暂时的，而非固定的、永恒的；他们的联合并不是出于固有的阶级利益，而是出于一种外在的话语接合（articulation）。他们认为，未来社会的实现就依靠这种联合的领导权力量，而后马克思主义者的工作则是努力去思考：如何才能将这种领导权建构起来。因此，后马克思主义将研究重心转到"话语"分析上来，到后现代主义特别是后结构主义那里去寻求理论支持，是有原因的。

后马克思主义的某些提法看似有一定的新颖性，但实质是用理论上所谓的翻新阉割马克思主义的现实性和斗争性。而当他们以"所有的社会行动者都具有有限的历史任务，他们中没有谁注定要去实现全球性人类解放的规划"[①] 的理由来弱化无产阶级的作用时，其目的貌似是要进行一场对资本主义的"全民运动"、"大众运动"、"大拒绝"，但其实是要将斗争的力量和斗争的目标泛化，最终使资本主义处在命运打击不到的安全地带。因此，他们所谓的社会主义策略不过是对社会主义追求的放弃和对资本主义社会的委婉维护，从而将社会主义的真正实现推至于遥遥无期。

正是出于对现实社会主义运动节节失利的失望，大多数后马克思主义在现实斗争面前转身离去，而投入智力工作上的向壁虚构，不再对"回到阶级斗争"有任何的兴趣。正如拉克劳在2001年为其代表作《霸权与社会主义战略》所写的第二版序言中回答："左翼当前最迫切的任务是什么"这一问题时所说的那样："答案不是放弃'文化'斗争，回到'真实'政治。"[②] 远离现实政治斗争，用"激进民主"政治置换无产阶级革命和阶级斗争，并将这种政治转换成"话语政治"，这就是后马克思主义所极力倡导的通达社会主义的斗争策略。然而这种"激进民主"没有任何激进可言，它充其量是另一种形式意义上的"民主社会主义"，

---

① Ernesto Laclau. Class War And After. MarxismToday，April 1987，p. 32.

② 恩斯特·拉克劳、查特尔·墨菲：《领导权与社会主义的策略》，黑龙江人民出版社2003年版，第二版序言第14页。

“是老掉牙的右翼社会民主党的骗人方案”①。

所以，不管后马克思主义提出多少种替代马克思主义社会主义策略的方案，不管后马克思主义主张谁来取代无产阶级成为新的社会力量，由于后马克思主义首先认同了资本主义存在的合理性并“向资本主义投降了”②，因此，他们所有的社会主义方案及主张都是不切实际的痴人说梦，因为谁都清楚这一简单的道理：体制内的人或认同自身体制的人不可能“内爆”或推翻自己的体制。针对后马克思主义的这些主张，艾伦·伍德指出：“这些不同选择没有任何一种是以对构成资本主义的社会力量及其关键的策略目标的系统的重新评价作为支撑的。这些不同观点的典型形式就是一厢情愿式的乌托邦或者是处于绝望中的幻想，或是跟通常一样，都是对于完成变迁的社会的幻想，而没有对于变迁进程的真实期盼。”③ 难怪西方学者达纳·克劳德这样评述道：后马克思的社会主义策略充其量只是新左翼知识分子的“精神社会主义。”④

第二节　现代性：后马克思主义批判马克思主义的逻辑预设及其归宿

尽管有很多人对后马克思主义持一种拒斥的态度，然而不可否认的是，后马克思主义可以说是当代最具影响力的思潮之一，它的辐射力已经穿透经济学、社会学、政治学等各个领域，由此而有“后马克思主义经济学”、“后马克思主义社会学”等等说法。后马克思主义因其上承巴什拉、拉康、福柯、利奥塔、德里达等人深奥的思想资源，加上后马克思主义者善于生造晦涩的概念，故而有“乱花渐欲迷人眼”之势，人们对其思想本旨始终难窥其豹。诚然，后马克思主义作为20世纪70年代以来开始兴盛的一种思潮，它的兴起固然有社会历史背景的触发，比如现实社会主义的挫折和衰落使得人们开始质疑科学社会主义的普适性，进而引发了对马克思主义理论甚至马克思本人思想的批判、否定和超越。然而仅仅从现实背景来诠释后马克思主义的思想底蕴，还显得略为幼稚，

① 艾伦·伍德：《新社会主义》，江苏人民出版社2002年版，第7页。

② 艾伦·伍德：《新社会主义》，江苏人民出版社2002年版，再版导言第5页。

③ 艾伦·伍德：《新社会主义》，江苏人民出版社2002年版，第15页。

④ Herbert W. Simons & Michael Billig (Edt.). After Postmodernism: Reconstructing Ideology Critique, p. 251.

因为思想的起承转合只能从思想发展的内在脉络来解释或许更妥当些。虽然后马克思主义阵营内部门派林立，并非铁板一块，但是它作为后现代主义理论的一种衍生物，必然承袭了后现代主义的衣钵。因此当所有的后马克思主义者批判马克思主义理论的时候，惯用的手法或多或少是借用了后现代主义对现代性的批判。① 将马克思主义归属现代性的范围，马克思主义不可避免地带上了现代性的特征，而马克思主义的现代性却无助于解释当下的社会状况和人的生存境遇，因此这样的理论必须被置换和超越，后马克思主义的兴起势所必然。理论上预设马克思主义的现代性困境，这就是后马克思主义立论的逻辑起点，后马克思主义的整体框架可以说就建立在这一阿基米德点上。后马克思主义以为自己批判马克思主义的现代性就可以摆脱和超越现代性，但颠倒过来的现代性还是一种现代性，后马克思主义终难逃脱现代性的窠臼，这种宿命也许连很多后马克思主义者本人都没有意识到。

一、后马克思主义的逻辑预设：马克思主义的现代性症结

尽管人们对后马克思主义的性质、立场、特征等问题存在诸多分歧，但有一点是肯定的，即后马克思主义是在各种“后”理论（如后工业社会理论、后分析哲学、后结构主义、后殖民主义等）盛行的背景下应运而生的，也就是说，后马克思主义的精神底蕴其实是后现代主义，后马克思主义对马克思主义的批判是后现代主义对现代性批判的翻版。虽然后现代主义并非一个统一的流派，但在对传统哲学的颠覆上却不乏共同的思想旨趣，比如都力图消解传统哲学所固有的基础主义、本质主义、中心主义、普遍主义、宏大叙事等等所有这些被认为是现代性堡垒的东西。追溯后马克思主义的理论前提可以发现，后马克思主义完全承继了后现代主义的方法立场，它们对马克思主义的批判往往是从现代性的路数切入，将马克思主义等同于现代性，把对马克思主义的批判转换为对马克思主义现代性的批判。

在许多后马克思主义者看来，马克思主义当中不乏批判、辩证法等合理因素，但这些仅仅是一种理论姿态和方法论的表示，它无助于改变马克思主义的现代性特征，就像黑格尔的辩证法无助于改变其体系的唯心主义性质是同样的道理。马克思主义从根本上来讲是从属于传统哲学阵营的，因此传统哲学所具有的现代性在马克思主义身上同样表现得淋

① 凯尔纳、贝斯特：《后现代理论》，中央编译出版社 2004 年版，第 236—265 页。

漓尽致有过之而无不及。借用后现代主义对现代性的批判立场，后马克思主义揭露并概括出马克思主义理论当中隐含的几大现代性问题，并从这些现代性困境出发展开了对马克思主义的攻击。后马克思主义认为，马克思主义的现代性特征通常有以下几个方面：

（一）马克思主义的本质主义（或基础主义、一元论）特征。马克思主义的本质主义特征是最为后马克思主义所诟病的地方。马克思主义的本质主义通常表现为还原论，一是经济还原论，二是阶级还原论。不管后马克思主义者之间存在多大的分歧，却不约而同地指认，还原论是马克思主义的最大障碍。马克思主义的经济还原论即经济决定论，认为经济是最基础性的东西，所有的意识形态领域都是由经济所决定或受制于经济，因此可以将所有的意识形态问题都还原为经济问题。[①] 经济还原论在社会斗争上就表现为阶级还原论，即将社会斗争还原为阶级利益之间的斗争。在马克思主义看来，社会是由不同的阶级组成的，从而社会斗争就是阶级之间的斗争，而既然经济问题是最根本的问题，谁控制了经济命脉谁就是统治者，因此阶级之间的斗争就表现为对经济控制权的斗争，表现为阶级利益之间的冲突和争夺。

（二）马克思主义的中心主义（主体主义）特征。中心主义在后现代主义看来是马克思主义现代性的另一表征，这一表征是传统哲学的延续。认为在事物当中存在一个权威、核心、中心，所有的东西都维系于这个中心，这是西方传统哲学中心主义的典型表现。从前苏格拉底哲学的逻各斯中心主义、中世纪的神学目的论到近代哲学的主体中心主义，无不表明中心主义的观念在人们心目中已经根深蒂固。后马克思主义认为，传统哲学的中心主义在马克思主义理论中具体化为无产阶级中心论。当马克思主义抬高无产阶级的地位，把未来社会的希望寄托在无产阶级身上，把无产阶级看成是未来社会的开创者的时候，马克思主义的中心主义特征表露无遗。未来社会的主体是无产阶级，未来社会就建立在无产阶级这一主体身上，这与近代主体性哲学强调“我思”、“自我”、“绝对”、“绝对精神”等等的做法并无二致，只不过马克思主义将主体性哲学做了特殊的转换而已。

（三）马克思主义的二元论特征。二元论是传统哲学的显性特征，这从巴门尼德的意见和真理、柏拉图的现象世界和理念世界、奥古斯丁的

---

① Nicos P. Mouzelis：Post－marxist alternatives：The Construction of Social Orders，Lodon：1999，pp. 1－6.

世俗之城和上帝之城、笛卡儿的思维和广延、康德的现象和物自体，甚至萨特的自在的存在和自为的存在、海德格尔的存在和存在者等等区分上可以见出。谁在自己的思想中有两重世界的区分，谁就毫无疑问归属于传统哲学。马克思主义是否真的像马克思所说的那样跳出了传统哲学的樊笼呢？后马克思主义认为根本没有，最显而易见的理由就是马克思主义当中到处都充斥着二元论，比如生产力和生产关系的区分、经济基础和上层建筑的区分，资产阶级和无产阶级的区分，等等。凡此种种，表明马克思主义不仅没有打破传统哲学的特征，反而在某种程度上强化了传统哲学的现代性。

（四）马克思主义的普遍主义（宏大叙事、确定性、历史目的论）特征。马克思主义的普遍主义特征表现为对必然性、规律性、确定性、目标性等等的确信，并且认为这些东西是无处不在的。自然、社会、思维的发展无不服从这些东西的支配，这些东西是自然、社会、思维中发展的主线、主流、主干，其他东西如偶然性、无秩序、非确定性、可能性、非线性等等都是支流末节，后者不值得人们的关注。人类对自然、社会和思维的认识就在于揭示出这些放之四海而皆准的具有普适性的东西，把握了它们就把握了世界，世界的发展就尽收眼底。否则就是本末倒置舍本逐末，从而在历史面前一头雾水，陷入非决定论的盲流。马克思主义的普遍主义特征集中表现在对共产主义社会理想的勾画上，认为共产主义是人类社会的终极目标，所有的民族最终都朝向这一目标。

二、后马克思主义的批判路径：后现代主义理路

以上这些现代性的症候就是后马克思主义借用后现代主义的手法给马克思主义开出的诊断书，这些诊断结果在判定马克思主义从属于传统哲学阵营的同时，宣告了马克思主义所具有的这些陈旧的现代性视角使得它对西方20世纪60年代以来出现的科技革命浪潮、全球化运动等新形势新问题无动于衷，因此无助于解释世界，更谈不上改造世界。后马克思主义据此对马克思主义的现代性逐一展开了批判。

（一）反本质主义。后马克思主义认为，经济并不是一个最重要的领域，政治、文化等上层建筑领域并不受经济的支配，后者具有自身的独立性，不能用经济范畴来解释政治现象和文化现象，否则就会歪曲政治和文化等的本来面目。同时，社会斗争和政治斗争也不能简单归结为阶级利益之间的斗争，很多的社会斗争和政治斗争并不由经济利益所引起，斗争的目标也并不指向经济利益，尤其是现代社会的许多政治运动，根

本就与经济没有任何的瓜葛。马克思主义的经济还原论和阶级还原论是一个非常狭隘的概念，它简化了社会现象的复杂性，造成了对社会现象解读的失真。正是认为现代社会的政治运动与经济斗争和阶级斗争没有关系，所以许多后马克思主义者提出了与马克思主义不同的政治运动策略。詹姆逊等人运用结构主义和解释学的方法批判晚期资本主义的霸权文化，从文化革命的角度去研究政治运动，主张社会主义革命是一场文化革命。而拉克劳和墨菲等人则用激进民主策略取代传统的社会主义策略，激进民主策略不赞成某一种策略的优先性，而是主张多元的政治行动，在其中，话语的逻辑将不同的立场接合起来。

（二）反中心主义。马克思主义的中心主义观念导致了它无视社会结构变动所造成的角色流变的事实，而始终信守角色固定的态度。而在后马克思主义看来，社会的瞬息万变使得人们在身份和地位上不再像古代社会一样始终定位在某一点上，人们的角色是流动的、不确定的，再也没有固定的阶级身份。因此，马克思主义把社会成员分化为若干个阶级的做法在现在是行不通的，特别是把社会的命运维系在单一的无产阶级的身上更是毫无道理，因为再也不存在有着阶级认同感的所谓的无产阶级。未来社会的改变不能依赖某一个群体，而是多元的群体成为社会变革的承担者，包括女权主义、生态运动、学生和其他社会边缘群体等等。比如拉克劳和墨菲的激进民主政治就认为激进民主的领导权是人民群体，主张用人民概念代替工人阶级的概念，这种人民概念的基础不是阶级关系，而是由话语实践接合起来的不同的社会群体。

（三）反二元论。后马克思主义对马克思主义当中诸多的二元论划分非常不满意，特别是对经济基础和上层建筑的二分颇有微词，认为这种二分是马克思主义二元论的集中体现。如果说笛卡儿的二元论所主张的思维和广延是两个独立的平行实体，因而是一种彻底的二元论的话，那么马克思主义中所主张的经济基础和上层建筑的二分模式并不具有笛卡儿等人的二元论的彻底性，而正是这种不彻底性使马克思主义在社会理论的建构上不仅没有贡献，反而混淆了人们的视听。因为马克思主义虽然坚持经济基础和上层建筑的二分模式，但在这种二分中，经济基础和上层建筑并不是独立的，上层建筑领域受制于经济领域，经济的性质决定了上层建筑领域的性质。马克思主义对上层建筑的分析始终笼罩在经济分析的阴影之下，如此一来，他们就不能真正把握上层建筑的本来面目。鉴于马克思主义者对政治和文化现象解释上的错误，后马克思主义者尝试各种各样的途径以图超越经济基础和上层建筑的二分，比如后马克思主义的一个代表人物穆泽利斯就提出技术、占有、意识形态的三分模式来代替马克思主义的二分模式对社会现象的解读。①

（四）反普遍主义。普遍主义在马克思主义的唯物史观中表现得淋漓尽致，唯物史观主张历史受规律性的支配、历史受确定历史目标的引导而前进、历史的发展道路和阶段确定不移，认为所有民族的历史都服从相同法则的制约，尽管有所偏离，但从整体的趋势上来讲却是一致的。在后马克思主义看来，普遍主义的诉求是马克思主义所制造的一个神话，事实上根本不存在这些东西。与马克思主义相反，后马克思主义认为，世界是由偶然性、不确定性、可能性所支配的，无规则、无秩序、无中心才是世界的本来面目。普遍主义的诉求是一种专制和压抑，它与当代社会的精神格格不入。在后马克思主义看来，由统一性逻辑所支配的总体社会的存在是人们的幻觉，社会不是一个实体，而是由差异性话语组成，它充其量只能被缝合。

三、后马克思主义的归宿：现代性梦魇

后马克思主义从后现代主义的视角对马克思主义所展开的现代性批判不可谓不尖锐。然而，当后马克思主义冷静下来的时候，我们要反问他们的是，当后马克思主义预设马克思主义的现代性特征和现代性困境并对马克思主义展开猛烈批判的时候，这种批判是否是一种真正的内在批判？尤其要追问后马克思主义者的是，当他们一致认同马克思主义归属于现代性阵营的同时，他们自己是否就真正挣脱了现代性的藩篱？

康德在《纯粹理性批判》中曾经揭示过这样的事实：唯理论过于抬高人类理性的能力，认为人类理性可以越过现象的界线而认识不可经验的上帝等等超验的存在。在康德看来，这是一种独断论，因为唯理论首先没有对人类理性能力的大小和适用范围进行界定，就盲目相信人类理性的能力并过度运用人类理性。怀疑论是对唯理论的反叛，它与唯理论相反，认为人类理性的能力是非常有限的，它的运用范围只能局限在现象的领域，只能把握为我们所经验到的事物，至于经验之外是否还有上帝等等存在，我们大可怀疑甚至否定。怀疑论是唯理论的反面，是否就意味着它不是一种独断论呢？康德认为答案是否定的，怀疑论同样是一种独断论。怀疑论看似与唯理论相左，但其实与唯理论一样，在同样的

---

① Nicos P. Mouzelis : Post - marxist alternatives: The Construction of Social Orders, Lodon: 1999, pp. 45 - 82.

问题上犯了同样的错误。怀疑论同样是没有考察人类理性的能力就断然否定人类理性有把握形而上存在的可能，这毫无疑问也是一种独断论。①无独有偶，海德格尔在评价尼采哲学时也曾指出：尼采颠覆了形而上学，但颠倒过来的形而上学依然是形而上学，尼采是最后一个形而上学家。②

所有这些论断让我们意识到有些批判仅仅是外在的批判，形式上看似猛烈，但根本就没有触及到批判对象的问题实质和核心，因此这样的批判是无效的。当我们反观后马克思主义对马克思主义的批评时，我们发现，后马克思主义者并不像它所宣称的那样彻底，它同样跳不出现代性的羁绊。这种下场是后现代主义者自身所没有意料到的。

（一）后马克思主义理论的出发点建立在先天预设的逻辑前提上，这是近代哲学先天论或独断论特征的典型标志。后马克思主义思潮的逻辑起点是基于马克思主义理论中的现代性特征，而所谓的这些现代性特征是后马克思主义借鉴后现代主义对传统形而上学的批判概括出来的。从后马克思主义的内在理路来看，后马克思主义走的是从先天假设到后天论证的路子，这种路子是近代哲学先天论的惯用模式。近代哲学家如霍布斯、洛克、卢梭等人在解释国家、政府的起源时候，总是预先假定一种“自然状态”，然后从自然状态推断出一种社会契约的必要性，再从中引申出国家和政府的形成。因此，不管后马克思主义如何极端，只要它这样来预设马克思主义哲学中的现代性特征，一厢情愿地先天假定马克思主义哲学具有这些东西，那么它的思维方式就与近代哲学无异，这是一种先天论和独断论。结果，后马克思主义并没有超越传统哲学，只不过是现代性哲学的另一种表现形式而已。

（二）后马克思主义极力批评马克思主义的还原论，然而它自己也没有摆脱还原论，只不过是用一种还原论取代另一种还原论而已。后马克思主义在对马克思主义的批评上混淆了真正的马克思主义和教条的马克思主义的区别，甚至把教条马克思主义等同于真正的马克思主义，因此对马克思主义以及马克思本人的思想产生了误解。后马克思主义所指出的马克思主义当中的还原论特征只是教条马克思主义的特征，是教条马克思主义对马克思等人思想的曲解所致，它不能归属于真正马克思主义。真正马克思主义并没有用经济范畴去推导出所有的上层建筑范畴，并没有用经济领域取代政治和文化现象等等的独立性，而是始终坚持经济、

① 康德：《纯粹理性批判》，华中师范大学出版社2000年版，第一版序。

② 海德格尔：《海德格尔选集》，上海三联书店1996年版，第771—785。

政治、文化等等领域的自主性。后马克思主义在歪曲真正马克思主义思想的同时，它自己自觉不自觉地也陷入了还原论，用另一种还原论取代了教条马克思主义的经济还原论。穆泽利斯在《后马克思主义的抉择》的附录中概括过四种还原论：（1）行为者→行为者，（2）行为者→结构，（3）结构→行为者，以及（4）结构→结构。① 后马克思主义批评马克思主义将政治还原为经济，其实他们在自己的思想中或多或少也隐含着穆泽利斯所概括的还原论类型。正因为如此，所以普兰查斯会批评密里班德有还原论，拉克劳会批评普兰查斯有还原论，而拉克劳同样也被其他后马克思主义者指责有还原论。

（三）后马克思主义认为马克思主义允诺一种社会理想，这是普遍主义的专制，然而它在废弃理想担当的时候，却滑向虚无主义一边，它的虚无主义归宿暴露了它的现代性根底。虚无主义是西方理性主义特别是启蒙运动的必然结果，也就是说，虚无主义产生的根源在于传统哲学中的理性主义本身，虚无主义与传统哲学有一种内在联姻，谁要是延续了虚无主义，谁就当仁不让地从属于传统哲学，而后马克思主义恰恰伸张了一种虚无主义立场，这就表明它归属于传统哲学。海德格尔在《尼采的话“上帝死了”》中曾说过这样意思的话：尼采的话“上帝死了”揭露了西方虚无主义的事实，而虚无主义是对最高价值和理想的废黜。② 如此看来，后马克思主义对价值理想的摒弃，恰恰是一种虚无主义的姿态。而马克思主义相反，它不仅不像后马克思主义所说的那样属于传统哲学，而且它开始了一条与传统哲学不同的生存论路径，这使得马克思主义超越了传统哲学。然而，马克思主义在开创一条新的哲学路向的同时，却并没有放弃价值理想的期许。康德说过，追求理想是人的内在冲动，这是人类无法摆脱的情结，马克思主义不可能不知道这个道理。马克思主义在自己的思想当中为人们指出了一个美好的共产主义社会，这种对理想社会的期盼和设想并不是马克思主义失足的地方，反而恰恰是马克思主义当中最有价值的部分，马克思主义如果缺失了这一部分那才是真正的缺憾。后马克思主义主义在理想的问题上走了极端，认为只要为人们勾画某种未来社会的理想，就是对人们思想的强加和灌输，就代表着一种思想专制和暴力，就是对人们所说的柏拉图式的高贵谎言。后马克思

① Nicos P. Mouzelis : Post - marxist alternatives: The Construction of Social Orders, Lodon: 1999, pp. 157 - 174.

② 海德格尔：《海德格尔选集》，上海三联书店 1996 年版，第 776 页。

主义拒斥一切理想的立场隐藏着不良的社会后果，它有可能会充当虚无主义的帮手，在虚无主义思潮的蔓延中起到推波助澜的作用。在21世纪的今天，虚无主义已经无孔不入地侵蚀进社会的每一个角落，在公平、正义渐行渐远的时代，我们所要做的不是对理想的嘲笑和践踏，而是应当像马克思一样如何去坚持理想和召唤理想，因为一个不要理想的时代注定是一个没有希望的时代。

至于本质主义、中心主义、二元论、普遍主义这些后马克思主义所判归给马克思主义的现代性问题，后马克思主义自身是否就避免和摆脱了呢？答案也许同样是否定的，齐泽克的一席话提醒了我们："巴特勒和拉克劳在他们对旧'本质主义的'马克思主义的批判中，依然默默接受了一系列前提：他们从未怀疑资本主义市场经济和自由民主政治体制的基础前提；他们从未想象过一个完全不同的经济—政治体制的可能性。他们以这种方式完全参与了'后现代'左翼对这些问题的放弃：他们所提议的所有变化都是在这种经济—政治体制内的变化。""巴特勒和拉克劳完全仰赖本质主义（偶然）性的对立；他们都把'进步'（如果这个术语仍然是可辩护的）构想为从本质主义到越来越激进的偶然性声称的逐步过渡。"[①] 作为后马克思主义精神领袖之一的拉克劳，他的后马克思主义思想不可谓不激进，可是从齐泽克的话语中可以窥知，拉克劳的思想却远远没有这么彻底，他根本就没有摆脱本质主义和二元论的现代性阴影，这不能不发人深思。

当然，尽管后马克思主义对马克思主义有或多或少的歪曲，尽管它自身难免诸多视域缺陷，但这不能成为我们拒绝它的理由。后马克思主义作为一种强大的社会思潮，它的出现本身就值得我们关注，况且它对教条马克思主义鞭辟入里的批评为我们完善和推进马克思主义提供了十分有益的启示。对于蔚为壮观的后马克思主义，我们可以超越它，但决不可以掠过它。

---

① 巴特勒、拉克劳、齐泽克：《偶然性、霸权和普遍性》，江苏人民出版社2004年版，第237页.

第三节　和谐社会如何建构：后马克思主义现代性反思之后的余思

后马克思主义对现代性的批判，为我们展开了许多的思考维度：比如它对全球化的批判，不啻为全力盲信全球化的人们敲了一记闷棍，使得人们看清了全球化背后的资本化势力，从而对此能够自觉地增添几许警惕，这是件好事。比如后马克思主义对国家主义的普遍反感，颇有几分道理，确实国家主义在缺乏控制和约束的情况下势必滑向极权主义。然而，我们又不能全盘照搬后马克思主义的所有东西，对国家主义的批判有可能会导致对爱国主义的抵制和爱国主义教育的抛弃，而这一点对于中国来讲，具有不良的后果。在西方国家对中国还充满敌意的情况下，放弃爱国主义教育就等于放弃自己的民族生存空间。所以我们在爱国主义的问题上不能跟着后马克思主义亦步亦趋。另外，后马克思主义主张抛弃诸如共产主义等等理想信念，认为这会造成用一种思想来统一人们的观念的思想专制主义，这在逻辑上也貌似合理，但它也具有另一种后果：没有理想的时代，势必是一个虚无主义的时代。因此，对于后马克思主义，我们始终要从正反两面来看待，既要吸取它的一些针砭时弊的原创性思想，又必须用一种批判的眼光来审视它。

总而言之，我们研究后马克思主义，最终是为了回到中国的马克思主义建设及和谐社会的构建上来，当我们明白了后马克思主义的理论路径之后，或许我们会对于我们的时代有着更清晰的认识。在资本主义的全球化势力普遍扩张、在形式主义大行其道、在虚无主义甚嚣尘上、在生态环境日益恶化的时代，我们的和谐社会目标该如何实现，我们应当有自己的认识和判断。

一、坚持爱国主义教育：反对全球化背后的暗流

全球化是这些年来讨论得最热烈、最为人所迷醉的一个话题。在很多人看来，全球化就意味着世界太平，四海归一，意味着人们从此会捐弃一切仇恨和差异，回归真正的平等和对话，意味着世界人民互相扶助，再也没有饥馑、贫穷和苦难。果真如此的话，谁都会毫不犹豫地投入全球化的怀抱。然而赤裸裸的事实却反复在印证一个道理，全球化只是西

方国家侵略和剥削其他国家的一个伪善的面具，在全球化貌美如花的虚假面容下面，是越来越变本加厉的偏见、歧视、压榨、封锁、颠覆、冲突和对抗，世界不仅不太平，反而越来越动荡，多数人不是越来越富裕，反而越来越贫穷。而这一切的罪魁祸首就是所谓的全球化。难怪越来越多的学者开始意识到，全球化其实就是西方化，说到底就是美国化。西方有学者明确指出，1945 年之后的全球化完全是由西方所领导的，或者说是由美国所主导的："许多人更倾向于认为柏林墙倒塌之后的 14 年是美国一极统治的时代，在这个时代美国是唯一和无争议的超级大国，唯一地和前所未有地统治着军事、经济、技术甚至文化领域。"① 因此，全球化是与马克思等人所设想的国际化恰好背道而驰的东西。因此世界缘何更加不太平也就可以理解了。在这样的非国际化的全球化暗流之下，西方政府、西方学者、西方媒体对于像中国这样不断崛起的大国始终心怀戒备和敌视，特别是对于中国人民在抗震救灾、反对西藏独立、支持奥运会举办等行动中表现出来的空前团结心有余悸。在他们眼里，中国是与他们意识形态不一致的国家，谁意识形态与他们不一样，谁就是他们的敌人，因此中国的强大和民族团结对他们利益的分赃就是一种威胁。因而只有把中国搞乱，把中国人的民族凝聚力摧垮才是他们所最希望看到的结果。他们的丑恶嘴脸和险恶用心在过去的大半年时间中展现得淋漓尽致，这让我们更加意识到，西方某些人的亡我之心随着全球化的铺展不是减弱了而是增强了。面对着这样的情势，我们马克思主义教育工作者不仅不应当松懈民族精神和爱国主义的教育，恰恰相反，在这个方面，我们尤其要随着国际形势的不断变化，采取有效途径强化马克思主义教学中的爱国主义教育。树立学生的国际斗争和民族存亡观念，培养学生正确分析和判断各种各样的思潮的背后的实质的能力，使得学生能够有意识地防范和抵制各种错误思潮的侵害，自觉地维护民族利益。

（一）西方中心主义：全球化背后的真实谎言。全球化作为冷战结束后西方推行霸权的新战略，其温情脉脉面纱背后隐藏着的险恶目的，现在越来越充分暴露无遗。最近若干年爆发的几度金融危机，西方国家先后发动的阿富汗和伊拉克战争，美国所圈定的"邪恶轴心国"名单，再到拖累全球的美国次贷危机、石油危机、粮食危机，等等，都印证了全球化只是西方国家虚构出来的一个"美丽的神话"和"高贵的"谎言，在这一神话和谎言背后，依然是狭隘的"西方中心主义"和赤裸裸的马

① "Globalization 3.0", The Wilson Quarterly, Autumn 2007.

基雅维利主义。西方国家在用强权敲开弱势国家的大门之后，用一种更隐蔽和更间接的方式在从事对这些国家的盘剥和掠夺，其危害程度绝对不亚于殖民地时代的直接侵略。就拿现在愈演愈烈的全球粮食危机来说，很多专家指出，这根本就不是世界粮食的欠收所造成的，也不是世界人口的增加所造成的，而是西方金融大鳄对粮食的囤积居奇的疯狂炒作所造成的；还有，这是以美国为代表的能源消耗大国将世界的大部分粮食转用于制造生物能源的后果。类似的事件在前全球化时代是不可能发生的，现在却频频发生，而且发生后，很难有效地对之进行遏制。不是说没办法遏制，而是西方的既得利益国家听之任之，不想去遏制。比如美国就迟迟不肯在停止用粮食发展生物能源上的立场上表态。美国的这种不表态不是偶然的，而是它一惯的做法，凡是涉及美国利益问题的事情，美国总是这样，不肯牺牲自己哪怕一点点利益而为全球的安全着想，在全球气候变暖问题上是这样，在美国次贷危机问题上还是这样。

这是从国际性范围内发生的事件对全球化虚伪性的揭穿。具体回到西方国家对中国的态度上时，同样可以看得出西方对中国的敌视。这种敌视的态度是由西方政府、西方学界和西方媒体共同构制的，它宛若一张无形的大网撒向中国。远的不说，就从近些年发生的诸多事情可以鲜明地看出这一点。

西方政府、西方学者、西方媒体在对待中国的立场上可谓是一个鼻孔出气，构成一个强大的三维一体模式，在这个模式的灌输和宣传下，它对中国由来已久的妖魔化效应被很多无知的西方人民所接受。西方人民在这种畸形舆论模式的主导下，潜移默化地形成了对中国本能的防范、戒备甚至敌视。

首先来看这一模式在对待西藏问题上的态度。西藏历来是中国领土不可分割的一部分，然而西方政府、西方学者、西方媒体却无视这一事实，硬要反其道而行之，公然支持西藏独立，不惜扭曲事实，置正义、天理于不顾。西方政府要人频频接见藏独分子核心人物，一个接一个地抛出所谓的涉华议案，将攻击矛头直指中国政府，一口咬定中国政府存在迫害西藏人民、毁坏西藏文化和生态等非人道主义事实，对于中国政府对少数民族的倾斜和扶助政策，对于西藏自新中国成立以来所取得的历史性进步视而不见，听而不闻，有意回避之；西方学者同样将真理和学术良心置之脑后，主观上认为以美国为代表的西方国家是公平和正义的化身，有很多学者公然在各种各样的学术大会上宣称“美国是在做正义的事情"①、"美国在世界各地建立军事基地的目的不是为了自己私人的利益，而是为了保护自由的全球贸易"。② 因此他们偏袒西方政府在西藏问题上的反历史行径，在西方重要期刊上撰文为西方政府摇旗呐喊，谴责和声讨中国政府，扭曲西藏人民的当前生活状况，③ 鼓吹"西藏独立"④；西方的各种报纸、电视、广播、网络等等媒体，更是指鹿为马、颠倒黑白、混淆是非，极尽歪曲诬蔑之能事。更有报纸还公然叫嚣"暴力是藏独分子寻求独立的唯一途径"⑤，还援引美国的独立战争为其做注解。

在2008奥运会问题上，西方政府、西方学者、西方媒体同样表现出对中国的敌视态度。先是西方政府以各种方式将奥运会政治化，以人权、环境等问题向中国政府施压，对奥运圣火在海外传递的受阻和骚扰听之任之。其次又是西方学者跳出来，发表极不负责任甚至极具仇视中国的言论：有人将中国人民在奥运会上所表现出来的空前团结定义为狭隘的民族主义，诋毁中国在2008年北京奥运会上的表现"就像出了瓶子的妖怪"⑥；丑化和指责中国人民的爱国热情和中国政府在安全问题上所采取的措施⑦，有人认为北京奥运会上中国人民空前团结的爱国主义行为不是自发的，是中国政府煽动的结果，目的是转移公众对政府的种种不满⑧；更有人诬蔑说"北京奥运会一点都不让人期待"、"这届奥运会应当成为奥运史上最值得审判的奥运会"，并进而肆意歪曲说"中国内部为人权问题、新闻检查、腐败、污染、滥用劳动力、缺乏诚信等问题所困扰，外面又拼命地掠夺世界的资源，不断与缅甸、苏丹、津巴布韦、伊朗等穷国家作交易以满足自己对石油、木材和矿石的贪婪"⑨。再次是西方媒体公然谩骂和侮辱中国人民对奥运圣火的保护，比如美国当红主持人卡弗莱在美国最重要的媒体之一有线电视新闻网（CNN）电视上公然辱骂中国人是"一帮暴民和匪徒"⑩。

---

① Northwestern University: The 5th Annual Conference On Human Rights, April 10, 2008.

② Northwestern University: The 5th Annual Conference On Human Rights, April 10, 2008.

③ "Banning Tibet", Newstatesman, 4 August 2008.

④ "China's Four Challenges", National Journal, August 2, 2008.

⑤ "Campus Voice: How Can We Free Tibet?", The Daily Northwestern, May 22, 2008.

⑥ "Let The Beijing Games Commence", The Spectator, 19 July 2008.

⑦ "The Patriot Games", Newstatesman, 4 August 2008.

⑧ "China's Four Challenges", National Journal, August 2, 2008.

⑨ "Inside The Olympics", Newsweek, August 4, 2008.

⑩ 《卡弗蒂的阴暗心理》，《人民日报》（海外版），2008年4月17日第1版。

透过这种种事件，我们应当清醒地明白，西方国家对中国的敌视和侵略之心从来就没有改变，也不可能改变。我们且以卡弗莱辱骂中国人的一段充足的“理由”来做说明：“我不知道中国是否不同了，但我们跟中国的关系肯定是不同了。有一件事可以肯定，由于在伊拉克打仗，我们已经把身上几乎所有的东西都典当给了中国。他们拿着我们数以千亿计的美元，我们也累积他们数以千亿元计的贸易逆差，因为我们不断输入他们带铅油漆的垃圾产品和有毒宠物食品，又将工作出口至一些地方，在那些地方你可以给工人一元的月薪，就可以制造我们在沃尔玛买到的东西。所以我觉得，我们跟中国的关系肯定有改变。我认为，他们基本上同过去50年一样，是一帮暴民和匪徒。”卡弗莱说了这么一大段废话，其实归根到底，就是认为中国侵害了美国人的利益。侵害美国人的利益是没什么大不了的事，根本激不起任何人的兴趣，因为世界人们，尤其是美国人都知道，自由竞争是世界的基本法则。卡弗莱当然深谙其昧，所以他要剑走偏锋，硬要捏造出中国是以“垃圾产品”、“有毒食品”等方式侵害美国的利益的，非如此，难以一石激起千层浪。也许有些天真的美国观众是被卡弗莱的鬼话迷惑住了。但我们千万不能迷惑。卡弗莱所玩弄的伎俩无他，还是帝国主义传下来的那一套：不惜一切代价，极力妖魔化它所要打击的国家。看看历史上它所侵略的国家，无不被帝国主义套上各种各样邪恶的罪名，以激起民愤，转嫁国内民众对当政者不满的情绪，为自己的侵略行径寻求群众基础和舆论基础。现在，它不是又搞出一个所谓“邪恶轴心国”的黑名单吗？

卡弗莱的话代表了某种信号，再次证明了帝国主义亡我中华民族之心不死，这与前段时间在某些国家所捏造出来的中国“毒饺子”、“毒包子”事件背后的阴谋简直是不谋而合、如出一辙。难怪有人会公开撰文说：美国历届总统在竞选时总是很强硬地说要对中国进行制裁，但成为总统后总是不了了之，希望这种状况以后不要再继续下去了①。可谓是司马昭之心，路人皆知。

盲目地迷醉在全球化这一虚幻的光环之下，是一种理想主义和浪漫主义的做法，这样的做法是要付出沉重代价的，中华民族和其他民族被侵略的历史反复印证了这一点。诺贝尔经济学奖得主斯蒂格利茨早就说过：“迄今为此的贸易条款都是不公平的，它们不利于发展中国家。”② 中

① “The China syndrome：human rights，how soon we forget”，The New Republic，July9，2008.

② 《拉米总干事为何担忧》，《人民日报》（海外版），2008年4月8日第1版。

国是一个爱好和平的国家，但其他国家并不这样友好，他们对中国的敌视现在不会消失、今后也不会消失，一味地拥抱西方只是飞蛾扑火的表现。在西方国家对中国形成合围的不友好环境下，我们要寻求民族自立和发展，只能依靠自身的民族精神，而中华民族精神的塑造必须通过爱国主义教育这样的途径来实现。

（二）爱国主义：中华民族自强的精神动力。西方将中国人民在最近一系列事件中所表现出来的空前团结的爱国主义丑化为民族主义。对于奉个人主义至上的西方来讲，爱国主义是不可理解的，他们也极力排斥爱国主义。认为爱国主义是一种集体主义，而集体主义会侵害个人的空间。这是西方人的逻辑，这种逻辑我们不必去遵循，因为现代哲学中的逻辑多元主义告诉我们：逻辑不是一元的，而是多元的，不同的语境下可以有不同的逻辑。我们中国有着特殊的国情，这种特殊的语境决定了我们应当要有自己的国策，而不是跟在西方背后亦步亦趋，亦步亦趋的后果只能是民族的灾难。美国《外交政策》2008 年 3/4 月刊登载了美国国家公共广播记者埃里克·维纳《民主会使你幸福吗》一文，埃里克认为，摩尔多瓦等前苏联东欧国家虽然现在是民主国家，但人们目前的生活状况大不如改制前，简直就是人间地狱，因此埃里克得出结论说："不是民主使得人民幸福，而是幸福的人民锻造民主。"① 前苏联东欧国家一味地仿效西方的民主，但埃里克认为民主并不是幸福的充分必要条件。不按照自己的国情走自己的路，必然是被西方列强所蚕食或鲸吞。

被西方人所攻击的爱国主义不仅不是狭隘的民族主义，恰恰相反，它是中华民族的传统美德。这一美德从《大学》的"三纲八条目"开始，到当前党中央所号召的"中华民族的伟大复兴"，已经经历几千年的历史锤炼。爱国主义在中国历史上一直扮演着重要角色：（1）爱国主义是延续和传承中华文明的内聚力。世界上曾经有过四大文明古国，但其他三大文明古国都烟消云散了，唯有中华民族还屹立于世界民族之林。中华民族之所以能够延续到今天，这要归功于文人志士对国家观念的强调和民族意识的培育。有了爱国观念，中国人民才有了统一的认同和归属感，这种认同是维系一个民族生存下去的不息动力。（2）爱国主义是排除国难的强大动力。中华民族是一个多灾多难的国家，尤其是在近代历史上，中华民族几经侵略和凌辱。但在每一次民族危亡的时刻，总是不乏为赴国难而慷慨就义、杀身成仁的人，正是这些人的奋起反抗使得中华民族

① "Will Democracy Make You Happy?", Foreign Policy, March/April 2008.

能够渡过最艰难的岁月而生存下来。(3) 爱国主义是凝聚民心的巨大向心力。这种向心力体现在抗日战争中，也体现在朝鲜战争中，更体现在汶川大地震当中。一人有难，八方支援，上到亿万富豪、下到街头乞丐，大到垂垂老者，小到黄口小儿，为了他人的生命，不惜慷慨解囊，这是一种在其他民族难得见到的美德，这种美德让西方媒体和西方人都很震惊，他们难以想象，也不敢想象，因为在个人主义的社会中是不可能发生这样的事情的。(4) 爱国主义更是西方霸权合围下的生存之道。在冷战时期，苏联等东欧社会主义国家的存在在某种程度上缓解了西方国家对我国的敌视程度，随着这些国家的解体，目前为数不多的社会主义国家中就数中国最为耀眼。多年的冷战思维，使得原有的西方国家对中国形成了一种先天的敌视，认为社会主义国家在意识形态上就是他们的天敌，所以他们对中国的颠覆之心从来就没有改变。后来加入西方阵营的国家，为了极力讨好老资格的西方列强，也极尽排华反华之能事。在这种情况下，中国的压力和敌人比冷战前要更巨大得多，可谓是形成了西方国家合围中国的局面。在很多情况下，西方国家凡“中”必反，凡“中”必责，不问原则，不问条件。面对这样的敌对态度，像有些人所主张的那样一厢情愿地讨好西方、投靠西方、拥抱西方简直是利令智昏之举，其最终后果必将是国家主权的丧失和民族生存的灾难。埃里克就明确指出，民主与幸福之间不能简单地划等号，盲目的民主化或西方化有可能意味着持续的贫穷和绝望，“20 世纪 80 年代，幸福和民主紧密地联系在一起（联系系数是 0.8），这使得民主等于幸福的理论在许多政治学家和政策决策者的脑海中根深蒂固。但随后发生了所谓的民主第三波，一种从苏联和它的东欧卫星国灰烬中起来的幼稚的民主潮流。这些国家不仅没有享受到幸福的分红，实际上，像摩尔多瓦一样，许多国家今天还不如他们在苏联时代时幸福。今天，幸福和民主的联系系数只有 0.25，还不及 20 世纪 80 年代的 1/3。在由‘世界价值调查’所执行的 200 多次调查中，30 个最不幸福的国家中 28 个是前苏联东欧国家。在俄罗斯，自从人们可以在相对自由的选举中投票以来，主体的幸福和信任都急剧下降了。一直到 1995 年，俄罗斯人的大多数还是认为他们不幸福，并整体上对他们的生活不满意。摩尔多瓦和前苏联的几个成员国都是同样的情形。与前苏联国家相反，中国却是另一番景象。在过去的 30 多年中，就像中国见证了经济繁荣一样，她的公民的幸福程度不断攀升，是前苏联国家人们的两倍。很显然，民主只是人们幸福的众多源泉之一，而且或许它根本就不是最重要的源泉。经济增长对于影响国民的幸福一点都不比民主次要。"[1] 回顾近代历史，西方列强何时与中国合作过，何时对中国友好过？在民族复兴的问题上，必须抛弃靠西方来垂怜的浪漫主义思路，走民族自强的道路，除此之外，别无他途。2008 年多哈贸易谈判的破裂，再次信服地印证了这样一个事实，发达国家不会牺牲自己的哪怕一丝利益而考虑其他国家人民的生存问题。

民族精神的塑造和爱国主义的提倡并不像西方国家所指责的那样，是一种狭隘的民族主义，是应当要回避和抛弃的东西，恰恰相反，这种东西不仅不能丢，反而应当进一步巩固和加强。因为反观世界上其他先进国家的发展历程，我们无不看到这些国家的领导人、知识分子和大众对于本民族精神的倡导和认同，这在美国人那里是这样，在德国人那里同样还是如此。拿美国来说，除了历史上著名的强化美利坚民族归属感的"美洲是美洲人的美洲"的门罗主义之外，最近的一项调查也显示，美国人有很强烈的本民族优越感，他们以自己是美国人而自豪，如果要他们在"富裕的他国人"和"贫穷的美国人"之间做选择的话，他们会毫不犹豫地选择后者。由此可见，表面崇尚个人主义的社会，骨子里是有着非常普遍的民族认同和归属感的。

德国更是这样，两次从世界大战的废墟中迅速崛起的秘诀在于非凡的德意志民族精神。正是有着这种精神，德国民族才危而不倒。在这方面，德国民族精神的塑造史为我们当下中华民族精神的锤炼提供了范例和丰富的经验。

在康德以前，是没有什么德意志民族概念的，在康德的脑海中，也是万民主义、世界主义的思想占主导。强化德意志民族认同感的历史从康德之后开始，确切来讲，是从费希特开始。费希特在某种程度上一反康德沉醉于书斋中的先验哲学，而倡导行动哲学，尤其是致力于打造德意志民族精神，培养德意志国民的民族优越感和自信心。费希特一生写过许多以德意志民族为话题的文章，其中最著名的就是 1806 年的一系列《对德意志民族的演讲》，声讨拿破仑的占领，倡导爱国主义，强化德意志民族的优点，鼓舞德意志人民的士气，倡导德意志民族的崛起，指出德意志民族的复兴之路。从费希特之后，一代又一代思想家沿着费希特所开创的传统，一步又一步地强化德意志民族精神。黑格尔认为世界历史其实就是绝对精神的发展史，而绝对精神在德意志民族发展到顶峰；歌德的《浮士德》就是一部德意志精神的表现史和讴歌史；席勒、洪堡、

---

① "Will Democracy Make You Happy?", Foreign Policy, March/April 2008.

瓦格纳、尼采、海德格尔等等无不以塑造德意志民族精神为己任。没有这些伟大思想家的努力，不可能有今天的德意志民族，更不可能有今天德意志民族的强大。

（三）强化马克思主义教学中的爱国主义教育。黑格尔曾经说过这样的名言：一个没有信仰的民族，就像一座无神的庙宇。言下之意就是，民族精神是维系一个民族的强大力量，一个民族假如缺乏民族精神，那这个民族是没有任何凝聚力的，终究是一盘散沙，是维持不了多久的。

当代大学生是年轻人中的优秀分子，是祖国未来的建设者，他们的立场如何直接决定着中华民族未来的前途。假如他们的世界观、人生观、价值观等出了问题，盲目地拥抱西方，不加选择地接纳全球化等西方思潮，最终不仅不会使得中华民族越来越强大，反而会使中华民族再次陷于灾难之中。因此对于高校的政治理论工作者，尤其是马克思主义教育工作者来讲，爱国主义教育应当成为马克思主义教学中一个重要的环节，否则马克思主义教学会流于空洞。

在爱国主义教育问题上，广大马克思主义工作者自身首先必须树立以下意识和素质，然后才谈得上传道和育人。

第一，要明确马克思主义课程教学的目的。马克思主义教育不仅仅是马克思主义知识的传授，在更大程度上是对大学生心灵的熏陶和品格的塑造，是对大学生的心性培养。马克思主义不是死的知识，而是活的灵魂，是一门关于活生生的现实生活的知识。“从生活世界出发，为了生活世界”应当是马克思主义教学不变的宗旨和主题。因此，马克思主义教学工作者在课堂上所要做的不只是简单的知识灌输，而是应当立足于现实生活，用生动的事实去教化和影响学生，帮助广大学生确立起正确的世界观、人生观、价值观。

第二，要有洞察世界思潮实质的眼光。当今世界，互联网和各种传媒非常发达，大学生无时无刻不浸泡在大量的信息流当中。在这样的信息社会，不良的甚至反动的思潮会借助伪善的面具挟裹而来。尤其是在西方敌对阵营对中华民族的颠覆手段变得更加隐蔽的情况下，识别各种貌美如花的思潮的工作变得更艰巨。大学生的思想意识还处于不成熟阶段，还不具备甄别各种思潮实质的能力，很容易为有害思潮所浸染从而失去自己的重心，在这样的情况下，马克思主义教育工作者必须承担起授业解惑的职责。

第三，要有俯瞰全球的胸襟。我们认识到全球化的幻象和这一幻象背后阴暗的东西，是让我们有更加自觉的民族意识和自我保护意识，但我们千万不能被这样一些负面的东西所吓倒，更不能从此把自己封闭和孤立起来。封闭和孤立是解决不了任何问题的，只会让自己越落后，所谓“逆水行舟，不进则退”。相反，我们必须大胆地面对这些暗流，同时采取积极的姿态营造我们的民族意识、打造我们的民族精神。

第四，要有维护和阐扬民族文化的意识。返本才能开新，在中华民族的伟大复兴和民族精神的塑造这个问题上更是如此，不强调传统的爱国主义终究是没有根基和很难深入人心的。爱国主义教育和民族精神塑造应当是一项系统而持续的艰巨工程，这项工程完成不可能一蹴而就，必须日积月累，必须兼顾到方方面面，但其中最重要的是，不能打断传统或漠视传统。德国民族精神的塑造靠的是一代又一代思想家的前仆后继，这是最好的范例。没有历史感，就不可能有认同和归属感，就不可能有民族精神的确立。在这方面我们必须向其他民族对历史课、文学课的重视态度学习。作为一名马克思教育工作者，自己也要有意识有责任地学习和掌握本民族优秀的文化传统，在马克思主义教学中，将民族的东西和马克思主义的东西有机地结合起来，而不能就马克思主义谈马克思主义，一定要把马克思主义教育落实到民族复兴的伟大任务上来。

第五，要自觉抵制对民族文化侵蚀的行为或现象。在网络语言和日常语言中，时常见到汉语中夹杂着英语的现象，而且这种现象日渐呈蔓延趋势，人们以说夹杂着英语的汉语为荣。这是一种很危险的趋势，因为它在某种程度上是对汉语的糟蹋甚至颠覆，为此，很多有先见之明的专家呼吁要维护汉字的纯洁性，抵制这种对汉字汉语的糟蹋现象。但很多人对于专家的呼吁很不以为然，甚至认为专家的话是危言耸听。然而，专家的担忧却不无道理。一是我们并没有看到哪位外国人在书写自己的语言时会夹杂其他的语言，因为这样做是对本民族语言的不尊重；二是不为人所重视、潜移默化的东西往往杀伤力最大，久而久之它就会颠覆本来的一切。对于本民族语言的纯粹性缺乏一种有意识地维护，最终会让这门语言消失。而没有自己本民族语言的民族不算是一个真正的民族，因为共同的语言是维系一个民族最重要的东西之一。有汉语，才有中华民族，汉语消失了，谈何中华民族的存在。因此出于语言对民族形成和维系的重要性的考虑，才有马丁·路德要建立德语体系的努力，也才有费希特在《对德意志民族的演讲》中对强化德语地位的强调。

总之，爱国主义教育是一项系统工程，这项工程最终能否顺利完成，很大程度上取决于广大马克思主义教育工作者自身的素质、立场、观点和方法如何。在全球化扑朔迷离的环境下，广大马克思主义教育工作者的任务变得更艰巨、责任更重大。

二、坚持理想：反对形式主义

形式主义和形式虚无主义是哲学特别是马克思主义哲学当中根据形式和内容的关系区分出来的一对重要的概念。人们通常是从形式和内容的角度去界定形式主义，认为形式主义是只注重形式而忽视内容所导致的一种结果，对日常生活中的形式主义也是从这个角度去评判的。然而，这种形式主义只是常人眼中的形式主义，或者说是显性的形式主义，它并不是形式主义的全部，不能用这种类型的形式主义代替形式主义。在形式主义的问题上，俞吾金先生曾经从形式与内容的颠倒、数字崇拜与价值的分离、虚假对真实的统治三个方面进行过深入阐述①，使得我们对形式主义有了更清晰的辨认和更有意识的防范。

形式主义是吾国吾民之大患，历来都难改此习，这种恶习在各个层面都有体现，造成了可怕的社会后果。为什么我们的形式主义之风积习难改甚至愈演愈烈，在形式主义风气的背后到底是什么东西在作祟？形式主义千奇百怪层出不穷，这些形形色色的形式主义是否有共通性？形式主义流弊甚广为害甚众，但是它最大的危害是什么，如果我们被形式主义牵着鼻子走，最终会通向一个什么归宿？这种种思考就形成了本课题的基本雏形。所以，本课题主要从形式主义的产生根源、形式主义的根本实质和形式主义的最终归宿三个角度来分析形式主义。立足于生存论的视角，本课题以为，形式主义的产生根源是实用主义，形式主义的实质是功利主义，形式主义的归宿是虚无主义。

（一）形式主义的根源：实用主义。形式主义的现象在中国历朝历代都非常猖獗，各个领域都充斥着形式主义的身影。原因何在？对此，人们会给出各种各样的解释。但所有的解释如果不回到生存论的路向上去找答案，那么所有的解释都是一种先天的假设。要解答中国形式主义产生的根源，必须回到芸芸众生的最普遍的生活之道或日常生存智慧上去，这种日常生存智慧是我们不可回避的最原初的基本事实。因此拷问普通老百姓的日常生活智慧是揭秘形式主义根源的最好的也是唯一途径，中国的形式主义之风就隐含在普通人的日常生活智慧当中。或者说，中国的形式主义是中国人某些负面的日常生存智慧的放大。

也许对于很多人来讲，中国人的日常生存智慧是“内圣外王”的路

---

① 俞吾金：《形式主义批判》，上海：《探索与争鸣》2006年第8期。

子，中国人最注重内在道德的修为和道德境界的提升。这样的说法只是学院派的立场，它不符合中国人的实际情况。比如，明清中国人最本真的生活状态体现在哪里？它既不是体现在《明史》和《清史稿》中，也不体现在王阳明的心学当中，而是体现在明清的小说当中。明清小说所揭露的生活在某种程度上来讲恰恰是当时普通老百姓最真实的生活写照。如果要问中国人的日常生存智慧在哪里，我们也不能到中国思想家的学说中去寻找答案，思想家的影响圈子是非常有限的，他们的思想不可能深入民间，成为老百姓的生活伦理。普通老百姓自有自己的生存之道，这种生存之道浓缩在中国的俚语、俗语、成语和通俗读物当中。普通老百姓在日常生活中就是按照俚语、俗语、成语和通俗读物所教导的原则来生活的。俚语、俗语、成语和通俗读物所透露出来的智慧是中国老百姓千百年来生活经验的沉积和结晶，它是一种传统、风俗和习惯。而传统、风俗和习惯的东西非常有惯性和侵蚀性，谁都无法摆脱它的逻辑支配。日常生活智慧是一种强势逻辑，因此，即使人们在独处时可以默颂震撼人心的口号，但是一进入与人交往的公共领域，人们依然是按照日常生活智慧来与人相处。

不可否认，中国人的日常生活智慧当中有许多正面和积极的东西，我们应当承认这些东西的意义和价值。但同样不可否认的是，这些生存智慧中充斥着很多负面和消极的东西。比如叫人藏头缩尾的，“逢人只说三分话，未可全抛一片心”；叫人事不关己的，“各人自扫门前雪，莫管他人瓦上霜”；叫人收敛求安的，“枪打出头鸟”、“人怕出名猪怕壮”；叫人伺机待动的，“舍不得孩子套不到狼”、“放长线钓大鱼”，等等。这些东西在民众的观念中很有市场，而且深入人心。

人们为什么会乐于接受这些道理？因为这些负面和消极的东西最契合普通老百姓的心理。那么中国普通老百姓具有何种共通的心理？确切来讲，就是实用主义。当然，这里所讲的实用主义并不是美国本土哲学意义上的实用主义，而是与之同名而内涵甚远的中国人通常所理解的实用主义，即“有用即真理”的实用主义。中国人是讲究实用主义的一个民族，这种实用主义最典型的表现就是在宗教信仰上。对于很多中国普通老百姓来讲，到庙里去烧香拜佛很大程度上不是出于对佛或菩萨的一种真信仰或全身心的侍奉，而多半是带着某种目的去的，而且往往是在自己遭遇不幸而又苦于无方的时候才想到去乞灵于佛，所谓“无事不登三宝殿”。因此也才有“平时不烧香，临时抱佛脚”的说法。所以中国人在选择参拜他的时候非常挑剔，必须讲究“有求必应”。如果屡求不应，那么他就会放弃对某位菩萨的信任，转而投他。按道理来讲，宗教应当是一个最神圣的领地，人们在神灵面前应当有一种敬畏感，可是中国人根本就不这样认为，依旧抱着有用则来无用则去的态度。这是一种典型的宗教实用主义态度，它绝对不是真正的宗教信仰。因为它不是一种真正的信仰，所以他所有的事功都可以说是一种虚伪的姿态，这是一种宗教信仰上的形式主义。可见，宗教信仰上的实用主义必然走向宗教信仰上的形式主义。从中也可以窥见，实用主义和形式主义有内在的联姻。道理很简单：实用主义出于实用目的首要考虑，注重的是姿态的表示而不是内在价值的诉求，在这种用手段证明目的的动机的支配下，所有的行为必然流于形式主义的作态。

如果说在最神圣的宗教信仰上中国人都是一种实用主义态度的话，我们可以说，其他领域没有不是实用主义的。而这种到处盛行的实用主义态度就为形式主义的大行其道提供了源源不断的精神源泉。

（二）形式主义的实质：功利主义。形式主义有各种各样的表现形式，可以说是层出不穷，屡禁不止。在政治领域，有形式主义，比如官场中的欺上瞒下、文山会海，政府官员的形象工程、面子工程（政府官员为官一任，不会考虑到一方百姓的长远福祉，而是拼命绞尽脑汁在自己的任期内做一些能够让上级看得到的政绩，即使这些政绩是以损害老百姓的利益为代价，也要硬着头皮上。一任官员到期了，下一任官员又重新追求另一种花样的政绩。铁打的营盘流水的官，谁也不会去制定当地中长期的发展方案，即使偶然有之，也很难保证方案的延续性，通常的情形是官员不断换政策不断变），外行领导内行的现象，等等。在文化领域，有形式主义，比如写作体例上的新老八股文限制，对文章数量而不是质量的追求，快餐式的创作，身体写作，重复性的出版（同一内容的书，市面上会有成千上万个版本，或精装本，或平装本，或便携本，或收藏本，或学术本，或通俗本，或选编本，或评点本，或插图本，或漫画本，或音像本，或电子本，或外文本，或英汉对照本），等等。在经济领域，有形式主义，比如商贩的假冒伪劣（注水的猪牛禽肉，加了各种致癌色素的鸡鸭蛋，用激素催生起来的鱼类，用硫磺熏白的银耳，被漂白的莲子，黑心奶粉，致命假药，致癌化妆品、洗漱用品，致白血病的装饰材料），形形色色的坑蒙拐骗，开发商的虚假广告，监管部门对虚假现象的故意无为，等等。最令人担忧的是，形式主义之风渗透进教育领域，在教育事业中蔓延开来。中国传统教育的目的是培养出道德高尚的人，所谓“大学之道，在明明德，在亲民，在止于至善”，中国现代教育的目的虽然没有提得象古代教育一样高，但也致力于培养出合格的社会公民。可是遗憾的是，近年来，我们却越来越违背了大学的根本宗旨，大学不再被当作一个塑造公民心性品德的地方，而是被当作一个挣钱的机构，教育成了一门产业，而大学则成了一个加工厂。正因为大学的办学目的中搀杂了太多利益的考虑，因此形式主义的风气在大学里也逐渐泛滥，比如课程设置中基础学科的削减，热门专业的蜂拥而上，学校科研量之间的变相攀比，教学评估中的劳民伤财（一所大学的办学理念模糊，师资水平低劣，管理方式陈旧死板，科研实力薄弱。平时学校管理部门不是把财力物力放在如何提升办学理念上，如何提高师资队伍的水平上，如何增强科研实力上，如何营造浓厚的学术氛围上。要接受评估检查了，就兴师动众地造楼修路、植树种草、漆墙刷壁，三番五次开会、补材料、造材料，三令五申责令教师学生采取各种措施以制造欣欣向荣的校园景象），就业率中的造假，等等。

这些形形色色的形式主义乍看起来有别，其实都是一样的，它们都有一个共同的表征，即弄虚作假、以假乱真、颠倒黑白。人们为什么要费劲心思把虚假的扮成真实的？原因也很简单，目的就是为了图利。也就是说，形式主义的根底实质上是功利主义。这里的功利主义也不是边沁、穆勒等人的功利主义，他们的功利主义要高尚得多，因为功利主义的最终目的是实现“最大多数人的最大幸福”。我们的功利主义是指个人利益至上主义。利益至上主义者在自己的观念中，只有对利益的狂热贪图，而没有道德良心、社会责任、法律正义的约束；只有自己个人的利益，没有别人的利益，更没有国家和民族的利益；只有眼前利益，没有长远利益。由于只以个人利益为中心，所以在他们眼中，他人只是手段，而不是目的，是没生命的物体，而不是有血有肉的平等人格。因此这些人为了个人或小团体的一己私利，可以不惜采取任何手段，轻者瞒天过海，重者践踏别人的利益甚至残害别人的生命。

这种功利主义的产生与实用主义的心理是一脉相承的，实用主义的心态的最终会导致功利主义。实用主义认为有用的东西就是最真实的。而什么东西最有用呢？唾手可得的权势、地位和金钱。这些东西只要一朝在手，自己的人生马上可以发生天翻地覆的变化，因此它们是最真实的。而那些所谓的理念、天道、理想、道德、正义、良心、民族精神等等，既看不见也摸不着，因此是虚无缥缈的最虚假的东西。在实用主义心态的支配下，最真实的东西被当作最虚假的而被抛弃，最虚假的被当作最真实的而被追求。而一旦最虚假的东西被当作最真实的东西，所有这些东西就会被某些人看作最珍贵的，为了得到这些东西，可以不惜任何手段。实用主义是一种鼠目寸光、急功近利的心理，这种心理必然会走向功利主义。

（三）形式主义的归宿：虚无主义。形式主义有种种危害性，如果任形式主义肆意泛滥，其最终的结局只能是虚无主义。形式主义就是把真实的认为是虚假的，虚假的认为是真实的，把最重要的看作是轻飘飘的，把轻飘飘的看作是最重要的；把真理当作意见，把意见当作真理。既然最高价值都被贬低为像尘埃一样轻微，那些本来轻微的东西就更轻微了，那么这个世界上还有什么是有重量的呢，结果就是一切都变得轻飘飘以至于等于无。这种把一切都化为无的立场就是一种虚无主义，因为虚无主义按照海德格尔的解释就是对最高价值的废黜。

通常我们认为虚无主义是西方特有的一种思潮，是西方理性主义膨胀所造成的“上帝死了”的结果之后才出现的现象。“上帝死了”就意味着再也不存在一个高高在上的全知全能全善的约束和监督人类行为的上帝了，人类从此可以为所欲为，因此西方社会才会出现疯狂的海外殖民、贩奴运动，才会出现纳粹运动、两次世界大战等等可怕的事实。其实这是对虚无主义的不恰当的认识。“上帝死了”不是虚无主义的开端，而是虚无主义的一个结果。上帝是西方价值、理想、信念的维系者，“上帝死了”的事实就宣告最高价值已经荡然无存了。谁杀死了上帝，最高价值为什么会消失？答案是，虚无主义是谋杀上帝和放逐最高价值的罪魁祸首。虚无主义的本质是对超验的形而上存在的否定，比如理想、道德、信念等等；是对具有普适性的理念的否定，比如正义、人权、平等、公平、价值、意义，等等。虚无主义在民族或国家层面上的表现就是只承认本民族本国家的福祉而不承认全人类或其他民族的福祉；在群体层面上和个人层面上的表现就是只承认本群体或个人的福祉而不承认民族共同体、其他群体或他人的福祉。因为虚无主义不承认超越性的存在，所以它只承认伸手可及的利益和霸权；因为它不承认具有普适性的理念，所以它认为人格、人权等等理念是有等级的。唯其如此，所以国际舞台上的民族沙文主义、霸权主义、恐怖主义、干涉主义的此起彼伏不是无由头的，这些东西形式上不一样，实质上都是为了自己的利益肆意抹杀其他民族的利益和人权，也就是说，与自己的人格相比，其他人就如草芥，可以随便和随时将他们的生命轻轻地抹去。

虚无主义不仅仅是西方才有的现象，我们的民族心理中也存在虚无主义，尤其是在全球化的今天，虚无主义的思潮不可能不渗透进我们的民族文化。我们的虚无主义在历史上的表现就是王朝更替、派系倾轧、宫廷政变等等的频繁爆发及其所伴随的血腥杀戮，其中没有任何天道、良心、正义、人格、生命权可言，所谓“成王败寇”是也。今天，我们已经摆脱了这种形式的虚无主义，但虚无主义却并没有彻底消失，它以另一种形式表现出来，就是前文所提到的功利主义或利益至上主义。这种形式的虚无主义伴随着中国人市场利益观念的逐步发育，在我国愈演愈烈，无数令人发指的损人利己、谋财害命、草菅人命的事件的频繁发生就是虚无主义猖獗的明证。

在这种每个人只关注私人利益的状况下，没有人会去考虑国家的前途、民族的命运等等公共领域的事情，认为这些东西与自己没有任何关系，甚至还有人用各种手段干着损公肥私的勾当。千百年来无数仁人志士用自己的心思、鲜血和生命所构筑起来的民族精神正在一点点地被剥蚀。这是一种值得警惕的可怕现象，如果任这种虚无主义肆虐下去，我们的民族会走向什么归宿可想而知。黑格尔曾经说过意思大致如下的话：一个没有信仰的民族就像一座无神的庙宇，即使这座庙修得富丽堂皇，但其中没有供奉任何菩萨。一座庙没有菩萨不成其为庙，庙是因为菩萨的存在而存在，因为菩萨而出名的；一个没有民族精神的民族，不成其为民族，即使这个民族人口众多，但由于没有一种精神力量把它凝聚起来，因此它不过是一盘散沙，经不起任何外在的冲击。中国近代史和现代史中华民族被外强凌辱的事实反复证明了这一点。黑格尔的话振聋发聩，令人警醒，它让我们意识到，必须是采取有效措施抵制形式主义泛滥的时候了。康德在《永久和平论》中曾忧心忡忡地说，国家之间如果不抛弃暗杀、投毒、劝降、武力干涉等等虚无主义手段的话，世界终究会走向“坟场的和平”；同理，我们苟不如遏制形式主义的话，虚无主义也会把我们引向坟墓。

三、坚持理想：反对虚无主义

虚无主义本是资本主义现代性的伴生物，但随着资本逻辑的扩展，虚无主义思潮在全球的蔓延与泛滥已是一个不争的事实，200多年来，西方思想家对虚无主义的批判与反思不绝如缕。在全球化浪潮席卷世界的今天，虚无主义思潮已悄然在中国登场并逐步冲击着我们千百年来形成的传统价值观。虚无主义最大的特征是对诸如公平、正义、公正、信仰、理想等最高理念的摒弃，转而以利益最大化作为行动的内驱力。在虚无主义的视野中，唯有利益是至上的，传统的价值观如同情、友爱、互助、勤劳、尊重、诚信等等皆可以漠视甚至践踏。在我们的日常生活中，这种虚无主义的倾向和氛围日渐浓烈，并在左右着人们的日常行为。社会上形成的此种虚无主义氛围势必对高校大学生的价值观有着强烈的冲击，并潜移默化地侵蚀大学生人格的健康成长，从而严重影响高校人才的培养质量，并对社会的良性发展有着潜在危害，因此必须引起广大教育工作者的高度重视。

（一）全球化时代的精神痛处：虚无主义。胡锦涛同志《在新时期保持共产党员先进性专题报告会上的讲话》中三番五次地指出了新时期许多党员存在的理想信念不足、“信仰危机”、自我中心主义等等问题，认为这些问题的存在是开展先进性教育活动的重要原因之一。同时他在对新时期共产党员保持先进性提出的“六个坚持”的基本要求中，把坚持理想信念放在首位。习近平总书记在《中共中央关于在全党深入开展党的群众路线教育实践活动的意见》中再一次指出党员干部中存在严重的形式主义、官僚主义、享乐主义、奢靡之风等问题。胡锦涛和习近平同志的这些提法绝非偶然，而是在洞察我们时代的精神特征之后得出的正确判断和哲学结论。这些提法具有普适性，它对于党员同志还是非党员同志来说，都是振聋发聩的。因为它触到了我们时代的精神痛处，也揭示了在时代的盲流中稍不留神人们就会迷失的现状。

那么，究竟什么东西才是我们时代的精神痛处呢？如果要对我们所生活的时代的精神痛处做一个概括的话，或许“虚无主义”是一个最适合的词。当然这个词及其背后所蕴涵的文化意义都是西方的，但是在全球化的时代，虚无主义的浪潮却冲刷着世界的每一个角落，人们普遍笼罩在这一思潮的阴影下。虚无主义是随着德国哲学家尼采“上帝死了”的宣告而逐渐蔓延开来的。尼采的“上帝死了”中的“上帝”并不简简单单就是西方一千多年来人们所顶礼膜拜的人格化上帝，“上帝死了”的最本真含义是人们对意义世界、价值世界、道德世界和理想世界设想和追求的放弃，对正义、平等、自由、至善等理念的摒弃甚至践踏。套用现代西方哲学家海德格尔的话来说，就是最高价值的自行罢黜。对理想世界的追求，一直是欧洲思想家、中国思想家和马克思主义者不懈的努力。正是带着这样的信念追求，所以思想家会在自己的思想中提出各种各样的理念，如赫拉克利特的“逻各斯”、巴门尼德的“存在”、柏拉图的“理念世界”、亚里士多德的“第一推动者”、康德的“物自体”、黑格尔的“绝对精神”，老子的“小国寡民”，儒家的“春秋三世”、“大同小康”、“至善”，以及马克思主义的“共产主义社会”。凡此种种，都表明不管现实世界怎样变动不居，人们始终有一种安身立命的归属感，这种归属感来源于人们都相信在变幻的现象世界背后有一个本体的理想世界，而这种本体的东西支撑起人们的精神大厦，人们也为了这样美好的理想世界在不断努力。然而这些都是20世纪以前的事情，随着两次世界大战的爆发，以及随后的美苏争霸，人们对理想世界的美好信念彻底破灭。理想主义从此被人们当作不切实际的幻想，现实主义逐渐成为人们所有生活领域的主导。随着现实主义成为支配人们的主导原则之后，就意味着虚无主义时代的全面来临。

在全球化的今天，这种虚无主义正在我国逐步蔓延。一些社会青年精神萎靡、随波逐流，没有任何更高的理想追求；一些青年学生沉迷于游戏、网络，逃课、考试作弊等成了普遍现象；一些学者公然抄袭、剽窃、窜改别人的学术成果，一些翻译者故意错译、漏译学术原著，一些刊物中的权钱交易，置“学术乃天下之公器”于不顾；一些党员同志入党是出于利益动机，一些党员干部以权谋私，等等。所有这些现象和行为都是虚无主义蔓延的最好明证。在网络时代，这种虚无主义集中表现在网络恶搞现象当中。网络恶搞绝不是单纯的搞笑、作弄和发泄，绝不是一些孤立的、偶然的事件，“芙蓉姐姐”、“犀利哥”、“凤姐”等网络恶搞现象其实折射的是人们扭曲的价值观。当苦难、贫穷、病态可以被拿来取乐，当弱势群体、边缘人群可以成为大众娱乐的对象的时候，反映的恰恰是人们精神的空虚和无根基状态，而这就是一种虚无主义。在娱乐圈里，最近冒出的“伪娘”现象更是将这种虚无主义发挥得淋漓尽致。

（二）虚无主义的实质：对最高价值的废黜。虚无主义的外在表现形式是漠视公理、混淆黑白、颠倒是非、模糊轻重等等，但它们为什么要这样做，究其实质，都是因为利益的作祟。因此，虚无主义的实质是，主张一切行动都以自我（包括民族的、国家的、共同体的等等）利益为转轴，认为不存在超越自我利益之上的更高的东西。其表现形态如果从地域上来区分，不外乎两类。

从国际上来看，这种虚无主义将正义、公平等等进行条块分割，认为只存在社群的、民族的、国家的正义、公平、人权等，超民族、超国家的正义、公平和人权是不存在的。因此，当本民族、本国家的正义、公平人权受到侵害时，即使这些侵害者是另一共同体中的极少部分人，但必须要以这个共同体的消灭为补偿代价。在这种虚无主义中武力是最强有力的说话工具，即强权就是一切。这种虚无主义可以从恐怖主义和国际霸权主义中得到表现。前者公然漠视正义，残害生命，这当然是一种显性的虚无主义。后者往往把自己扮演成世界正义的代表，认为自己所进行的国际干预都是合乎正义的，比如美国对伊拉克战争。这场战争看起来好象是一场为了正义的战争，目的是为了打击践踏生命权的恐怖主义以维护世界和平与人权，但极具讽刺意味的是，这场战争一开始就已经预设了一个前提，即美国人的生命权和伊拉克人的生命权之间的区分。这是两种根本不同的生命权，美国人的人权高高在上不容侵犯，而伊拉克人们的生命如草芥可以随意芟割，因此当某些美国人的人权受到伤害时必须要以整个伊拉克民族的牺牲为代价。国际霸权主义也是一种虚无主义，只不过是一种隐性的虚无主义而已。然而这种虚无主义更可怕，因为它极具伪装性，在伪善的面具下从事貌似追求和平实则有损人道的行为。

从国内来看，这种虚无主义的表现是只承认小团体或特权群体的利益，为了小团体和特权群体的利益，可以不惜损害大多数人的利益，这种虚无主义中权力是最有力的说话工具。这种虚无主义的表现形态各式各样，其最极端的形态是官僚主义，这种虚无主义在我国事故频发的小煤窑事件中暴露无遗。为什么会有小煤窑的存在，为什么小煤窑的设施会如此简陋，而更令人触目惊心的是，当这么多活生生的生命在一瞬间消失的时候，肇事者为什么却泰然处之甚全公然隐瞒死亡数字。说到底，这些都是特权群体在背后作祟的结果。而特权群体之所以敢如此肆意妄为，后面强硬的保护伞固然是主要的原因之一，但从这些人的深层次的观念原因上来讲，就是利益主义泛化或者说是世界的利益简约化的逻辑结果。在这些人看来，所有外在世界包括人的生命都可以还原为金钱，金钱是衡量所有东西的价值标准。既然人的生命和金钱之间可以划等号，一旦特权群体获得权力，他就会用手中的权力将生命兑换成金钱，而无地位无权力者特别是那些生活在社会底层的人自然成为首当其冲的宰割对象。

早在 18 世纪康德就呼吁“要把人当作目的，而不仅仅当作手段”，可是直到 21 世纪的今天，人的工具性地位依然没有改观反而越来越突出。人权当中最重要的是生命权，这种权利在任何时候任何情况下都不可随意剥夺，当人的生命都可以随意处置的时候，我们真不知道还有什么是重要的，也就是说到了这个时候什么都变得虚无缥缈了，什么都可以轻轻抹去的时代就是虚无主义盛行的时代。总之，两种虚无主义虽然广度上来讲不同，但实质是一样的，即为了自我的利益，可以无视、践踏甚至牺牲别人的利益或者生命。

（三）抵制虚无主义的洪流：理想信念的重倡。虚无主义将一切理想和信念都打破，认为这个世界再也没有可以值得人们依靠和追求的永恒的东西。这样一种思潮所产生的后果是极具破坏性的。

从个人的层面来说，个人会因为精神家园的丧失而成为精神上无家可归的人，即通常所谓的精神上的无根基状态。人正像康德所说的始终是一种理想的动物，它摆脱不了理想的冲动。将人们的理想追求击破，并不会有任何好处，只会将人们置身于一种精神的迷茫，因为一旦人们失去几千年来安身立命的精神寄托之后，就会把所有的一切都看得轻飘飘。这样无精神寄托的人要么会成为像动物一样生活的自然人，要么会成为什么事都做得出来的对社会有害的丧尽天良的人。从民族的层面来说，一个没有理想信念的民族是一个没有希望的民族。人不可以没有信仰，一个民族同样也不可以没有信仰，一个没有信仰的民族只是黑格尔意义上“无神的庙宇”，这座庙尽管看起来富丽堂皇，但没有任何凝聚力。为什么这样说呢？因为理想信念意味着一种超越性，它能够使得人们从私人的、当下的状况中摆脱出来，从而投身于公共领域、先验领域的事务，从而才会对民族、国家的未来有所担忧、设想和规划。当每一个人对于民族和国家的命运都有所担待的时候，才会形成一种所谓的民族精神。如果缺失这种超越性的话，那么每个人只会将目光局限在自己的利益得失上，民族和国家的前途自然不会成为他们的关注对象，一旦国家共同领域的事情从人们的视野中退场的话，那么民族精神塑造也就无从谈起。而没有精神凝聚的民族只能是一盘散沙。

从全球的层面来说，一个没有信仰的时代也注定是一个走向人类自我毁灭的时代。当人们在国际关系中将正义原则弃之一旁的时候，那么取而代之的将是利益原则、强权原则等等，而这些原则背后贯穿的始终是为达目的不择手段的动机。将人类的命运托付在这些东西之上的最终结果是人类之间的互相仇恨和倾轧。中东局势的动荡、当前恐怖主义的盛行等等就是这一结果的最概括化的说明。两百多年前的德国古典哲学家康德在《永久和平论》中早就给人们提出警告：如果世界各国不抛弃为本国牟利的私心，即使他们能够暂时建立和平，但这种和平只是走向坟场的和平。

因此，在人类的今天重新提出坚持理想信念的要求，具有非常重要的历史性意义，它不仅没有显得过时，反而具有急迫性和针对性，因为世人把这些看似最遥远但却最重要的东西在灵魂深处遗忘得太久。中国古人历来都在塑造人们的理想信念，并以一个人格化的“天”来担保它的实现，认为天有天眼，“举头三尺有神明”，故此，人不可做违背天地良心的事情，否则会遭报应。这些说法姑且有它们的弊端，但古人这样做有他们的良苦用心，我们可以否弃古人加在理想信念上的神秘性，却不能因此而把最高理想的追求也废弃掉。全球化的今天，世界最缺乏的不是物质、财富和金钱，而是天理、良心和正义。不倡导公平、正义、平等，世界即使再富有，也不可能安宁，即使再文明，也不可能和谐。温家宝总理说：公平正义比太阳还要有光辉。斯言不谬矣！

四、坚持生态文明建设：反对唯财富主义

改革开放30年，中国人民的腰包鼓起来了，但人们赖以栖居的自然环境却变得面目全非，环境的恶化使我们意识到，中国特色社会主义的内涵中还应当包含生态文明，缺失了生态文明的社会主义是有缺陷的社会主义。中国特色社会主义不仅仅是经济的繁荣、社会的富足，同时还应当是空气的洁净、环境的优美，也就是习近平总书记形象地指出的不仅仅是“金山银山”，还应当是“绿水青山”。正是出于这样的思考，党的十八大不失时机地将生态文明建设纳入我国“五位一体”的总体发展布局中，将生态文明建设提到了一个与经济建设、政治建设、文化建设、社会建设并驾齐驱的高度，显示了中国领导人与时俱进的精神。党的十八届三中全会在十八大精神成果的基础上，继续深入思考了我国生态文明建设的未来之路，明确提出“建设生态文明，必须建立系统完整的生态文明制度体系”，强调“用制度保护生态环境”，进一步向世人昭示了中国共产党人恢复生态环境、建设“美丽中国”的魄力和决心。

（一）我国生态环境恶化根源的诊断。在我们儿时的记忆里，天是那么蔚蓝，水是那么澄澈，风是那么清新，云是那么洁白。短短几十年，一切发生了根本改变，所有记忆中的东西很难在我们的生活中再现，生态环境到了让我们的“生命不能承受之轻”的地步。生态环境的恶化来得如此之快，原因究竟是什么？其实，十八大报告已经或多或少做了揭示，概括起来，不外乎有三层原因：

第一，自然观上的祛魅化。近代以来的现代性思潮，改变了人们对于自然的传统观念，笼罩在自然身上的魅力被逐步剥取。中国先人在自然面前所持有的“敬畏”态度和崇高的美感在我们很多人身上已荡然无存，先人所倡导的“天人合一”精神被现代性的“天人相分”观念所取代。人们从以往的敬畏自然、顺应自然、亲近自然走向了掠夺自然、征

服自然、改造自然。在很多人的眼光当中，自然不过是一堆死物质，是我们可以尽情践踏和榨取并从中牟利的对象，大地不再是我们的母亲而成了我们随意处置和宰割的对象。在这样的自然观支配下，完美的自然怎么可能独善其身。

第二，消费观上的异化。受西方消费主义的影响，我们的生活方式也逐渐改变，异化消费现象越来越严重。有人指出过，异化消费有四个特点：求多、求繁、求新、求奇，也就是说，在物质的占有方面，很多人都是持这样的心态：越多越好、越繁越好、越新越好、越奇越好。多多益善、纷繁复杂、标新立异、囤积居奇的消费观成了很多人的生活指南，甚至成了很多人显示自己事业有成、生活有品位的标准。我们离中国古人所崇尚的返璞归真、简单纯朴的生活才是最好的生活这一理念越来越远。然而，自然的资源毕竟是有限的，它不可能承受我们无限的物质占有欲望。

第三，资本监管上的制度失范化。对于当初贫穷落后的中国来讲，发展当然是硬道理，但在发展的路径上，我们曾经走的是一条“先污染、后治理”的道路。为了发展，我们当初的市场准入门槛非常低，很多地方为了吸引投资，对资本的拥有者毕恭毕敬、言听计从，造成这些人可以随意地糟蹋土地、污染河流、败坏空气而不受惩罚。马克思说过，资本是逐利的东西，它只考虑交换价值而忽视使用价值，也就是说，资本从本性上来讲是反生态的。资本一旦没有约束，它必然要向环境作恶。制度在资本运作监管上的失范，是造成我们环境急剧恶化的最大推手。

（二）我国生态文明重建良方：重在制度建设。既然生态恶化的原因已经辨明，那么治理生态环境、重建生态文明的道路也相应有以下几个维度：

第一，转变对自然的态度。从当初的利用自然、征服自然、改造自然转向尊重自然、顺应自然、保护自然。将从自然身上剥取掉的魅力和光环重新还给自然，以一种敬畏和审美的眼光来善待自然。

第二，转变生活方式。从当前的异化消费转向合理消费。抵制铺张浪费、争奇斗艳、奢侈淫靡、卯吃寅粮的生活风气，倡导适度消费、合理消费，崇尚勤俭节约、细水长流、简单纯朴这些中华民族固有的传统生活美德。

然而，在短期内要人们改变对自然的态度、转变生活方式是不现实的，这应当是一项漫长的社会系统工程，它与社会的富裕程度、国民的修养素质、文明的发展层次等等密不可分。要有效地遏制生态环境的继续急剧恶化，不能只靠软性的力量，而必须依赖硬性的制度，严格的制度才是根治我国生态重症的不二良方。党的领导人是充满智慧的，他们充分意识到生态文明建设中制度建设的首要性，对于当代中国来讲，生态文明建设的首要任务集中体现为生态文明制度建设。因此，十八届三中全会旗帜鲜明地指出“加快生态文明制度建设”，“实行最严格的源头保护制度、损害赔偿制度、责任追究制度、完善环境治理和生态修复制度”，用制度保护生态环境，这是生态文明重建中最重要、最有力、最有效的维度。这一制度建设维度是全方位，它不仅约束个人、还约束企业和政府，不仅监控当下，还追究过往，不仅依靠政府、还引入市场，具体来讲，主要从以下几个方面来织就生态文明制度建设之网：

（1）健全自然资源资产产权制度和用途管制制度。说到底，就是要变以往自然资源上的“无主”状态为“有主”状态。“无主之物”谁都可以染指，“有主之物”人们才不敢对之轻举妄动，只有明确自然资源资产的所有者及其职责，才能从产权上约束人们随便处置自然资源和污染自然环境的现状。

（2）划定生态保护红线，建立生态环境损害责任终身追究制。地区的发展不能为了生产总值而突破生态底线，否则要追究领导干部的责任。只有改变以 GDP 的增长作为考核官员政绩这一单项和畸形的标准，引入生态环境指标考核，才有可能从政府治理的角度将生态风险降到最低值。

（3）实行资源有偿使用制度和生态补偿制度。坚持自然资源“谁使用谁付费”、“谁污染谁付费”、“谁破坏谁付费”、“谁受益谁补偿”的原则，改变自然资源使用和占有上长久存在的不平等现象以及市场准入上的低门槛或无门槛现象，将市场化运作机制引入环境保护当中。

（4）改革生态环境保护管理体制，建立独立的环境监管和行政执法制度。环境保护管理机构只有具备独立的环境监管和行政执法权力，不依附于某些机构和长官的意志，它们的监管才会真正有力度并落到实处。

30 年的时光，因为生态制度的不完善，导致了我国生态环境急剧恶化。很多人通过对中西环境的反差来否证社会主义制度的优越性，资本主义的西方碧水蓝天，社会主义的中国昏天黑地，因此社会主义制度没有优越性，资本主义制度才是人类社会的未来。这些人的想法是极其简单的，是新自由主义思潮影响下催生出来的一种当代幼稚病，这些人根本就没有意识到，西方的碧水蓝天恰恰是建立在第三世界国家昏天黑地的基础之上。西方发达资本主义国家利用国际分工体系的不平等，将污染问题转嫁给不发达国家，以牺牲不发达国家的环境为代价来保证自己生活的优越性。资本主义是全球生态环境恶化的罪魁祸首，可是我们很多人却依然在唱讴歌资本主义的赞歌，这无疑是悲哀的，这是不仅是一种思考力上的悲哀，也是一种想象力上的悲哀。在生态危机与资本主义的共谋问题上，马克思的诊断永远是犀利和准确的：生态危机对于资本主义来讲是内生性的，因为资本从本性上来讲就是反生态的，所谓“资本来到世间，从头到脚，每个毛孔都滴着血和肮脏的东西”。而生态危机对于社会主义来讲是外生性的，它不是社会主义制度本身造成的，而是在追赶和超越资本主义、追求繁荣发展过程中由于生态制度设计的不完善造成的。通过生态制度的完善，社会主义国家一定可以有效地遏制和摆脱生态问题。

总而言之，在这个世界上，生命是最重要的，所有发展的最终目的都应当是让人生活得更舒适、更祥和、更幸福，如果发展以损害环境和人的健康为代价，那么这样的发展还有什么意义呢。改革开放 30 年之后，中国共产党人已经清醒地认识到，污染和损害环境的发展是不可持续的，忽视了人的幸福的繁荣是不科学的，因此我们有理由相信，凭借中国共产党人的智慧和努力，通过建立系统完整的生态文明制度体系，中国人民也能够实现在我们这块富饶的土地上“诗意地栖居”这一美妙的生态梦，“美丽中国”终究是不远的未来。

结　语

后马克思主义思潮主要在发达资本主义国家发生，使得这一思潮必然具有自己鲜明的特点，它在战略目标、斗争手段、理论特色等等上都与其他国家的社会主义思潮有所区别。而且，后马克思主义学者许多的批判视域是直接针对当代资本主义出现的新情况、新问题而生发的，它所提出的斗争策略必然具有鲜明的针对性，因此，后马克思主义的问题意识对于我们更好地把握当代资本主义的发展动态、对于我们避免苏东在社会主义建设上的失足，对于我们更好地推进有中国特色社会主义的建设无疑具有重要的借鉴和启发意义。同时，对于后马克思主义在批判资本主义现代性问题上的不足、消极、负面方面的了解，也可以为我们当代中国马克思主义的建设提供反面经验和教训，从而更好地坚定走有中国特色社会主义道路的信心。

今天，后马克思主义在西方像雨后春笋一般逐渐壮大，很多具有原创性的思想家都或多或少与后马克思主义有着不可分割的联系。尽管后马克思主义思潮在西方已渐成气候，产生了一大批具有原创性的思想家，各学科领域的成果蔚为大观，但我们对这一思潮的了解还远远不够。国内学者对后马克思主义思潮的研究开始于20世纪90年代末期，期间取得了一定的研究成果，但国内后马克思主义的研究从总体上来讲是滞后的，除了对狭义后马克思主义的代表人物拉克劳和墨菲的后马克思主义思想有一定研究之外，人们不仅对后马克思主义的原著稀有引进和译介，而且对后马克思主义的思想渊源、后马克思主义在各学科领域的具体拓展、后马克思主义的内在理路、后马克思主义的出台语境、后马克思主义的内在差异等等问题的认识还非常不明朗。作为当前西方国家一种重要的学术力量甚至反资本主义力量，我们对其研究上的滞后性，不仅制约了我们对当代资本主义现状的准确了解，从而会导致我们对当代资本主义解读的失真，同时也在一定程度上对我们有中国特色社会主义的建设有不利影响。

尽管本课题的研究告了一段落，但这并不意味着自己的后马克思主义就已经结束了。相反，这仅仅只是一个开始，还有很多的问题研究有待深入：第一，对于后马克思主义出台的语境的研究有待深入。尤其对于当代资本主义的“新社会运动”现象，对于当前资本主义的新特点如后工业社会、晚期资本主义、消费社会、图像经济、虚拟资本等，对于新自由主义、新帝国主义、跨国资本、全球化等趋势必须有深入了解；第二，对于后马克思主义的代表人物和流派的研究有待深入。比如经济学、社会学、历史学、女权主义、生态主义等领域的后马克思主义思想。第三，对于后马克思主义核心概念和范式的研究有待深入。比如“激进民主”、“霸权”、“召询”、“接合”等等概念的发展谱系及其流变。第四，对于后马克思主义与结构主义、后结构主义、后现代主义、解构主义、后殖民主义等思潮的渊源研究还有待深入。如索绪尔、斯特劳斯、阿尔都塞、福柯、德里达、拉康、德勒兹、巴特等人对后马克思主义具体的影响，等等。

庄子曾经说过：吾生也有涯，而知也无涯。在后马克思主义浩如烟海的著作、纷繁复杂的人物、纵横交错的思想关系面前，不知不觉会发出望洋兴叹的怅惘，觉得个人的力量实在是有限，突然又想起了当年研究康德时记住的一段话：乡巴佬等候在河边，渴望河水流干再过河，可是河流流啊流啊，永远也流不完。

但不管怎样，只要在路上就好。只是更希望我们在后马克思主义的研究上能够形成合力，毕竟，这是21世纪不可小觑的一股重要的学术力量。不管这股学术力量有着怎样的政治立场，我们都应该用一种放眼世界的眼光、海纳百川的胸怀去正视它。著名的康德研究专家郑昕先生曾经说过：超过康德，可能有新哲学，掠过康德，只能有坏哲学。套用郑先生的话，在后马克思主义的研究上，也可以说：我们可以超越后马克思主义，但绝对不能掠过后马克思主义。超越表明我们自己的信心和勇气，掠过表明我们的自卑和逃避，而自卑和逃避不可能生长出真正属于自己的东西。在实现中华民族伟大复兴的今天，我们更应当有一种走向世界、迎接挑战的豪迈气魄。

参考文献

[1] Andrew Ross&Kristin Ross. Anti – Americanism. New York: New York University Press,2004.

[2] Bernard K. Johnpoll. The impossible dream: the rise and demise of the American left. Westport,Conn.: Greenwood Press,1981.

[3] Catharine MacKinnon. Feminism Unmodified:Discourses on Life and Law. Harvard University Press,1987.

[4] Christina Hoff Sommers. Feminism and Freedom. The American Spectator,July/August 2008.

[5] Daniel Cohn – Bendit & Gabriel Cohn – Bendit. Obsolete Communism: The Left – Wing Alternative. AK Press:1968.

[6] Daniel T. McGee. Post – Marxism: The Opiate of the Intellectuals. Modern Language Quarterly 58:2,June 1997.

[7] David E. Ingersoll&Richard K. Matthews, Andrew Davsion. The Philosophic Roots of Modern Ideology. Prentice Hall:2001.

[8] Ellen Meiksins Wood. The Retreat From Class. Verso: 1986.

[9] Ernesto Laclau. New Reflection on the Revolution of Our Times. Verso:1990.

[10] Ernesto Laclau &Ashleigh Campi. Interview with Ernesto Laclau,The Platypus Review, Volume 2,Feb. 2,2008.

[11] Ernesto Laclau. Class War And After. MarxismToday,April 1987.

[12] Friedrich Meinecke. Historism. London:Routledge & Kegan Paul Ltd,1972.

[13] Hannah Arendt. Lectures On Kant's Political Philosophy. Chicago:The University of Chicago Press,1982.

[14] Herbert Schnaedelbach. Philosophy in Germany. London:Cambridge University Press, 1984.

[15] Herbert W. Simons & Michael Billig (Edt.). After Postmodernism: Reconstructing Ideology Critique. Sage Publications Ltd:1994 .

[16] Hershel D. Meyer. The Krushchev report and the crisis in the American left. Brooklyn: 1956.

[17] James Weinstein. The long detour: the history and future of the American left. Boulder, Colo. : Westview Press, 2003.

[18] Jeffrey C. Isaac. Power and Marxist Theory: a realist View,. Cornell University Press: 1987.

[19] Johann Gottfried Herder. Against Pure Reason. Minneapolis: Fortress, 1993.

[20] Jonah Goldberg. Liberal fascism: the secret history of the American left, from Mussolini to the politics of meaning. New York: Doubleday, 2007.

[21] John Baldacchino. Post – Marxist Marxism: Questioning the Answer,. Avebury: 1996.

[22] John Bellamy Foster. Marx' s Ecology: Materialism and Nature. New York: Monthly Review Press, 2000.

[23] John Patrick Diggins. The rise and fall of the American left. New York: W. W. Norton, 1992.

[24] Kalpana Misra. From Post – Maoism to Post – Marxism. Routledge: 1998.

[25] Laclau and Mouffe. Hegemony and Socialist Strategy: Towards a Radical Democratic Politics. Verso: 2001.

[26] Loren Baritz. The American Left: radical political thought in the twentieth century. New York: 1971.

[27] Mark E. Kann. The American left: failures and fortunes. New York: Praeger, 1982.

[28] Michael Hardt& Antonio Negri. Empire. Harvard University Press, 2000.

[29] Michael Hardt& Antonio Negri. Multitude: War And Democracy In The Age Of Empire. New York: The Penguin Press, 2004.

[30] Michael Hardt& Antonio Negri. Commonwealth. The Belknap Press of Harvard University Press, 2009.

[31] Nicos P. Mouzelis. Marxism or Post – Marxism, No. 163, Jan/Feb, New Left Review, 1988.

[32] Nicos P. Mouzelis. Post – marxist Alternatives: The Construction of Social Orders. Lodon: 1999.

[33] Norman Geras. Ex – Marxism without Substance: Being a real Reply to Laclau and Mouffe. New Left Review, No. 169, May/June 1988.

[34] Norman Geras. Post – Marxism? New Left Review, No. 163, May – June 1987.

[35] Patrick Murray& Jeanne A. Schuler: Post – Marxism in a French Context. History of European Ideas, No. 3, 1998.

[36] Paul Buhle. Marxism in the United States: remapping the history of the American Left. London: Verso, 1987.

[37] Philip Goldstein. Post – Marxist Theory, State University of New York Press: 2005.

[38] Richard G Smith& Marcus A Doel. Baudrillard unwound: the duplicity of post – Marxism and dec onstruction. Environment and Planning D: Society and Space 2001, volume

19.

[39] Richard Iton. Solidarity blues: race, culture, and the American left. Chapel Hill: University of North Carolina Press, 2000.

[40] Richard J. F. Day. Gramsci is Dead: Anarchist Currents in the Newest Social Movements. London: 2005.

[41] Robert Maynard Hutchins. Great Books of the western world. Chicago: William Beton, 1980.

[42] Samuel Bowles. Post - Marxian Economics: Labour, Learning and History. Social Science Information, Volum 24, No. 3, 1985.

[43] Sidney Axinn . The Logic of Hope. Amsterdam: Rodopi, 1994.

[44] Slavok Zizek (edited). Mapping Ideology. London: Verso, 1994.

[45] Stuart Sim. Post - Marxism: An Intellectual History,. Routledge: 2000.

[46] Stuart Sim (edt.). Post - Marxism: A Reader, Edinburgh University Press, 1998, p. 158.

[47] Terry Eagleton. Ideology: an introduction. London: Verso, 1991.

[48] Terry Eagleton. Criticism and Ideology: a study in Marxist Theory. London: Verso, 1976.

[49] Tim Wohlforth. The prophet ' s children: travels on the American left. Atlantic Highlands, N. J. : Humanities Press, 1994.

[50] Thomas Docherty. After Theory: Postmodernism/Postmarxism, Lodon: 1990.

其他文献:

[1] "Banning Tibet", Newstatesman, 4 August 2008.

[2] "Campus Voice: How Can We Free Tibet?" The Daily Northwestern, May 22, 2008.

[3] "China' s Four Challenges", National Journal, August 2, 2008.

[4] Chicago: 2008 Socialism, June 19 - 22, 2008.

[5] "Globalization 3. 0", The Wilson Quarterly, Autumn 2007.

[6] "Inside The Olympics", Newsweek, August 4, 2008.

[7] "Introduction to the history of the Left: Changes in the meaning of class struggles", The Platypus Review, Issue 3, March, 2008.

[8] "Let The Beijing Games Commence", The Spectator, 19 July 2008.

[9] "Let the dead bury the dead!" The Platypus Review, Issue 5, March, 2008.

[10] "1968: Lessons Learned", Dissent, Spring 2008.

[11] Northwestern University: The 5th Annual Conference On Human Rights, April 10, 2008.

[12] "Remembering 1968: The student movement that set the stage for the center Right", National Review, Issue 8, 2008.

[13] "Requiem for the '60s: Response to a boycott of discussion of '40years of 1968' ", The

Platypus Review, Issue5, March, 2008.

[14] "Statement of Purpose", http://www. Platypus1917. org, Apirl, 2007.

[15] "The China syndrome: human rights, how soon we forget", The New Republic, July9, 2008.

[16] "The Patriot Games", Newstatesman, 4 August 2008.

[17] "What is a platypus?" http://www. Platypus1917. org, June, 2006.

[18] "Will Democracy Make You Happy?" Foreign Policy, March/April 2008.

[19] 阿尔布莱希特·维尔默:《论现代和后现代的辩证法》，商务印书馆 2003 年。

[20] 阿格尼丝:《现代性理论》，商务印书馆 2005 年。

[21] 阿伦特:《人的条件》，上海人民出版社 1999 年。

[22] 艾尔伯特·鲍尔格曼:《跨越后现代的分界线》，商务印书馆 2003 年。

[23] 艾尔伯特·萨吉斯:《美国左翼和高等教育中的马克思主义》，《马克思主义研究》2001 年第 1 期。

[24] 艾伦·伍德:《新社会主义》，江苏人民出版社 2002 年。

[25] 艾森斯塔特:《反思现代性》，三联书店 2006 年。

[26] 爱德华·W. 苏贾:《后现代地理学》，商务印书馆 2004 年。

[27] 安德鲁·芬伯格:《可选择的现代性》，中国社会科学出版社 2003 年。

[28] 安德鲁·文森特:《现代政治意识形态》，江苏人民出版社 2005 年。

[29] 安东尼·吉登斯:《超越左与右》，社会科学文献出版社 2003 年。

[30] 安东尼·吉登斯:《现代性的后果》，译林出版社 2002 年。

[31] 巴特勒、拉克劳、齐泽克: 《偶然性、霸权和普遍性》，江苏人民出版社 2004 年。

[32] 彼得·奥斯本:《时间的政治: 现代性与先锋》，商务印书馆 2004 年。

[33] 别尔嘉耶夫:《历史的意义》，学林出版社 2002 年。

[34] 鲍德里亚:《消费社会》，南京大学出版社 2001 年。

[35] 博德里亚尔:《完美的罪行》，商务印书馆 2002 年。

[36] 波林·罗斯诺:《后现代主义与社会科学》，上海译文出版社 1998 年。

[37] 曹卫东:《交往理性与诗学话语》，天津社会科学院出版社 2001 年。

[38] 查伦·斯普瑞特奈克:《真实之复兴》，中央编译出版社 2003 年。

[39] 查特尔·墨菲:《政治的回归》，江苏人民出版社 2001 年。

[40] 陈爱茹:《大卫·科兹谈美国左翼及美国政治》，《当代世界与社会主义》2005 年第 1 期。

[41] 陈嘉明:《现代性与后现代性十五讲》，北京大学出版社 2006 年。

[42] 陈家琪:《话语的真相》，上海人民出版社 1998 年。

[43] 陈学明:《社会水泥》，云南人民出版社 1998 年。

[44] 陈学明:《驶向冰山的泰坦尼克号——西方思想家眼中的当代资本主义》，人民出版社 2008 年。

[45] 陈学明主编：《二十世纪哲学经典文本：西方马克思主义卷》，复旦大学出版社 1999 年。
[46] 陈学明、马拥军：《走进马克思》，东方出版社 2002 年。
[47] 大卫·格里芬：《后现代精神》，中央编译出版社 2005 年。
[48] 大卫·库尔珀：《纯粹现代性批判》，商务印书馆 2004 年。
[49] 大卫·莱昂：《后现代性》，吉林人民出版社 2004 年。
[50] 戴维·弗里斯比：《现代性的碎片》，商务印书馆 2003 年。
[51] 戴维·哈维：《后现代的状况》，商务印书馆 2003 年。
[52] 戴维·罗宾逊：《尼采与后现代主义》，北京大学出版社 2005 年。
[53] 丹尼尔·辛格：《谁的新千年》，中国人民大学出版社 2002 年。
[54] 丹尼斯·史密斯：《后现代性的预言家》，江苏人民出版社 2002 年。
[55] 道格拉斯·凯尔纳等著：《后现代理论》，中央编译出版社 2004 年。
[56] 道格拉斯·拉米斯：《激进民主》，中国人民大学出版社 2008 年。
[57] 德拉-沃尔佩：《卢梭和马克思》，重庆出版社 1993 年。
[58] 德勒兹：《康德与柏格森解读》，社会科学文献出版社 2002 年。
[59] 德里达：《论文字学》，上海译文出版社 1999 年。
[60] 德里达：《马克思的幽灵》，中国人民大学出版社 1999 年。
[61] 狄尔泰：《历史中的意义》，中国城市出版社 2002 年。
[62] 杜威：《哲学的改造》，商务印书馆 1997 年。
[63] 恩斯特·拉克劳、查特尔·墨菲：《领导权与社会主义的策略》，黑龙江人民出版社 2003 年。
[64] 费尔巴哈：《基督教的本质》，商务印书馆 1997 年。
[65] 费希特：《论学者的使命与人的使命》，商务印书馆 1997 年。
[66] 费希特：《现时代的根本特点》，辽宁教育出版社 1998 年。
[67] 费希特：《对德意志民族的演讲》，辽宁教育出版社 2003 年。
[68] 弗里德里克·詹姆逊：《晚期马克思主义》，南京大学出版社 2008 年。
[69] 弗罗姆：《逃避自由》，工人文化出版社 1987 年。
[70] 弗洛伊德：《精神分析引论新编》，商务印书馆 1996 年。
[71] 高清海：《哲学与主体自我意识》，吉林大学出版社 1988 年。
[72] 高宣扬：《后现代论》，中国人民大学出版社 2005 年。
[73] 古留加：《赫尔德》，上海人民出版社 1985 年。
[74] 古留加：《谢林传》，商务印书馆 1990 年。
[75] 郭淑新等：《福斯特对“马克思的生态学”的建构》，《安徽师范大学学报》2008 年 5 期。
[76] 哈贝马斯：《包容他者》，上海人民出版社 2002 年。
[77] 哈贝马斯：《后形而上学》，译林出版社 2001 年。
[78] 哈贝马斯：《现代性的哲学话语》，译林出版社 2004 年。

[79] 海德格尔：《海德格尔选集》，上海三联书店1996年。
[80] 何兆武：《历史理性批判论集》，清华大学出版社2001年。
[81] 黑格尔：《哲学史讲演录》，商务印书馆1997年。
[82] 黑格尔：《历史哲学》，上海书店出版社2001年。
[83] 洪汉鼎：《费希特：行动的呐喊》，山东文艺出版社1988年。
[84] 胡塞尔：《欧洲科学的危机与超越论的现象学》，商务印书馆2001年。
[85] 怀特：《后现代历史叙事学》，中国社会科学出版社2003年。
[86] 怀特海：《科学与近代世界》，商务印书馆1997年。
[87] 黄颂杰：《西方哲学多维透视》，上海人民出版社2002年。
[88] 加达默尔：《真理与方法》，上海译文出版社1999年。
[89] 康德：《历史理性批判文集》，商务印书馆1997年。
[90] 拉克劳、墨菲：《领导权和社会主义的策略》，黑龙江人民出版社2003年。
[91] 雷蒙德·威廉斯：《现代主义的政治》，商务印书馆2002年。
[92] 李惠斌、薛晓源主编：《西方马克思主义前沿报告》，华东师范大学出版社2007年。
[93] 理查德·罗蒂：《后哲学文化》，上海译文出版社2004年。
[94] 利奥塔：《非人》，商务印书馆2000年。
[95] 刘放桐：《马克思主义与西方哲学的现当代走向》，人民出版社2002年。
[96] 刘康：《西方左翼知识界的危机》，《学术月刊》2008年第2期。
[97] 刘小枫：《走向十字架上的真》，上海三联书店1994年。
[98] 刘元琪：《2004年纽约世界社会主义学者大会述要》，《国外理论动态》2004年第6期。
[99] 刘元琪：《美国左翼学者关于中国社会主义市场经济的讨论》，《国外理论动态》2001年第7期。
[100] 卢梭：《论人类不平等的起源和基础》，商务印书馆1996年。
[101] 罗兰·巴特：《文之悦》，上海人民出版社2002年。
[102] 洛维特：《世界历史与救赎历史》，三联书店2002年。
[103] 吕薇洲：《美国学者谈美国左翼和美国经济增长》，《马克思主义研究》2000年第4期。
[104] 马尔库塞：《爱欲与文明》，上海译文出版社2005年。
[105] 马尔库塞：《单向度的人》，上海译文出版社2006年。
[106] 马克·波斯特：《信息方式：后结构主义与社会语境》，商务印书馆2001年。
[107] 马泰·卡林内斯库：《现代性的五副面孔》，商务印书馆2004年。
[108] 马歇尔·伯曼：《一切坚固的东西都烟消云散了》，商务印书馆2003年。
[109] 麦金泰尔：《追寻美德》，译林出版社2003年。
[110] 麦克尔·哈特：《帝国》，江苏人民出版社2008年。
[111] 迈克·费瑟斯通：《消费文化与后现代主义》，译林出版社2004年。

[112] 米勒德·艾利克森:《后现代主义的承诺与危险》,北京大学出版社 2006 年。
[113] 莫瑞·克里格:《批判之途:六十年代之后》,中国社会科学出版社 1998 年。
[114] 莫伟民:《主体的命运》,上海三联书店 1996 年。
[115] 穆斯达法·萨福安:《结构精神分析学:拉康思想研究》,天津社会科学院出版社 2001 年。
[116] 尼采:《快乐的知识》,中央编译出版社 1999 年。
[117] 倪梁康:《现象学及其效应》,三联书店 1996 年。
[118] 佩吉·麦克拉肯主编:《女权主义理论读本》,广西师范大学出版社 2007 年。
[119] 佩里·安德森等主编:《西方左派图绘》,江苏人民出版社 2002 年。
[120] 齐格蒙特·鲍曼:《后现代性及其缺憾》,学林出版社 2002 年。
[121] 齐格蒙特·鲍曼:《全球化:人类的后果》,商务印书馆 2004 年。
[122] 齐格蒙特·鲍曼:《生活在碎片之中:论后现代道德》,学林出版社 2002 年。
[123] 齐格蒙特·鲍曼:《现代性与矛盾性》,商务印书馆 2003 年。
[124] 乔治·拉伦:《意识形态与社会身份:现代性和第三世界的在场》,上海教育出版社 2005 年。
[125] 任平:《当代视野中的马克思》,江苏人民出版社 2003 年。
[126] 萨特:《萨特哲学论文集》,安徽文艺出版社 1998 年。
[127] 斯宾格勒:《西方的没落》,商务印书馆 2001 年。
[128] 斯蒂芬·贝斯特等著:《后现代转向》,南京大学出版社 2002 年。
[129] 舍斯托夫:《在约伯的天平上》,三联书店 1989 年。
[130] 施特劳斯、克罗波西:《政治哲学史》,河北人民出版社 1998 年。
[131] 施特劳斯:《自然权利与历史》,三联书店 2003 年。
[132] 史蒂文·康纳:《后现代主义文化》,商务印书馆 2004 年。
[133] 苏红军等主编:《西方后学语境中的女权主义》,广西师范大学出版社 2006 年。
[134] 孙周兴:《说不可说之神秘》,上海三联书店 1994 年。
[135] 童世俊:《意识形态新论》,上海人民出版社 2006 年。
[136] 万俊人:《比照与透析》,广东人民出版社 1998 年。
[137] 汪晖、陈燕谷:《文化与公共性》,三联书店 1998 年。
[138] 汪堂家:《自我的觉悟》,复旦大学出版社 1995 年。
[139] 王予霞:《20 世纪美国左翼文学思潮研究综述》,《文艺理论与批评》2009 年第 3 期。
[140] 王治河:《扑朔迷离的游戏:后现代哲学思潮研究》,社会科学文献出版社 1998 年。
[141] 沃尔夫冈·韦尔施:《我们的后现代的现代》,商务印书馆 2004 年。
[142] 乌尔里希·贝克等:《自反性现代化》,商务印书馆 2004 年。
[143] 熊伟:《自由的真谛》,中央编译出版社 1997 年。
[144] 徐崇温:《"西方马克思主义"》,天津人民出版社 1982 年。

[145] 许宝友：《当代美国左翼述评》，《当代世界与社会主义》1998 年第 2 期。
[146] 雅斯贝斯：《时代的精神状况》，上海译文出版社 1997 年。
[147] 杨大春：《文本的世界》，中国社会科学出版社 1998 年。
[148] 仰海峰：《走向后马克思：从生产之镜到符号之镜》，中央编译出版社 2004 年。
[149] 叶秀山：《愉快的思》，辽宁教育出版社 1996 年。
[150] 叶秀山：《当代学者自选文库》，安徽教育出版社 1999 年。
[151] 伊格尔顿：《后现代主义的幻象》，商务印书馆 2002 年。
[152] 伊格尔顿：《历史中的政治、哲学、爱欲》，中国社会科学出版社 1999 年。
[153] 伊格尔顿：《美学意识形态》，广西师范大学出版社 1997 年。
[154] 伊利亚德：《神圣与世俗》，华夏出版社 2002 年。
[155] 俞吾金：《生存的困惑》，上海文化出版社 1993 年。
[156] 俞吾金：《寻找新的价值坐标》，复旦大学出版社 1995 年。
[157] 俞吾金等：《现代性现象学》，上海社会科学院出版社 2002 年。
[158] 俞吾金：《形式主义批判》，《探索与争鸣》2006 年第 8 期。
[159] 约翰·斯特罗克：《结构主义以来：从列维－斯特劳斯到德里达》，辽宁教育出版社 1998 年。
[160] 约瑟夫·纳托利：《后现代性导论》，江苏人民出版社 2004 年。
[161] 曾枝盛：《詹姆逊的后马克思主义身份问题》，《南京大学学报》2006 年第 2 期。
[162] 詹姆士：《实用主义》，商务印书馆 1996 年。
[163] 詹姆斯·奥康纳：《自然的理由》，南京大学出版社 2003 年。
[164] 张金鉴：《当代美国左翼现状及其发展前景》，《国外理论动态》2001 年第 2 期。
[165] 张汝伦：《海德格尔与现代哲学》，复旦大学出版社 1995 年。
[166] 张汝伦：《时代与思考》，上海人民出版社 1998 年。
[167] 张一兵：《回到马克思》，江苏人民出版社 1999 年。
[168] 张一兵、胡大平：《西方马克思主义哲学的历史逻辑》，南京大学出版社 2003 年。
[169] 张志扬：《缺席的权利》，上海人民出版社 1996 年。
[170] 赵剑英、张一兵主编：《国外马克思主义的基本问题》，社会科学文献出版社 2006 年。
[171] 郑昕：《康德学述》，商务印书馆 2001 年。
[172] 周凡等编译：《后马克思主义》，中央编译出版社 2007 年。
[173] 周凡等编译：《后马克思主义：批判与辩护》，中央编译出版社 2007 年。

后　　记

回顾这些年的学术历程，我觉得自己像绕了一个圆圈。2002年左右在复旦大学读博士的时候，我的导师陈学明教授主张我研究安德烈·高兹等人的生态马克思主义思想，应当说这也属于后马克思主义的领域，可是当年我书生意气，只对康德哲学情有独钟，听不进我导师的金玉良言。博士毕业后，我参加了工作，头一两年还抱定康德哲学不放，写了无数篇康德哲学的文章，投了无数稿，但投出去的稿件几乎都石沉大海。在这种低迷的学术状况下，我再次感觉到站在人生迷茫的十字路口，不知道何去何从。正在这个时候，在中央编译局工作的我的同学兼师兄周凡委托我翻译一本题目叫《后马克思主义的抉择》的原著，我应允了。2005年整整一年，我所有的精力都扑在原著的翻译上。原本以为翻译好了可以付诸出版，可是又不知出了什么情况，译稿至今都难以见天日。译著出版无望，我想还是做一点后马克思主义的学术研究，也不至于浪费曾经的精力投入。就是在这样的机缘下，我走上了后马克思主义的研究道路。回过头来想，还好当初转向了，不然的话，我肯定走进了学术的死胡同。每当想起这些事，我对于我的导师越发佩服得五体投地，觉得导师就是导师，他总是比学生站得高望得远。因此我时常逢人便说："吾爱真理，吾更爱吾师"。人生真的一个圆圈，我从我导师的研究路向那里出走，最后又回归到他的研究路向上去，这究竟是一种偶然呢还是一种必然，我也不知道。但我更明白的一个道理就是：也许出走是为了更好地回归。

本书稿是在2007年上海市哲学社会科学规划课题的基础上完成的。当年在完成课题的过程中，是我人生最困苦、最拮据的时期，在难以摆下一张书桌的环境下，我终于顺利结题了，而且评价结果还不错。这其中要感谢我的妻子的默默奉献，没有她的付出和隐忍，我无法进行正常的学术研究！

当我的课题再次得到全国哲学社会科学规划办公室的资助的时候，

是我抚育幼小的女儿的时候，我再一次体会到生活的艰辛和做父母的不容易。在本来就有限的可自由支配的时间里，我只能拼命挤压我的睡眠时间来完成本书稿的修改。很多时候，我感觉自己站着都能睡觉，两鬓也华发渐生。然而，人来到这个世界本来就是来做事的，辛苦当然就是一种常态了。只是觉得如果没有这些牵绊，课题会完成得更好些，缺憾会少些。

最后，衷心感谢全国哲学社会科学规划办公室对我课题的资助，这给我了信心和鼓励，并鞭策我不断前行！衷心感谢那些爱我的人，我也会因此更爱他们和更爱世界！

是为记。

王　平

2013 年 6 月 24 日晚